普通高等院校"十四五"规划体育精品教材

主　编　栾丽霞
副主编　张　凯　张朝轶　周弈妙
编　者　（以姓氏笔画为序）
　　　　王　峰　孙　静　李　志
　　　　李　萍　沈跃进　张　凯
　　　　张朝轶　周弈妙　郑君怡
　　　　栾丽霞　高建辉

网球运动教学与训练

华中科技大学出版社
http://www.hustp.com
中国·武汉

内 容 提 要

本教材在吸收现有各种教材优点的基础上，突出全面性、针对性、简洁性和可视性特点，以实用为主，重点介绍了网球运动相关的理论知识，网球初、中、高级技术动作，网球运动的训练工作以及损伤、防治、营养补充，还有网球运动的竞赛规则、裁判工作、竞赛编排方法等内容。本教材除了有动作示范图片外，还制作了精美的技术动作视频和体能练习视频，读者可通过手机扫描二维码随时观看视频内容，可视性强，学习起来更直观、便捷。

本教材为高校教师、大学生和网球爱好者量身定制，具有课内学习和课后指导价值、线上线下融合的优势，可作为高校网球课的实用教科书，也可作为不同层面网球爱好者、培训机构从业者、业余教练员网球教学训练用书。

图书在版编目(CIP)数据

网球运动教学与训练/栾丽霞主编. —武汉：华中科技大学出版社，2021.3（2023.10重印）
ISBN 978-7-5680-6914-4

Ⅰ. ①网… Ⅱ. ①栾… Ⅲ. ①网球运动-教学研究-高等学校 Ⅳ. ①G845.2

中国版本图书馆 CIP 数据核字(2021)第 019694 号

网球运动教学与训练 栾丽霞 主编
Wangqiu Yundong Jiaoxue yu Xunlian

策划编辑：陈培斌
责任编辑：张会军　陈培斌
封面设计：原色设计
责任校对：刘　竣
责任监印：周治超

出版发行：华中科技大学出版社（中国·武汉）　　电话：(027)81321913
　　　　　武汉市东湖新技术开发区华工科技园　　邮编：430223
录　　排：华中科技大学惠友文印中心
印　　刷：武汉市洪林印务有限公司
开　　本：787mm×1092mm　1/16
印　　张：16　插页：2
字　　数：385 千字
版　　次：2023 年 10 月第 1 版第 2 次印刷
定　　价：48.00 元

本书若有印装质量问题，请向出版社营销中心调换
全国免费服务热线：400-6679-118　竭诚为您服务
版权所有　侵权必究

总序

《关于全面加强和改进新时代学校体育工作的意见》提出,要贯彻落实习近平总书记关于教育、体育的重要论述和全国教育大会精神,把学校体育工作摆在更加突出的位置,构建德智体美劳全面发展的教育体系。学校体育是实现立德树人根本任务、提升学生综合素质的基础性工程,是加快推进教育现代化、建设教育强国和体育强国的重要课程。

体育课程是以锻炼身体为目的,通过合理的体育教育和科学的体育锻炼,达到增强体质和提高体育素养为主要目标的必修课程,是学校课程体系的重要组成部分,是高校体育工作的中心环节。体育课程是寓身心和谐发展、思想品德教育、文化科学教育、生活与体育技能教育于身体锻炼并有机结合的教育过程;是实施素质教育和培养全面发展人才的重要途径。体育教材承载着传授运动技能、传播健康理念、弘扬体育文化的重要职能,是达成体育教学目标的重要载体。我国的体育教材应扎根中国、融通中外,充分体现思想性、教育性、创新性、实践性,根据学生的年龄特点和身心发展规律,围绕课程目标和运动项目特点,精选教学素材,丰富教学资源。教材是课程的支撑,编写本系列教材是为了更好地增强学生的运动技能,同时培养学生的创新能力。

本系列教材编写的原则主要有如下三个。第一,实践性原则,这是"教与用"、"学与用"、理论与实践紧密结合的具体体现,选择课程领域最新研究成果且实用价值高的理论、技术、方法和技能等,学生能学以致用,紧密联系实际,解决实际问题,提高运动技能。第二,创新性原则,对原有的知识加以更新、改造、转化、组合等,形成新的理论体系和方法体系,为教师提供高质量的教学素材,激发学生的学习兴趣。教材除了应注重内容新颖外,还应重视教材版式的创新,加强配套教材的建设,从而全面体现创新性原则。第三,发展性原则,教材体现一定的前瞻性,契合现代社会发展的进程。同时,贯彻发展性原则应从学科自身不断发展、前沿知识不断涌现等方面着手,发挥教材对学生潜在发展性的促进作用。

本系列教材编写的基本要求如下。第一,政治方面。教材编写符合党和国家的方针政策,不得泄露国家机密,涉及有关宗教、民族和港澳台等敏感问题的表述,务必与国家现行政策保持一致。第二,学术方面。教材并非学术专著,对于学术界有争议的学术观点慎重对待,应以目前通行说法为主。注意文献的参考与借鉴,避免在知识产权方面存在纠纷。

本系列教材的定位与特色如下。第一,融入思政教育,高度重视学生思想道德的培养,使得运动技能教学和思想政治教育良好契合,也能够保障技能教学从"约束"到"教化"的转变，消除学生对思政教育的抵触心理，客观积极地面对教材中的思政教育，体现出"意志品质锻炼、道德行为养成"的特色。第二，教材采用纸质版本与数字多媒体有机结合的形式，内容新颖，表述生动形象，具有动态性、实践性与互动灵活性的特色。第三，教材更具系统性。教材除了介绍规范的技术动作外，还融入了深刻的体育价值内涵，这些体育项目的意义不仅仅是为了强身健体，而是为了增强体育综合素养。

　　本系列教材将按照四大板块进行规划和编写。第一板块：体育与健康基础知识，主要让学生了解体育知识，具备体育健康素养；第二板块：运动技能教学及训练，包括篮球、足球、网球、乒乓球、户外、瑜伽、龙舟等项目的教学与训练。第三板块：身体素质教学，让学生在学习运动技能的同时，进一步提升身体素质，促进身体健康；第四板块："双健"教程，把体育"育体""育心"深入课程，使学生通过体育锻炼不仅拥有强健的体魄，而且具有健全的人格。

　　体育具有深厚的文化底蕴和丰富的精神内涵。体育"从求生存到塑文化"的发展史，是人类从"自然人生"向""文化人生"演进的过程。以身体为载体、以运动为形式是体育项目的特点，体育教材是传承体育文化的重要载体，希望通过本系列教材能让更多的学生掌握好运动技能，促进身心和谐发展。

前言

网球起源于西方宫廷贵族，引入中国亦有100余年历史，一直被认为是"贵族"运动。近年来，我国社会经济快速发展，人民生活水平不断提高，人们参加体育运动的愿望不断增强。在此背景下，网球运动在中国得到了迅速的发展，逐渐以平民化的方式进入人民群众的生活。尤其是各种大型国际网球赛事在中国落地，对网球运动的普及起到了推波助澜的作用。通过近距离观摩有突出特点和强势统治力的代表性球员的表演，感受独特的网球魅力，能够进一步吸引更多的爱好者投身网球运动。在各级网球协会的努力下，通过开放网球场地、推广业余赛事、普及网球培训等措施，网球运动在中国开展得如火如荼。

作为一项集智慧、力量、速度、灵敏、协调为一体的综合性体育项目，网球运动是深受高校青年学子青睐与追捧的球类运动之一。目前，中国的大部分高校都应学生之需，开设了网球课程。尽管越来越多的大学生选择网球课程以体验网球带来的快乐和激情，但由于网球运动的进入门槛比较高，从接触网球到真正掌握网球运动技术需要付出很多的努力、汗水和耐心，需要时间的沉淀和基础的累积，因此若要达到一定技能和竞技水平，需要持之以恒，必须不断地学习领会网球基础理论知识，练习网球技战术，提高身体素质，发展体能。

随着科技的进步和网球理念的发展，网球技术也在不断地优化和完善，网球教材需要更新换代，推陈出新，以适应网球运动发展的规律。因此，一本适用的网球教材将能指导网球课程学习者更加稳定地掌握网球技术，达到事半功倍的效果。

本教材专门为高校教师、大学生和网球爱好者量身定制，具有课内学习和课后指导价值、线上线下融合的优势，在吸收现有各种教材优点的基础上，突出网球教学的特点，力求实用为主，注重介绍网球的各项动作要领和练习的方法手段。全书特点鲜明：①全面性。本教材内容丰富，不仅包括网球运动相关的理论知识、网球运动技战术以及练习方法和训练技巧、网球竞赛规则，还具有网球运动防护康复方面的内容，可帮助读者打下扎实的技术基础。②针对性。结合自身的情况，每位学习者可按不同需求，有针对地学习书中内容，以培养良好的运动习惯。③简洁性。以言简意赅的文字和语言表达方式清晰呈现出每一个练习方法和训练手段，可使练习者准确而迅速地学习到有关要领。④可视性。本教材结合技术要领，除了有动作示范图片外，还制作了精美的技术动作视频和体能练习视频，读者可通过手机扫描二维码随时观看视频内容，可视性强，学习起来更直观、便捷。

本教材共分十八章,由华中科技大学栾丽霞教授担任主编,并负责全书的统稿。张凯、张朝轶、周弈妙担任副主编,具体编写分工如下:

第一章　网球运动概述　沈跃进
第二章　网球运动指南　张　凯
第三章　网球运动原理　张　凯
第四章　网球教学理论　栾丽霞
第五章　网球初级技术教学　栾丽霞
第六章　网球中级技术教学　栾丽霞
第七章　网球高级技术教学　栾丽霞
第八章　网球基本战术教学　栾丽霞
第九章　网球水平提高的综合内容　栾丽霞
第十章　网球运动的训练工作　高建辉
第十一章　网球运动的指导工作　高建辉
第十二章　网球运动的训练方法　张朝轶
第十三章　网球运动损伤及其防治　张　凯
第十四章　网球运动的营养补充　张　凯
第十五章　网球运动的竞赛组织　李　萍
第十六章　网球运动的竞赛规则　李　萍
第十七章　网球竞赛的裁判工作　李　萍
第十八章　网球竞赛的编排方法　张　凯
附录　张　凯
动作示范和视频制作　周奕妙　席亚辉　史发琳
配套训练数字资源　王　锋

其中,第九章为选学内容。此外,孙静、李志、郑君怡老师参与了本教材框架内容、写作要点、技术视频制作方案等专题研究,参加了技术动作拍摄和初稿校对等工作。

希望本教材能够为高校网球教师、网球培训机构从业者提供系统的理论指导和借鉴;能够帮助广大学生和网球爱好者掌握网球运动的精髓,并指导自己快速高效地提高网球技战术水平。最后,衷心地感谢各位专家、同行和朋友在本教材编写过程中的帮助和指导!对本教材引用、参考的相关国内外文献和资料的作者致以诚挚的敬意和感谢。由于编者的水平有限,书中的疏漏和不妥之处在所难免,敬请广大读者批评指正。

编　者
二〇二〇年九月

目录

第一章　网球运动概述　　/ 1
第一节　网球运动的起源与发展　　/ 1
第二节　国际网球组织与赛事　　/ 3
第三节　网球运动在中国　　/ 9
第四节　网球运动的特点与作用　　/ 11
第五节　网球的分支项目　　/ 13

第二章　网球运动指南　　/ 15
第一节　网球运动的学习　　/ 15
第二节　网球场地　　/ 18
第三节　网球用品的挑选　　/ 19
第四节　网球行为规范　　/ 22

第三章　网球运动原理　　/ 25
第一节　网球的性能及受力后的状态　　/ 25
第二节　网球飞行的原理　　/ 27
第三节　网球拍的性能对击球的影响　　/ 31
第四节　不同类型网球场地的特性对击球的影响　　/ 34
第五节　击球的原理　　/ 35
第六节　控球能力与控球节奏　　/ 43

第四章　网球教学理论　　/ 45
第一节　网球教学的原则　　/ 45
第二节　网球教学的方法　　/ 47
第三节　网球教学的组织与实施　　/ 51
第四节　网球教学文件的制定　　/ 53

第五章　网球初级技术教学　　/ 56
第一节　正手击球　　/ 56
第二节　反手击球（双手）　　/ 60
第三节　底线抛击球　　/ 63
第四节　小场地击球　　/ 64
第五节　网球游戏　　/ 69

第六章　网球中级技术教学　　/ 72
第一节　正手击球　　/ 72

第二节　反手击球(双手)　　　　　　　　　　　／74
　　第三节　反手击球(单手)　　　　　　　　　　　／77
　　第四节　正手截击球　　　　　　　　　　　　　／81
　　第五节　反手截击球　　　　　　　　　　　　　／84
　　第六节　发球　　　　　　　　　　　　　　　　／87
　　第七节　底线击球　　　　　　　　　　　　　　／92
第七章　网球高级技术教学　　　　　　　　　　　　／97
　　第一节　高压球　　　　　　　　　　　　　　　／97
　　第二节　挑高球　　　　　　　　　　　　　　　／100
　　第三节　反手削球　　　　　　　　　　　　　　／103
　　第四节　放小球　　　　　　　　　　　　　　　／104
　　第五节　凌空击球　　　　　　　　　　　　　　／107
第八章　网球基本战术教学　　　　　　　　　　　　／111
　　第一节　现代网球战术的特点　　　　　　　　　／111
　　第二节　制订和运用网球战术的原则与时机　　　／112
　　第三节　单打战术　　　　　　　　　　　　　　／114
　　第四节　双打战术　　　　　　　　　　　　　　／118
　　第五节　发球战术　　　　　　　　　　　　　　／122
　　第六节　心理战术　　　　　　　　　　　　　　／124
　　第七节　网球技术组合练习　　　　　　　　　　／127
　　第八节　网球战术组合练习　　　　　　　　　　／129
第九章　网球水平提高的综合内容　　　　　　　　　／135
　　第一节　网球水平提高的因素　　　　　　　　　／135
　　第二节　网球技术运用的特点与要求　　　　　　／138
　　第三节　网球潜能的开发　　　　　　　　　　　／145
　　第四节　网球运动学习方式　　　　　　　　　　／147
　　第五节　控球与球感训练　　　　　　　　　　　／149
第十章　网球运动的训练工作　　　　　　　　　　　／156
　　第一节　网球运动训练任务与内容　　　　　　　／156
　　第二节　网球运动训练的原则　　　　　　　　　／157
　　第三节　网球运动训练的组织　　　　　　　　　／158
　　第四节　网球训练计划的制定　　　　　　　　　／159
　　第五节　训练案例　　　　　　　　　　　　　　／160
第十一章　网球运动的指导工作　　　　　　　　　　／162
　　第一节　网球运动指导工作的意义　　　　　　　／162
　　第二节　网球比赛前的准备　　　　　　　　　　／162
　　第三节　网球比赛中的临场发挥　　　　　　　　／164
　　第四节　网球教练在比赛中对规则的运用　　　　／165
　　第五节　网球比赛后的总结　　　　　　　　　　／166
第十二章　网球运动的训练方法　　　　　　　　　　／167
　　第一节　网球运动的身体素质训练　　　　　　　／167

第二节　网球运动的心理素质训练　　/ 178
第十三章　网球运动损伤及其防治　　/ 181
　　第一节　网球运动损伤治疗原则　　/ 181
　　第二节　网球运动常见损伤及治疗　　/ 183
　　第三节　网球场上的安全保护　　/ 191
第十四章　网球运动的营养补充　　/ 193
　　第一节　网球运动与营养素补充　　/ 193
　　第二节　网球运动者身体机能与营养补充　　/ 197
　　第三节　网球比赛前、中、后营养的补充　　/ 198
第十五章　网球运动的竞赛组织　　/ 203
　　第一节　竞赛的组织工作　　/ 203
　　第二节　竞赛制度与编排方法　　/ 205
第十六章　网球运动的竞赛规则　　/ 206
　　第一节　场地与设备　　/ 206
　　第二节　比赛计分方法　　/ 208
　　第三节　比赛中的规则　　/ 209
　　第四节　信任制比赛规则　　/ 217
　　第五节　网球比赛运动员行为准则　　/ 220
第十七章　网球竞赛的裁判工作　　/ 223
　　第一节　裁判长和赛事监督的职责　　/ 223
　　第二节　裁判组长的工作职责　　/ 224
　　第三节　主裁判员的职责和工作程序　　/ 225
　　第四节　网球比赛中的辅助裁判　　/ 227
　　第五节　网球裁判员的行为准则　　/ 229
第十八章　网球竞赛的编排方法　　/ 230
　　第一节　单淘汰制编排方法　　/ 230
　　第二节　循环赛制　　/ 232
　　第三节　混合赛制　　/ 232
　　第四节　制定竞赛规程和赛程表　　/ 233
　　第五节　业余网球比赛的组织　　/ 235
附录　　/ 239
　　附录A　《网球裁判规则》常用术语　　/ 239
　　附录B　网球裁判员常用术语　　/ 241
　　附录C　网球运动组织竞赛常用术语　　/ 243
　　附录D　网球技战术常用术语　　/ 244
参考文献　　/ 246

第一章

网球运动概述

第一节 网球运动的起源与发展

一、网球运动的起源

关于网球运动的起源,众说纷纭。相对集中的观点是网球运动起源于12—13世纪法国的修道院。当时,僧侣们经常玩一种游戏:在空地上,两人之间横拉一根绳子,然后用手掌来回击打一种用布卷成的球。由于这项活动最初既没有球网也没有球拍,因此被称为掌球戏。

也有人认为,网球运动的起源应追溯到"百年战争"(1337—1453年英法两国战争)以前,在法国民间流行的一种叫"海欧·德·巴乌麦"的球类游戏。这种游戏由两人参与,每人各执一个球拍,在球场的周围筑有围墙,球撞到墙上后被弹回来,而后过网。无论是使用的场地和器具,还是进行游戏的方法,这种游戏均与现代网球运动有许多相似之处,因此,有人把它看作是网球运动的初始形态。

14世纪中叶,法国的一位诗人把这种游戏介绍到法国宫廷中,作为皇室贵族男女的消遣。当时玩这种游戏是在宫廷内的大厅,没有网也没有球拍,球是用布卷成球形后用绳子绑成,场地中间架起一条绳子为界,利用两手作球拍,在绳的两边将球丢来丢去。当时,这种游戏法语叫作"Tenez",英语叫作"Take it! Play!",意即:"抓住!丢过去",今天的"网球(Tennis)"一词即来源于此。不久,两手击球被木板球拍击球所代替。16世纪初,这项游戏渐渐流出宫廷之外,很快便传播到各大城市,伴随着游戏的传播,用具也得到了改良。球制造得更耐用了,拍子由木板改为羊皮纸板,拍面面积加大,握柄也加长了,场地中间的绳子上增加了无数下垂的短线,球从绳子下面经过时,可以明显地发觉。后来该游戏被法国国王路易斯下令禁止,并规定这是宫廷中的特权游戏。

到了17世纪初,场地中间不再用绳帘,而改用小方格的网,拍子也改用穿线的网拍,轻巧且富有弹性。当时玩这种游戏时,球场旁边常放置一个金色容器,每次比赛完毕,观众将金钱投入该容器中作为对胜利者的奖励。这种奖励方法起初的用意很好且金钱数目较小,后来却渐渐演变成为一种赌博的形式,而且越赌越大,甚至有人因此倾家荡产。于是,法国国王遂下令禁止再玩此类游戏,这是18世纪初期网球运动衰败的主要原因。

在1358—1360年间,这种球类游戏从法国传到了英国。英国国王爱德华三世对该球类游戏特别感兴趣,下令在宫内建造一处室内球场。从此,网球运动开始在英国流行,成为英国上流社会的一种娱乐活动,从而有了"贵族运动"的雅称。这期间流行的主要是室内网球。直到1793年9月29日,在英国的一份《体育运动》杂志上,才有了"场地网球"的叫法。

二、网球运动的发展

近代网球运动始于 1873 年。被称为近代网球创始人的英国的温菲尔德少校将这项古老的宫廷游戏移到了室外,他把古式网球与羽毛球运动有机地结合起来,创立了草地网球,并于同年 12 月的一次游园会上,将草地网球作为娱乐活动介绍给了大家,使之得到迅速传播。同年还出版了一本叫《草地网球》的小册子,对这种活动进行了宣传和推广。此后网球便成为一项室内、室外都能进行的体育运动。

温菲尔德推行的草地网球在许多方面与现代网球不同。他最初设计的球场形状像一只沙漏,球场中间狭窄处宽 6.80 米,两端宽 9.10 米,两边线长 18.28 米,网中央高 1.42 米,网柱高 1.52 米;记分采用羽毛球的记分法,15 分为一局。

1874 年,美国的玛丽·奥特布里奇女士在百慕大度假时观看了英国军官的网球比赛后,对这项体育运动颇感兴趣,于是将此项运动带到了纽约。

1875 年,随着参与网球运动人数的增多,位于伦敦郊外温布尔登的全英槌球总会,设置了几片网球场,供其会员使用。1877 年,该会更名为全英槌球和草地网球总会,并修改了网球规则,将球场改为长 23.77 米,宽 8.23 米,发球线距离球网 7.92 米,网中央高 0.99 米。同年 7 月,全英槌球和草地网球总会首次举办了全英草地网球男子单打锦标赛,即温布尔登网球赛。这标志着现代网球运动的开始。

1881 年,美国成立了世界上第一个全国性的网球协会,即美国全国草地网球协会("全国"于 1920 年取消)。同年 8 月 31 日至 9 月 3 日,该协会在罗得岛纽波特港举行了第一届美国草地网球的男子单打和男子双打锦标赛,采用了温布尔登的比赛规则。参加比赛的有 26 人,单打冠军是理查兹·西尔斯(他连得 7 年冠军);双打冠军是克拉克与泰勒。1887 年,该协会开始举行美国草地网球女子单打锦标赛;1890 年举行美国草地网球女子双打锦标赛;1892 年举行美国草地网球混合双打锦标赛。

当时的美国总统西奥多·罗斯福非常喜爱网球运动,他不仅积极支持修建网球场、举行网球比赛,而且还经常邀请他的朋友到白宫球场上打网球,因此,有人称他的内阁为"网球内阁",而美国的网球运动得到了空前的发展。在两次世界大战中,全世界的网球比赛都停赛了,唯有美国的没有停下来。相反,美国的网球运动还出现了高峰,在鼎盛时期有 4000 多万人参与网球运动。直到今天,美国的网球运动始终处于世界领先地位,优秀的网球明星层出不穷。

1878 年以后,草地网球由英国传至全球,如加拿大(1878 年)、斯里兰卡(1878 年)、瑞典(1879 年)、印度(1880 年)、日本(1880 年)、澳大利亚(1880 年)和南非(1881 年)。当时,爱好网球运动的人士绝大多数出自富裕的家族。他们有条件在自家的草坪上随时设置网球场,作为他们社交活动的场所。

在 19 世纪 90 年代中期,现代网球运动进入了初步发展的阶段,许多国家和地区设立了网球协会,除英国外,加拿大、澳大利亚、南非、法国、德国、意大利、美国等国相继组织了各类网球赛事,网球运动成为国际性的运动项目。

1913 年,在法国首都巴黎,由 12 个国家参与并成立了网球运动的最高组织——国际网球联合会。它的成立为网球运动的发展开辟了更加广阔的道路。

1927 年,英国首创了无缝网球,球速在这一时期变得更快了。

第二次世界大战后,网球运动不再只是有钱人的专利,开始平民化。从20世纪30年代到60年代初,世界性的网球锦标赛只有业余选手参加,直到1968年,温布尔登网球锦标赛开始接受职业选手参赛,才开启了网球运动的新纪元。此后,网球运动的发展一日千里。球拍的更新使木质球拍和金属球拍成为历史,取而代之的是以碳纤维或其他化合物制成的新型球拍。

20世纪70年代以后,网球运动又得到了进一步的发展。网球运动发展较快的主要原因有:第一,允许职业选手参加温布尔登网球锦标赛,开创了职业网球巡回赛的先河,取消了职业选手与业余选手的界限,增加了比赛的激烈程度,从而促进了运动员技术水平的提高,吸引了广大网球爱好者观看、评论网球比赛并积极地参与该项运动。第二,科技创新在球拍等器材制造中的应用,促进了器材的发展与生产,运动员的技术水平也得到了提高,从而促进了网球运动的发展。

1972年,国际男子职业网球协会(Association of Tennis Professionals,ATP)成立。

1973年,国际女子职业网球协会(Women's Tennis Association,WTA)成立。

1896年至1924年,草地网球曾先后七次被列为奥运会正式比赛项目。后因国际奥林匹克委员会与国际网球联合会在业余运动员定义上的分歧,奥运会网球比赛项目一度被取消。直到1988年第24届奥运会,网球才又被重新列为正式比赛项目。

进入20世纪90年代后,网球运动得到更为快速的发展,并具有以下几个特点:一是普及性越来越高,网球运动以其独特的魅力赢得了越来越多的爱好者。国际网球联合会现有的注册会员有210个,其中145个为正式会员,65个为无表决权的联系会员。二是竞技水平越来越高,随着竞技水平的提高,比赛也越来越激烈。三是器材的改革,尤其是球拍的不断创新,使网球运动向着力量型、速度型方向发展。四是职业化、商业化,随着网球各种大赛奖金的不断提高,网球的职业化、商业化程度越来越高。

综上所述,网球运动的起源与发展可以用四句话来概括:孕育在法国,诞生在英国,开始、普及和形成以及高潮在美国,现在盛行在全世界。

第二节　国际网球组织与赛事

目前,国际网球组织机构主要有国际网球联合会(International Tennis Federation,ITF)、国际男子职业网球协会(ATP)和国际女子职业网球协会(WTA),由这三大国际网球机构组织的不同等级、不同年龄的各类网球赛事贯穿整个年度,如戴维斯杯网球锦标赛(即国际男子网球团体赛)(Davis Cup)、联合会杯网球赛(即国际女子网球团体赛)(Fed Cup)、四大网球公开赛、大师赛、大奖赛、挑战赛、卫星赛以及青少年网球赛、世界青年杯赛、世界大学生运动会网球比赛等国际赛事等。三大国际网球组织机构共同遵循一个赛程安排计划,并相互协调各项工作。

一、国际网球组织机构

(一) 国际网球联合会(ITF)

1913年3月1日,由澳大利亚、比利时、法国、荷兰、俄罗斯、南非、瑞士等12个国家的网球协会代表在巴黎成立了ITF。ITF主要负责国际网球大赛的事务性工作,协调和推进各国网球协会做好本地区网球运动的普及,以及制定、修改和实施网球规则。除此

之外，ITF还为发展中国家提供网球教练、裁判等方面的培训；协调各国青少年、成年和老年网球比赛，促进世界网球运动的发展。

（二）国际男子职业网球协会（ATP）

ATP成立于1972年，总部设在美国的佛罗里达，是世界男子职业网球运动员的自治组织机构。ATP设有一个执行委员会主席和一个董事会，董事会由退役球员或现役球员组成。其主要任务是协调职业运动员和赛事之间的伙伴关系，负责组织和管理职业选手的积分、排名、奖金分配，以及制定比赛规则和审定运动员参赛资格等。每年ATP在世界近40个国家举办有80多项赛事。

（三）国际女子职业网球协会（WTA）

WTA成立于1973年，总部设在佛罗里达的圣彼得斯堡，协会由一位执行委员会主席和一个董事会来管理，成员多数是现役球员以及一些高级顾问，主要负责世界女子职业球员的相关事务。每年WTA在世界上20多个国家举办有60多项赛事。

二、三大网球机构组织的网球赛事

（一）ITF赛事

(1) 大满贯赛事，由ITF、ATP、WTA共同主办。

①澳大利亚网球公开赛；

②法国网球公开赛；

③温布尔登网球公开赛；

④美国网球公开赛。

(2) ATP世界巡回赛总决赛（旧称世界大师杯赛）由ATP、四大满贯赛事和ITF共同主办。

(3) 团体赛事。

①戴维斯杯网球锦标赛（国际男子网球团体赛）；

②联合会杯网球赛（国际女子网球团体赛）；

③霍普曼杯男女混合团体赛。

(4) 奥运会网球赛、亚运会网球赛。

(5) 巡回赛（奖金在2.5万美元以下的赛事）。

女子有奖金为1.5万、2.5万、6万、10万美元的巡回赛，男子有奖金为1.5万、2.5万万美元的巡回赛。

(6) 男、女青少年赛事。

(7) 中国网球公开赛。

（二）ATP赛事

(1) 大满贯赛事。由ITF、ATP、WTA共同主办。

(2) ATP世界巡回赛总决赛。

(3) 大师系列赛（9站）（奖金数额以2018年为例）。

第1站：印第安维尔斯大师赛，美国加州印第安维尔斯，硬地，总奖金791万美元。

第2站：迈阿密大师赛，美国佛罗里达州迈阿密，硬地，总奖金699万美元。除四大网球公开赛外，其他赛事的奖金数额无法与之相比，因此被称为"第五大公开赛"。

第3站:蒙特卡洛大师赛,摩纳哥蒙特卡洛,红土,总奖金430万欧元。

第4站:马德里大师赛,西班牙马德里,红土,总奖金640万欧元。

第5站:罗马大师赛,意大利罗马,红土,总奖金450万欧元。

第6站:加拿大大师赛,加拿大蒙特利尔和多伦多轮换,硬地,总奖金295万美元。

第7站:辛辛那提大师赛,美国俄亥俄州辛辛那提,硬地,总奖金295万美元。

第8站:上海大师赛(ATP 1000 大师赛之一),中国上海,硬地,总奖金353.16万美元。

第9站:巴黎大师赛,法国巴黎,室内硬地,总奖金282.8万美元。

(4)国际网球系列赛。有59站ATP巡回赛,根据奖金数额的不同,从高到低分为多个级别的比赛,最低级别的比赛是奖金为5万美元的挑战赛。

(三)WTA 赛事

1. 大满贯赛事

由ITF、ATP、WTA共同主办的四大满贯赛事。

2. WTA冠军锦标赛

世界女子单双打年终总决赛,由WTA、四大公开赛赛会和ITF共同主办。

3. WTA巡回赛

WTA巡回赛与ATP巡回赛类似,分为五个级别的赛事,分别为:①大满贯赛事(2000分);②皇冠赛(1000分);③超五赛(900分);④顶级赛;⑤巡回赛。

三、国际重大网球赛事

(一)澳大利亚网球公开赛(简称澳网)

澳网是四大公开赛中最晚创建的赛事,始于1905年(女子为1922年),1968年正式成为公开赛,但它又是每年最早开始的大满贯赛事。

作为每年年初(1月的最后两个星期)举办的首项大满贯赛事,澳网在举办时间上占尽了先机,不论是选手、组织者还是球迷都对它寄予厚望。但澳网举办的时候,正是澳大利亚一年之中气候最恶劣的季节,炎热无比。拥有1.5万个座位的罗德·拉沃尔球场很好地解决了这个问题,球场内的温度可由计算机控制,可伸缩式的屋顶能在15分钟内将球场由露天转为半室内。更让澳大利亚人引以为豪的是,耗资6500万澳元,拥有1万个座位、安装有可伸缩顶棚的墨尔本多用途球场(海信球场)于2001年也投入澳网比赛。这使得墨尔本公园网球中心成为世界上唯一拥有两个可伸缩顶棚的网球场所。2018年,澳网的赛事总奖金已高达5500万澳元。

澳网有着自身独特的个性,它浸润着一个民族的精神,来到墨尔本的人很快就会被它那特殊的风格所感染。友善、清新、真诚、包容、热情,是澳网的典型风格。

(二)法国网球公开赛(简称法网)

法网与温网一样,是世界网坛享有盛名的传统比赛。通常在每年5月至6月举行,是继澳网后,第二个进行的大满贯赛事。2018年总奖金已达到3920万欧元。此赛事创始于1891年,女子项目始于1897年。最初,大赛只限本国人参加,1925年后对外开放,成为公开赛。法网自开赛以来,已走过了100多年,除了两次世界大战被迫停赛11年外,每年一届的赛事一直延续到今天。

法网的赛场设在巴黎罗兰·加洛斯球场,这座球场建成于 1928 年,以为国捐躯的民族英雄罗兰·加洛斯的名字命名。球场建筑古典优雅,别具一格,在一丛丛栗树枝叶的掩映下,红土和白色看台交相辉映,处处显得优雅浪漫。自从它成为法网赛场后,一直是世界各地网球选手的向往之地。

在罗兰·加洛斯的慢速红土球场上,一场比赛打上 4 个小时是司空见惯的事。这就需要参赛选手除了有高超的技术外,还要有惊人的毅力和顽强的斗志,如此才能获得最后的成功。

在 1989 年的法网比赛中,17 岁的美籍华裔选手张德培爆出 20 世纪 80 年代最大冷门,先后击败斯蒂芬·埃德伯格和伊万·伦德尔,成为法网历史上最年轻的单打冠军。他也是第一位获此殊荣的亚裔选手。

(三)温布尔登网球公开赛(简称温网)

温网是近代网球史上最早出现的赛事,它始于 1877 年,1884 年设立了女子项目,作为最古老和最有声望的赛事,温网具有永恒的魅力。它的首次正式比赛为全英草地网球锦标赛,在全英草地网球和门球俱乐部位于伦敦西南部的温布尔登总部举行;1905 年起正式成为公开赛。开赛时间固定在每年 6 月或 7 月,奖金总额逐年增加,2018 年已达到 3400 万英镑。温网给人的感觉是雅致而有风度的,青绿的草地和庄重的氛围使赛场有一种神圣的感觉。草地球场比赛节奏快速而多变,加上在可容纳 1.5 万名观众的中央球场比赛,参赛运动员必定会承受很大的压力,只有在体力、精神、技术等方面做好最充分的准备才有可能登顶温网。

(四)美国网球公开赛(简称美网)

首届美国网球公开赛于 1881 年在罗得岛新港举行,该赛事的女子项目设立于 1887 年。赛事每年一次,通常在 8 月底至 9 月初举行。1968 年后成为公开赛,是一年中最后举行的大满贯赛事。

美网的赛场设在纽约皇后区的美国网球总会国立网球中心,该中心的中央球场可容纳近 8 万名观众,仅中央看台就可容纳 6000 名观众。由于美网的地位和高额奖金,每年都能吸引众多世界网球高手的参加。2018 年,美网总奖金已高达 5300 万美元。

与其他大满贯赛事相比,美网有其自身的特点:热情、奔放、充满激情,恰似纽约城的缩影,观众们观看比赛时的疯狂,就像是在过盛大的节日。美网比赛时正是炎热的夏季,而且蓝色的硬地球场球速很快,在这样的条件下比赛,对选手的体力和意志力都是严峻的考验。

(五)ATP 世界巡回赛总决赛

ATP 世界巡回赛总决赛旧称网球大师杯赛,也是世界男子网坛的顶级赛事,于每年年底举行。1999 年 12 月 9 日,世界网坛三大组织——ATP、四大满贯赛会和 ITF 共同宣布,ATP 年终总决赛和男子大满贯杯赛将不再继续而是将此两项赛事合二为一,成为网球大师杯赛。参赛者原为年终世界排名前 8 位的选手,从 2000 年起,由于 ITF 的加入,对确定参赛者的方式做了调整,规定 8 位选手中的 7 位是当年大师杯赛举行前,世界排名第 1~7 位的选手,他们将自动获得大师杯赛的参赛权,而第 8 个名额给予当年获得大满贯冠军而排名不在前 7 位但进入前 20 位的球员,如果超过一名球员符合上述条件,则以世界排名较高者优先。如果大满贯的冠军都排在世界前 7 位,则最后 1 个名额留给该年ATP排名第8位的选手。

大师杯赛赛制是先分组循环决出小组前两名,然后进行交叉半决赛争夺决赛权,最后决出冠军的。即8位选手抽签进入红、蓝两组,由各小组进行单循环赛决出前两名,再由红组第1名与蓝组第2名、蓝组第1名与红组第2名交叉进行半决赛,胜者争夺大师杯赛桂冠。其奖金由出场费、每赢一场的奖金、决赛获胜奖金、一场未输的冠军奖金等组成,其积分根据所得名次获得。

2000年,首届大师杯赛在葡萄牙首都里斯本的大西洋体育馆举行(室内硬地),冠军是巴西的库尔腾。2001年,第二届大师杯赛在澳大利亚悉尼举行(室内地毯),冠军为澳大利亚的休伊特。2002年,第三届大师杯赛在我国上海新落成的国际展览中心举行,休伊特蝉联冠军和世界年终第一。2003年和2004年的比赛在休斯敦举行,费德勒以不败战绩连续两届在休斯敦获得冠军。2005年、2006年和2007年的比赛都设在中国上海,2005年的冠军是纳尔班迪安,费德勒蝉联了2006年和2007年的冠军,三届亚军分别是费德勒、布雷克和费雷尔。2008年,历史上最后一届大师杯赛再度落户上海,冠军是德约科维奇。2009年起,网球大师杯赛更名为ATP世界巡回赛总决赛且移师英国伦敦。

(六)WTA年终总决赛

WTA年终总决赛是每年一度的国际女子网球年终总决赛,是群英荟萃的顶级赛事。只有年终世界排名前16位的单打选手和排名前8位的双打配对选手能自动获得参赛资格。

首届赛事始于1972年,当时由世界排名前8位的选手参赛,奖金为10万美元,创造了当时女子赛事奖金额的最高纪录。

1974年,赛事从已举办了两届的洛顿室外泥地球场,迁移到了洛杉矶的室内网球馆进行。参赛选手名额也由8名增加到16名。

1977年,这项赛事首度与纽约麦迪逊中心花园网球馆结缘。

1978年,比赛再次易地举行,西迁至加利福尼亚奥克兰体育场。

1979年,著名化妆品公司"雅芳"成为WTA主要赞助商,在该公司的要求下,比赛重新回迁到麦迪逊中心花园网球馆。

从1979年到2000年的22年中,WTA冠军锦标赛与麦迪逊中心花园网球馆结下了不解之缘。奖金总额也增加到了200万美元。

从2001年起,为了扩大女子赛事在全球的影响力,以及配合女子网坛的主要赞助商——Sanex运动装备公司拓展欧洲市场的需要,WTA冠军锦标赛移师德国慕尼黑的奥林匹克体育馆,奖金总额提高到300万美元。

在近几年举办地相继落户多哈、伊斯坦布尔后,2014—2018年,WTA年终总决赛已连续5年落户新加坡。2018年1月18日,中国深圳获得2019—2028年WTA年终总决赛的主办权,2020年,受新冠肺炎疫情影响,该赛事停办一年。

(七)戴维斯杯网球锦标赛

一年一度的戴维斯杯网球锦标赛(以下简称戴维斯杯)是国际男子网球团体赛的顶级赛事。首场戴维斯杯赛始于1900年在波士顿举行的英国和美国之间的友谊赛,美国队以5∶0获胜。之后,又有比利时、法国等国家加入了戴维斯杯,赛制确定为挑战赛制,即上届冠军直接进入决赛,另一决赛名额由各参赛队伍决出。

随着参赛队伍的增多,出现了区域赛,并于1972年废除了挑战赛制,赛制改变为由

16个最强的国家队组成世界组进行比赛。世界组设立8个种子队,捉对厮杀后,前8强争夺戴维斯杯。1981年,在世界组和按地域划分的区域组之间建立了升降级制。由世界组首轮告负的8支球队和欧洲区、美洲区、亚大区(亚洲和大洋洲)各区前2名进行预选赛,4支胜利队伍进入下一年度戴维斯杯世界组的比赛,负者则降级到区域赛。比赛共进行三天,第一天进行两场单打,第二天进行双打,第三天再进行两场单打,根据胜利场次决定胜负。

区域赛,又根据每个国家上届的成绩分成A组和B组,名次高者为A组,各组之间也实行升降级制。现在,每年报名参加戴维斯杯的国家多达130多个,这使得戴维斯杯赛成为体育竞赛赛事中规模最大的年度赛事之一,受到世人极大关注。

(八)联合会杯网球赛

联合会杯网球赛(以下简称联合会杯)是每年一度的国际女子网球顶级团体赛事。1963年,为纪念国际网球联合会成立50周年,一项比肩戴维斯杯的国际女子网球团体赛(联合会杯)诞生了,16支球队参加了首届比赛。在伦敦女王俱乐部进行的决赛中,美国队击败澳大利亚队荣获冠军。

1980年,联合会杯首次获得日本NEC公司的赞助,比赛从此开始设立奖金。

1992年,随着报名参加联合会杯的国家增多,国际网联推出了地区资格赛制,即除了将上届前16名的国家队作为世界组外,其他国家队按欧洲区、美洲区和亚大区(亚洲和大洋洲)进行地区资格赛(采用分组循环、交叉淘汰制),获地区赛前2名的国家队进入世界组外围赛,与当年世界组首轮负队进行预选赛,胜者进入下一年度世界组的比赛。

为适应世界女子网球运动的变化,更好地推动女子网球运动的发展,联合会杯的赛制也进行了多次调整。从2001年起,进入决赛周的8个国家队先进行分组循环赛,获小组前2名的队伍进入半决赛。半决赛采用交叉淘汰制,胜者争夺联合会杯。由于取消了对上届冠军队伍保留直接进入前4名的特权,因此比赛可以在更公平的环境下进行。

目前,联合会杯已成为与戴维斯杯齐名的赛事,受到普遍欢迎。

(九)中国网球公开赛

中国网球公开赛是除四大网球公开赛外项目设置最为齐全的比赛,于每年的10月举行,目前还属于二级赛事。中国网球公开赛的目标就是要与四大公开赛比肩,成为国际上具有体育品牌效应的第五大网球公开赛。首届中国网球公开赛于2004年10月进行,总奖金超过110万美元,吸引了300多名世界职业网球选手参赛。2018年,中国网球公开赛的总奖金创历史新高,突破了1000万美元,其中,女子赛事总奖金为629万美元,男子赛事总奖金为291万美元。

四、ATP排名体系

ATP在世界网坛建立了举足轻重的"最佳14项积分体系",即一名选手的计算机积分排名,由过去52周里成绩最好的14项比赛的积分和击败较高排名选手的奖励分相加而成。ATP对各类赛事的排名积分,以及对低排名选手击败高排名选手的奖励分值都做了详细的规定。如:获四大网球公开赛的冠军可得760分;奖金总额5万美元挑战赛的冠军可得60分,等等。这一相对复杂和严密的排名体系,对世界职业网球运动的蓬勃发展起到了不可磨灭的作用。它鼓励选手积极参赛,使选手可以根据自身技术特点、状态情况等灵活地选择合适的赛事,因而得到职业选手们的认同。

但是，这一看似理想的体系，也暴露了不尽完善的一面。1999年，卡费尔尼科夫六连败后，反而登上世界第一的宝座，这一事例将最佳14项积分体系推向了一个无比尴尬的境地，使网球迷们一头雾水。由此，排名体系的变革被提上了议事日程。

2000年1月1日，ATP开始实行酝酿已久的新排名体系。它以"18项积分制"为核心内容，规定从2000年赛季开始，所有男子网球职业选手的排名积分都从0开始，也就是说，无论是1999年年终排名第一的阿加西，还是年终排名很后的任何选手，都将在同一起跑线上起跑。除了每项比赛种子位置和参赛资格确认与以前52周的积分有关外，选手无须考虑上一年成绩的好坏。一位选手在一个赛季的积分取决于18项赛事。其中，四大公开赛和九项大师系列赛事球员必须参加，球员在这13项核心赛事上所得的积分将占到总积分的70%，另外的30%则是球员在他所参赛的成绩最好的5项ATP巡回赛中获得的积分，两项积分相加即为个人的年终积分。年终积分最高者成为当之无愧的世界第一。

第三节　网球运动在中国

一、中国网球运动的发展历程

网球运动于1885年前后由英、美、法等国传教士和商人带入我国，最初只在一些教会学校里的传教士中开展，后来在北京、上海、广州等大城市和一些通商口岸城市中相继开展。

在第八届远东运动会上，以邱飞海、林宝华为主力的中国网球队曾获得冠军，当年，邱飞海还打进温布尔登网球赛第二轮。1935年，侨居印度尼西亚的许承基回国后赴美参赛，在1937—1939年间，曾获英国伯明翰杯赛冠军，且进入世界排名前十之列。

战火纷飞的革命年代，在环境艰苦的延安，共产党人也拿起球拍享受网球运动带来的乐趣，甚至还产生了不少网球高手。这种在今天看来都很前卫和时髦的体育运动，改变了人们对共产党人沉闷、呆板的一贯看法，它从侧面体现了一个政党的开放、有活力、勇于接受新事物、善于吸纳人类一切文明成果的勇气和智慧。

1949年后，中国的网球运动和其他体育运动项目一样，在起点低、基础差、交流少的情况下得到了空前的发展。1953年，天津举行了包括网球在内的全国球类运动会，1956年举行了全国网球、羽毛球锦标赛，并成立了中国网球协会。后来，定期举行全国网球等级联赛，并实行升降级制度，还举办了全国网球单项比赛、全国青少年网球比赛。1958年，我国首次派代表团参加了在伦敦举行的温布尔登网球赛，并取得了较好的成绩。从此，全国网球队多次参加亚洲网球锦标赛、亚洲运动会、世界大学生运动会等，并取得了较好的成绩。20世纪80年代，越来越多的人喜爱上这项运动，一些大城市开始建造网球中心，大多数高校建造了网球场，群众性的网球运动也轰轰烈烈地开展起来。

老一辈革命家陈毅元帅和贺龙元帅都很喜欢打网球。有资料记载，1952年，陈毅由沪调京，在青岛小住，每日都到当时的金口路网球场身着短衣短裤上阵挥拍，认真击球，且每球必争，直到汗流浃背。吕正操上将从战争年代开始就酷爱网球运动。吕老的"行军装备"中就有网球和球拍，休息时在打麦场上拉开网子就打。他80岁高龄以后，每周还要坚持打上三四次网球，82岁高龄时还参加了在杭州举行的全国比赛，直到90岁他还在坚持打球。由此看来,吕老的健康长寿和他常年坚持网球锻炼有着一定的联系。北京元老网球协会会长白介夫说,根据他的实践及专家论证,在所有的体育项目中,网球是最适合老年人的一项运动。同是隔网运动,乒乓球、羽毛球的频率太快,老年人适应不了,而网球可快可慢,老年人可以承受。可以说,新中国成立后,领导干部对网球运动的支持和带动,对中国网球运动的发展起到了十分重要的作用。

20世纪80年代以来,我国网球运动水平提高幅度较快。在1986年第10届汉城亚洲运动会的网球比赛中,我国选手李心意获女子单打冠军。在1990年第11届北京亚洲运动会的网球比赛中,我国运动员获得了三块金牌(男子团体冠军、潘兵获男子单打冠军、夏嘉平和孟强华获男子双打冠军)、三块银牌和一块铜牌。女子队参加1991年联合会杯网球团体赛,在58个参赛队中进入16强;李芳的网球国际排名从200位跃升到155位;夏嘉平参加世界大学生运动会网球比赛获得男子单打冠军……这些成绩说明我国网球运动有了长足的进步,令人鼓舞。

到了21世纪,中国女子网球选手更是在世界网坛大放异彩。

2004年雅典奥运会,李婷和孙甜甜夺得女子双打冠军。

2006年澳大利亚网球公开赛,郑洁和晏紫夺得女子双打冠军。

2011年1月27日,年度首个大满贯赛事澳大利亚网球公开赛在墨尔本进行了女单半决赛的争夺。武汉姑娘李娜(华中科技大学校友)经过三盘苦战后,最终以3∶6、7∶5和6∶3逆转战胜了当时世界第一的丹麦名将沃兹尼亚奇。这是李娜首次闯进大满贯决赛,她也因此创造了中国网球选手在大满贯赛事中的最佳战绩,也是亚洲选手第一次闯入大满贯决赛。

2011年6月4日,法网女单决赛在罗兰·加洛斯体育场举行,由当时世界排名第五的中国选手李娜迎战世界排名第四的意大利选手斯齐亚沃尼。最终李娜以6∶4和7∶6,直落两盘战胜斯齐亚沃尼,夺得法网女单冠军,成为亚洲登顶网球大满贯赛事的第一人。

2014年1月25日,31岁334天的李娜在澳网折桂,超越名宿玛格丽特-考特,成为澳网年龄最大的女单冠军,她也成了亚洲首位两夺大满贯冠军的球员。

二、中国大学生网球赛事

经教育部中国大学生体育协会决定并批准,中国大学生体育协会网球分会于1994年成立。中国大学生体育协会网球分会,是全国高等院校群众性体育团体,是中国大学生体育协会的分支机构之一。中国大学生体育协会网球分会前身为全国高校网球协会,从1989年开始,相继在上海大学(1989年)、广州中山大学(1991年)和上海大学(1992年),举办过三届网球邀请赛。此时,网球运动已广受大学生青睐。

由中国体育协会网球分会举办,各高校承办的全国大学生网球锦标赛是我国高等院校最高级别的网球赛事,简称大赛赛。比赛通常分为甲、乙、丙三个组别,甲组为未享受高考体育加分的本科生,乙组为享受高考体育加分的本科生,而丙组为现役或退役运动员,比赛设有男子单打、女子单打、男子双打、女子双打、男子团体、女子团体的比赛,参赛运动员通常是来自本科院校、专科院校,以及体育类院校等的在校大学生。比赛场地一般为高校网球场,比赛时间不固定。

1994年,第一届全国大学生网球锦标赛(简称大网赛)暨全国高校校长网球比赛在浙江大学举行。至今，大网赛已经成功举办了十六届，会员学校已达160多所。十几年来，随着网球运动在中国高校的迅速普及，大网赛有了长足而显著的发展，已经成为全国网球运动的品牌赛事。

多年来，中国大学生体育协会网球分会在教育部中国大学生体育协会的支持下，在各会员单位的共同努力下，围绕"服务全国高校师生"的原则，准确定位，制定了切合实际的发展目标，逐步实施了"先普及，后提高，再走出国门交流"的"三步走"工作战略，把普及推广高校网球运动作为工作的首要任务，实现了协会不断发展的战略目标。此外，中国大学生体育协会网球分会为鼓励各会员单位和广大大学生积极参与网球运动并取得优异成绩，倡议开展"四个一"工程活动，即组织（参加）一个大学生网球社团或俱乐部、组织（参加）一次全校网球竞赛、组织（参加）一次校外网球活动（观摩或交流）、组织（参加）一次全国大学生比赛，并取得良好成效。通过中国大学生体育协会网球分会多年的努力，网球运动已在全国高校蔚然成风，受益学生逐年增多。"网球"这个十几年前在中国不太流行的体育运动，已逐渐成为广大大学生日常健身和休闲活动的重要选择。网球运动和网球文化符合21世纪人们生活的主题——生命、生活、运动、休闲，它丰富和拓展了大学校园文化，大大促进了大学生的身心健康，因此深受广大大学生的喜爱。

第四节　网球运动的特点与作用

网球运动是一项深受人们喜爱、富有乐趣的体育活动，具有很高的锻炼价值。它既是一种自我娱乐和增进健康的手段，又是一种艺术追求和享受，同时还是一个观赏性很强的体育竞赛项目。

一、网球运动的特点

（一）网球比赛的职业化

过去网球的重大比赛一直不允许职业球员参加，直到1968年国际网球联合会（ITF）取消了这一禁令，世界各大赛事才充满了职业色彩。当今四大满贯和不同级别的大奖赛、巡回赛以及独资赞助的大赛都设立了高额奖金，在高额奖金的刺激下，优秀网球选手进行的早期专项训练和参赛等都推动了网球训练的变革和技术水平的提高。职业化刺激了网球运动的高速发展。

（二）比赛场地多样化

由沥青和混凝土铺垫，其上覆有塑胶面层的硬地球场，球速快，适合进攻型打法，它广泛应用于各大赛事。温布尔登网球公开赛的比赛场地是草地球场，法国网球公开赛使用的是红土场地，还有人造草地、合成材料的地毯等新型场地。不同性能的场地的球速和弹跳规律不同，跑动步法和调整方式也不同，这就要求运动员应具有广泛的适应能力，同时促进了运动员技术的全面提高。

（三）比赛时间长、强度大

一场高水平的女子单打（3盘）比赛可进行2小时以上，男子单打（5盘）可持续3～5小时，甚至更长。随着快速场地的使用和网前战术的发展，比赛的跑动量有减少的趋势，但跑动的强度在增加，前后快速跑动、跨步、跳跃动作也在增加。

（四）发球方法独特

在网球运动规则中，参加运动的双方在一局中由一人连续发球，直到该局结束，此局被称为发球者的发球局。每球均有两次机会，即一发失误还有二发，这是促使发球质量不断提高的主要原因。男子选手发球的速度可达 200 千米/小时以上，女子选手的发球速度也在 200 千米/小时左右。而正常的击球速度远不及发球速度，正因如此，在实力均衡的比赛中，发球方总能占据一定的优势。

（五）心理素质要求高

网球单项比赛是不允许教练指导的，运动员必须独自处理球场上发生的一切。长时间、高强度的比赛需要运动员具备良好的心理素质，如超强的责任感和毅力，克服困难的勇气，情绪稳定，对自己的实力充满信心，有强烈的竞争意识，在大赛中不畏强手、敢于拼搏等。

二、网球运动的锻炼价值

网球是一项时尚的健身运动，也是世界上最流行的运动项目之一，曾被冠以"高雅运动""贵族运动"以及"文明运动"。现今已经有众多的人将观看重要的网球比赛作为休闲、度假的主要内容。网球文化已经根植于现代社会中，成为现代人崇尚的生活方式之一。网球运动的作用主要包括以下几个方面。

（一）增强体质，促进健康

网球运动是一项男女老少皆宜的体育运动，运动量可根据个人情况自行调节。经常练习网球，可以使人们动作敏捷、反应迅速，能提高速度、力量、柔韧性、灵敏度等，对改善人体运动系统、循环系统、呼吸系统、神经系统以及抵抗各种疾病、适应外界的能力有重要的作用，从而达到增强体质，促进身心健康的目的。

（二）培养良好的意志和作风

在网球运动中，特别是在比赛中，双方通过进攻与防守，控制与反控制，既斗智，又斗勇，不仅能锤炼个人的意志品质和心理素质，而且有利于培养拼搏进取的作风以及胜不骄、败不馁的道德风尚，有利于提高克服各种困难的勇气。

（三）团结协作，增进友谊

练习网球需要有对手或球友。通过网球运动可以交流球技，增进友谊。特别是参加双打比赛，可以培养相互信赖、团结协作、密切配合的合作意识。网球还是一项新的社交活动，可以促进球员之间彼此的沟通合作和理解。

（四）愉悦身心，陶冶情操

网球比赛具有较强的观赏性。场上热烈的气氛，激烈的争夺，能使广大观众如醉如痴、豪情满怀。运动员所表现出的顽强斗志、潇洒的作风以及精湛的技艺，都令人赏心悦目，可从中得到一种精神享受。

（五）培养文明礼仪素养

经过一个多世纪的传承而形成的网球文化礼仪，其倡导的是文明、礼貌、高雅的行为举止，在网球运动中，球员与球员、教练、观众之间始终以礼相待，举止文明，有礼节、有涵养的运动员会受到大家的欢迎。作为一个尊重运动员的观众，在观赏网球比赛时，中途不能随意走动和发出声音,这是基本的球场礼仪。

三、网球运动的发展趋势

网球运动正朝着更加积极主动的方向发展。世界网坛高手云集、群英荟萃,引领当今网坛潮流的技术型打法和力量型打法选手争奇斗艳,技术与力量的完美结合已成为网球技术的发展趋势。女子网球运动近年来发展迅速,网球技术特点有男子化的趋势,引起人们的普遍关注。

当今网球发展趋势主要有以下几个方面。

快速:并不是指击球或跑动一味求快,而是一种急停、急起、急转的专项速度,且预判能力在快速移动中仍能保持相对稳定,是一种有节制的、专项的快速,这种快速与一个人对球的预判有很大关系。

进攻:现代网球讲究进攻,强调培养进攻意识。传统观念里,球员应站在底线范围击球,谁失误少谁取胜的机会就大。而现今网球发展的方向,强调的是一种进攻意识和愿望,以攻为守,即进攻是最好的防守。

全面:这里所说的"全面"并不等于面面俱到,而应当是在没有明显技术缺陷的情况下特长突出的全面,绝对的全面是不可能的。

变化:改变打法的单一性,根据不同的对手采用不同的打法,方法越多越好。如果能以同一种击球姿势击出不同方向、不同角度、不同旋转速度的球,将会增加对手回球的难度。

稳定:不是指要在某一次击球或是某一次比赛中稳定的发挥,而是要在整个赛事中或网球生涯中稳定的发挥。

随着网球各种大赛奖金的提高,网球的职业化和商业化程度越来越高。

第五节　网球的分支项目

一、软式网球简介

软式网球是从网球项目中衍生出来的一种运动,非奥运项目。软式网球诞生于日本的明治维新时期之初。当时,西方的传教士、商人将草地网球带到日本,于是在其繁华的城市中开始有了网球活动。但由于当时日本还不具备制作球和球拍的条件,而进口价格又比较昂贵,所以用作为玩具的橡胶球代替网球进行活动,于是,软式网球在日本诞生。1973 年,国际软式网球协会成立。第一届世界软式网球锦标赛是 1975 年 10 月在美国的夏威夷举行的。1994 年,在日本广岛举行的第十二届亚运会上,软式网球被正式列为比赛项目。目前,世界上有许多国家和地区开展这一运动,其中以日本、韩国和中国台北水平最高。

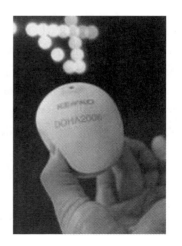

软式网球

软式网球的场地与网球场地相同,有沙地和沥青涂塑地等。软式网球球拍比网球拍要小,材料和网球拍差不多。其使用的球和硬式网球不一样,它使用的球为橡胶球,需要充气,并对气压有一定要求。软式网球的记分规则与网球也不太一样,软式网球比赛时间较短,要求队员能够很快进入状态,对队员心理素质要求较高。

球场大小与一般的网球场相同,但是球网的高度为1.06米。比赛方式分为团体赛、双打比赛及单打比赛。软式网球的比赛与一般网球不同,它实行的是一盘定胜负,双打比赛一盘进行9局,单打比赛一盘进行5局。

1990年,在北京举行的第十一届亚运会上,软式网球被列为表演项目。1994年,在日本广岛举办的第十二届亚运会上,软式网球被列为正式比赛项目。1987年,中国举行了首届全国软式网球邀请赛,1988年改为全国软式网球锦标赛。在1989年第八届世界软式网球锦标赛和1990年第十一届亚运会上,中国男女队均取得团体赛第三名的成绩。

二、短式网球简介

短式网球是在世界网球运动进入高速发展时期,国际网坛突出地表现"启蒙小,成长早"大趋势的情况下,针对儿童身心发育特点和负荷能力,遵循网球原理而创造的一种儿童网球运动。它具有网球运动的全部内涵,适合5岁以上的各个年龄段儿童的生理、心理特点,是对儿童进行网球启蒙训练的有效方法和手段,也是通过训练和正规网球接轨的必经之路。儿童一旦接受短式网球训练,就能在短时间内,规范地掌握网球技能,形成正确的网球意识,合理运用各种技术。

短式网球

短式网球起源于20世纪70年代后期的瑞典,后来在欧美各国流行甚广。现在世界各国普遍用来对儿童进行网球的启蒙训练。它对强化网球人口、培养网球人才、提高网球科学训练水平起到了积极的作用。短式网球的出现,克服并纠正了儿童成人化训练所产生的一切弊端,加上场地小、器材简单、投资少且便于掌握,深受教练、家长和儿童的欢迎。

短式网球的出现,引起了国际网球组织的高度重视。1990年,首先是国际草地网球协会正式认可并接纳这项运动为发展规划项目。1995年,国际网球联合会正式决定并颁布了短式网球推广计划,公认它是儿童训练的理想方法。

短式网球场地占地面积只有正规网球的三分之一(含球场外应留的空地)。标准球场长13.4米,宽6.1米,端线至挡网不少于4米,场地之间间隔2米。室外场地置南北向,国际草地网球协会制定的球场布局是网与发球中线于中点相交,场地呈长方形"田"字形。端线后挡网高3.5米,侧挡网高2米,网柱高0.85米,网长7米,球网中央高0.8米,网柱之间的距离是7米,场地面材质不限,可以使用沙土、沥青、木板、塑胶等,地表平整即可。

思考题

1. 什么时候温布尔登网球公开赛开始接受职业选手参赛?目前,国际上主要的网球机构组织有哪几个?

2. 促使近代网球运动发展迅速的因素有哪些?

3. 网球运动的锻炼益处有哪些?

第二章 网球运动指南

第一节 网球运动的学习

网球运动是一项令人着迷且风靡全世界的运动,喜爱这项运动的人越来越多。但在学习过程中很多人没有能够坚持下来,这主要是对网球学习难度认识不足造成的。网球学习的特点可以用六个字概括:入门难,提高难。网球技术属于较难掌握的球类技术,不下一定功夫很难全面掌握。所以有人把学网球与学英语相提并论:学的人多,学好的人少。

网球运动的学习有如下三个阶段。

一、初级阶段

网球初级阶段的学习由两部分组成:一是培养球感;二是技术动作学习。

(1)第一部分:培养球感。

在刚开始接触网球时,我们应该以熟悉球性为主,可通过如下几个练习进行。

练习一:颠球。将球向上托起,并借助球拍的弹性让球在球拍上不断跳动。注意感受球落在球拍不同部位时的特点。目标:连续颠球50次。

练习二:拍球。像拍皮球一样用球拍将球打向地面,当球弹起时,再将它压下,重复进行。目标:连续拍球50次。

练习三:近距离弹球。找一个练习搭档,双方站在离网2米的位置。一方将球打给另一方,另一方等球着地并弹起后将球打回,重复并连续进行。注意,击球时尽量将击球速度放慢,拍面基本朝上,目的是将球连续来回击打。目标:连续击打30个来回。

练习四:近距离对打,是指站在发球区内的场地来回击球。目标:连续击打30个来回。

练习五:中场对打,是指站在发球区外与底线内的场地来回击球。目标:连续击打30个来回。

练习六:底线对打,是指站在底线外的场地来回击球。目标:连续击打30个来回。

(2)第二部分:技术动作学习。

在有了一定球感后,必须马上进行技术动作学习。技术动作学习必须在教练的指导下进行,循序渐进,一步一步把规范动作学好。规范动作学好了,网球技术才会很快提升,同时还可以避免运动损伤。

初级阶段技术水平的界定参照美国网球分级标准 NTRP(national tennis rating program),1.0~2.0级可以认定为初级阶段,其分级特征如下。

①1.0级。

初学者(包括第一次打网球的人)。进行了技术动作学习,对技术动作有初步认识,能用正确的技术动作把教练喂的球打进球场。近距离和教练对打,连续击打30个来回。

②1.5级。

打球时间不长,初步掌握正手击球动作。在中场发球线附近,能连续击打30个来回。

③2.0级。

正手。挥拍动作完整,但不流畅,不会控制击球方向。

在初级阶段,其技术水平还有以下几个特点。

反手特征:不愿意用反手接球,反手接球技术未掌握。

空中击球特征:截击技术较差,空中击球失误较多。

比赛特征:正、反手都有明显弱点,没有主动上网的意识,脚步跟不上;已初步了解单、双打中的基本站位。发球动作不完整,抛球不稳定,经常双误;接发球失误很多。

二、中级阶段

要想通过网球运动养成终身锻炼的习惯,仅有初级水平是不够的。网球运动的乐趣还在于参加网球比赛,通过比赛发现不足,才有动力进一步提高水平。在中级阶段,全方位提升各种网球技术是关键,同时还要有一定的体能训练。和水平高的球友一起训练是提高水平的主要途径,同时可以参加各种业余比赛,在比赛中积累经验,提高水平。

中级阶段技术水平的界定,参照美国网球分级标准NTRP,2.5～3.5级可以认定为中级阶段,其分级特征如下。

(1) 2.5级。

正手:动作有较大改进,开始能够有节奏的对攻,控球能力有显著提高。

反手:对较快击球准备不足,喜欢用正手去接本该反手接的球,反手进攻较弱,多数情况下反手是技术弱点。

发球和接发球:发球挥拍动作趋于完整,可以发出中等速度的好球;能接速度不快的发球。

网前:能截击中等速度的来球,移动截击经常失误,害怕对手的快球和重球。

比赛:与水平相当的人能打出几个回合的对攻,但步法难以覆盖整个场地;能主动挑高球,但不能控制球的高度和深度;偶尔能打到过顶球;双打中还不会调整站位。

(2) 3.0级。

正手:有较好的稳定性,能控制方向,但缺乏击球深度、力度。

反手:能提早准备,可以打出比较稳定的中速球。

发球和接发球:有发球的节奏,但大力发球稳定性差,二发速度明显慢于一发;接发球比较稳定。

网前:正、反手截击已经比较稳定,但攻击力不强,对低球和近身球还处理不好。

比赛:能打出比较稳定的中速球,但并不是每一拍都敢发力。在控制击球的深度和力量时还显得力不从心;能击出比较稳定的高球;双打中与同伴的站位组合基本上是一前一后,网前可以经常得分。

(3) 3.5级。

正手:能打出稳定而有变化的中速球,能很好地控制击球方向,上旋球水平提高。

反手:回中速球时能控制方向,但处理不好高球、快球。

发球和接发球:能控制落点并加力,能发出上旋球;能稳定地接中速发球并控制回球方向。

网前：上网更积极，步法正确，能截击部分远身球。正、反手截击攻击力加强。接对方的截击球还有困难。

比赛：对中速球的方向控制已经不错，但击球的深度和变化还不够。能在跑动中稳定地回击过顶球，开始能随球上网、放小球和打反弹球。二发基本能控制落点。双打时网前更积极，对场地的覆盖和与同伴的配合能力较强。

三、高级阶段

水平到了高级阶段，已经是网球高手了。

高级阶段技术水平的界定，参照美国网球分级标准 NTRP，4.0～5.0 级可以认定为高级阶段，其分级特征如下。

（1）4.0 级。

正手：击球已经有相当的把握，回击中速球有深度，能对付难接的球。

反手：能稳定地回击中速球，能加上旋，也有深度。

发球和接发球：一发和二发都能控制落点，一发力量大，能发旋转球；接球稳定，极少出现主动失误；单打接发球有深度，双打接发球能根据需要而变化。

网前：正手截击能够控制方向并有深度，反手截击能控制方向但缺乏深度，能截击远身球和低网球。

比赛：已能打出有把握的中速正、反手边线球，也能控制击球的深度和方向。能够抓住对手的弱点打出得分球。能应用挑高球、放小球和截击技术直接得分。发球偶尔也能直接得分。在多拍拉锯对攻中，可能会因为不够耐心而丢分。双打中能抢网，随球上网，能够与同伴配合。

（2）4.5 级。

正手：非常有把握，能充分使用速度和旋转，良好地控制深度，回击中速球有攻击力。

反手：能控制方向和深度，但在受迫时会失误，回击中速球能加力。

发球和接发球：发球有攻击力，能同时运用力量和旋转；二发能发到希望的位置，极少出现双误。能接好对手的大力发球；能抓住对方二发球速慢的机会，打出有深度和落点的回球。

网前：能连续截击对方的回球，步法到位，反手截击能控制方向和深度，网前击球的力量控制能轻重结合。

比赛：能有意识地打出有攻击力的落点球（如对方反手位）后随球上网，并靠连续的截击或高压球得分。击球速度加快，能避开自身弱点，处理难接的球时可以发力。比赛中能打出各种变化的球，开始针对不同对手来调整比赛的节奏；双打中能提早判断来球，回球更具进攻力，会控制比赛节奏。

（3）5.0 级。

正手：在大力击球时能控制方向、深度和旋转，落点准确，能利用正手取得进攻优势，也能根据需要打出轻球。

反手：能打出稳定的进攻球，多数情况下能控制好方向和深度，并有不同的旋转。

发球和接发球：能发到对方的弱点位置上，为进攻取得优势；能有把握地变换发球；二发能利用深度、旋转和落点使对手被动回球，为自己下一拍做准备；接发球能控制好深

度和旋转,并能根据情况选择大力进攻或减速。

网前:截击有深度、速度和方向,难截击的球也能打出深度;能抓住机会靠截击得分。

比赛:对来球能做出很好的预判,在比赛的关键球上经常有出色的表现并能拿下关键分。能够稳定地打出得分球,能救起小球和化解对方的截击球,也能成功地挑高球、放小球、打反弹球和打高压球。能根据对手情况变化战术,双打中与同伴配合默契。与5.5级的选手相比,不足之处在于心理或体能。

从我国目前网球运动的总体状况来看,业余选手的技术水平能达到4.5级,极个别能达到5.0级。省级专业队18岁以上现役队员为5.0～5.5级,国家队选手能达到6.0级以上。业余选手一般技术都不够全面,在对照某一级别的描述时,可能评分级别不准确。我们的建议是:用达不到的项数(负值)与超出的项数相加,如果得数不小于"－1",则可定为该级别;反之,最好先降低0.5级,待技术提高后,再重新评级。

第二节　网球场地

一、网球场地的规格

网球场地是长方形的,中间由网分隔双方阵地。单打和双打比赛使用同样的场地。按照国际网球场地标准,网球场地长23.70米(78英尺),宽10.97米(36英尺)。单打边线之间的距离是8.23米(27英尺),而双打边线之间的距离是10.97米。发球线距网6.40米(21英尺)。每条端线后应留有不小于6.40米的余地,在每条边线外应留有不小于3.66米的余地。在球场安装网柱,两柱中心测量,柱间距是12.80米,网柱顶端距地面是1.07米。如果是室内网球场,净空高不低于9.14米。

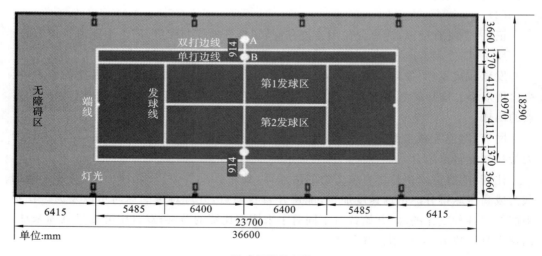

网球场地的规格

二、网球场地的种类

1. 硬地球场

网球比赛大部分是在硬地球场上进行的,这也是最常见的一种场地。硬地网球场一一般由水泥和沥青铺垫而成,表面涂有红色、绿色塑胶面层,其表面平整、硬度高,球的弹跳非常有规律,球的反弹速度很快。

2. 软地球场

常见的各种沙地、泥地等都可称为软地球场。红土球场就是一种软地球场,其典型代表是法国网球公开赛的红土场地。软地球场的特点是球落地时与地面有较大的摩擦,球速较慢,球员在跑动中特别是在急停急回时会有很大的滑动余地,这就要求球员必须具备出色的体能、耐力、奔跑能力、平衡能力和移动能力,以及更顽强的意志品质。

3. 草地球场

草地球场是历史悠久且具传统意味的一种场地。其特点是球落地时与地面的摩擦小,球的反弹速度快,对球员的反应度、灵敏度、奔跑的速度和技巧等要求非常高。因此,草地球场比其他类型的球场更有利于发球上网、随球上网等各种上网强攻战术的使用。但由于草地球场对草的规格要求极高,加之气候的限制以及保养与维护费用昂贵,很难被推广到世界各地。目前几个草地职业网球赛事几乎都是在英国举行,且时间集中在每年六、七月份,正是长草的季节。温布尔登网球锦标赛是最负盛名的草地球场网球赛事。

4. 地毯球场

地毯球场是一种方便铺装的网球场地,其表面是塑胶面层、尼龙编织面层等,面层用专门的胶水黏接于以沥青、水泥、混凝土为地基的地面上,其铺卷方便、适于运输且有非常强的适应性,室内、室外甚至屋顶都可使用。球的速度视场地表面的平整度及地毯表面的粗糙度而定。

第三节 网球用品的挑选

一、如何挑选网球拍

要打好网球,选择一支称手的拍子是关键,球拍必须符合自己的喜好,运动才会长期坚持。对于第一次接触网球的人,该选择什么类型的球拍往往很难决定,一般情况下可先试打,再根据自己的感觉判断。选择球拍还要考虑自身的身体条件和体能。球拍的参数是为击球者设计的。可根据身高、力量、击球方式来选择适合自己的球拍。

如何挑选网球拍,可以从以下几个方面考虑。

(1)重量:球拍越轻,控制能力越强;球拍越重,击打能力越强。太重的球拍会使球员在挥拍时动作缓慢,太轻的球拍则不易应付强力的来球,也容易震手导致翻转拍面。一般来说,年轻男性的适用范围是290~330 g,年轻女性的适用范围是280~300 g,中老年人适用270~290 g的球拍。280 g以下的网球拍适合力量较小的人,280~300 g的网球拍适合初学者用,而300 g以上的网球拍适合力量较大的人。

(2)握把尺寸:网球拍握把的大小要以自己觉得舒适为宜。一般男性球员适用$4\frac{3}{8}$~$4\frac{1}{2}$号柄,女性球员适用2~3号柄。国内最常选择的是2号柄,选择其他握把的比较少。

(3)手胶(吸汗带):网球拍握把上的吸汗带是球拍与人体接触的部分。吸汗带吸汗

功能不好,拍子就抓不牢。

(4) 拍面尺寸:拍面越小,控制能力越强;拍面越大,击打能力越强。大拍面的网球拍易于上手,稍微偏离中心也能打到球,缺点是缺少速度,控制力较差。女性、初学者及年纪大者,宜用105~115平方英寸的拍面。小拍面的网球拍适合运动技术较好及年轻的球员,它的特点是球速快,好控制球的落点,但是甜点区域小。

网球拍的拍面有以下几种。①小拍面:85~90平方英寸。②中等拍面:92~103平方英寸。③大拍面:104~115平方英寸。④超大拍面:116~135平方英寸。较大的拍面可提供更大的击球区域及甜点区域,更容易击打,但缺少速度。追求球速和控球能力较强的球员则可选择小拍面。

(5) 平衡点:拍头越轻,控制能力越佳;拍头越重,击打能力越佳。轻型拍建议选头重型、重型拍建议选头轻型。平衡点与拍子的轻重和拍面的大小有关,头重型适合底线抽球的对打;头轻型适合网前截击。

(6) 软硬度:球拍硬度越高,对球的控制力越高,但主动发力依赖性大,击球更费力;球拍硬度低,对球的控制力越低,但主动发力依赖性小,击球更省力。力量大的球员适合硬度较低的拍子。

(7) 球拍穿线的磅数:球拍穿线的磅数越高,弹性越低,挥拍速度快的球员可获得较好的控球效果。球拍穿线磅数低会产生弹簧床作用而使反弹力增加,球拍控球性就会相对降低。网球拍穿线的磅数为54~60磅。

(8) 球拍长度:成人网球拍中只有标准球拍(27英寸/69厘米)和加长型球拍。加长型球拍虽然可以增强击球范围和力量,但是对于近身球就很难操控。因此,对于初学者来说,建议使用标准球拍。

(9) 材料选择:网球拍的材料主要有铝、钛、碳纤维等,其中铝拍最重,价格也最便宜。目前网球拍的材料主要是以碳纤维为主的复合材料,加入金属或纤维物质都是为了增加拍子的硬度,以加强球拍的稳定性。

(10) 拍框宽度:边框越窄,控球性越好;边框越宽,攻击性越强。边框较宽的球拍能够承受更大的扭力和拉力,所以大拍面、穿线磅数高的球拍多为宽边框球拍。宽边框球拍的风阻系数比窄边框球拍大很多,其操控灵活性较窄边框球拍要差。

二、如何挑选网球

1. 练习球

初学者可以选择练习球练习。练习球的弹性低、球轻、球体软,降低了学球难度,非常适合初学者。练习球的使用寿命较短,它一般是用大袋包装,拆开后放置半年以上球就会失去弹性。

2. 罐装球

罐装球密封在充满氮气的罐子里,价格较高,弹性较好,使用寿命较长。浸水和暴晒会降低网球品质,保存的时候尽量放在干燥阴凉的地方或高压罐里,这样可以保持球的品质和弹性。

三、如何挑选网球线

网球拍所用的线主要是尼龙线,它具有防潮、耐磨、价格合理等优点。但是尼龙线容易因松弛而使穿线磅数产生变化。粗线的直径为 1.35～1.45 mm,细线的直径为 1.20～1.30 mm。线越粗越耐用,越细越好打。断线频率较高的人可穿直径较粗的线,但细线在切削球时更敏锐,弹性也更好。

网球线价格差异很大,初学者可选经济、实惠的线,3～6 个月更换一次。

四、如何挑选网球服装

网球运动是一项高雅的运动,最初源自西方宫廷,其着装隆重而烦琐,以至于限制了球员们的表现。随着现代网球的发展,网球服装已演变成一种时尚的服饰,赞助商会为赞助的某些球员定制服装,并随着比赛推出新款。

1. 男性服装

(1) T 恤上衣与短裤:经典的 T 恤上衣大方得体又不失时尚。宽松的短裤让运动员行动自如,更有利于快速跑动。

(2) 无袖圆领运动上衣:无袖圆领运动上衣舍去了袖子的设计,使运动员在运动时更舒适凉爽。

2. 女性服装

(1) 吊带衫与短裙:吊带衫使整个肩膀得以解放,短裙更利于跑动。

(2) 无袖圆领运动上衣。

(3) 女士短裤。

五、如何挑选网球鞋

网球装备主要有三种:网球、网球拍、网球鞋。网球的性质与球拍的挑选前文已重点介绍,此处不再赘述。网球运动有大量的横向移动,跑鞋的质量太轻,不适合网球运动,应选择一双舒适、合脚、耐磨的网球鞋。

六、其他网球装备

1. 护腕

护腕有两种类型。一种是棉质普通护腕,既可以保护自己的手腕,又可以套在手腕上擦汗。另一种是用于保护腕关节不受伤的专业弹力护腕。可根据具体需求进行选择。

2. 避震器

在网球运动中,每次击球时拍弦都会产生震动,击球力量太大产生的震动会对手臂产生一定的伤害。尽管使用避震装置会降低击球时的手感,但还是有很多人会选择用它来避免受伤。避震器有多种形状,一般为圆形、带状形和长条形,这几种避震器在网球用品店都可以买到。

3. 网球帽

网球帽可用于遮阳和吸汗,一般选用浅色帽子,常用的网球帽为涤纶和纯棉材质。

4. 吸汗带

吸汗带是指包在球柄外的防滑橡胶薄带,因经常更换,可多准备些备用。

5. 跳绳

跳绳是一种运动训练用具。对于网球运动者来说,跳绳运动可以强化脚踝力量,提

高身体协调能力，培养运动的节奏感。

6. 弹力带

弹力带是增强力量、强化功能的辅助性器材，是网球训练的必备用品，可用于多种抗阻力训练。

7. 头带

头带是绑在额头上吸汗和防止长发挥动的束带，选择透气型头带，舒适性更佳。

8. 太阳镜

在室外打球时可选择运动型的太阳镜，一是可以保护眼睛免受强紫外线照射；二是当对方挑高球时，不会因为阳光刺眼而找不到球。

9. 防晒霜

若打球时要在烈日下长时间暴晒，为防止强紫外线灼伤皮肤，一定要选用防晒系数较高且具有防汗功能的防晒霜。

10. 毛巾

毛巾在打网球过程中有两个作用，一是擦汗，二是练习完后可以垫在网球场上用于肌肉恢复及拉伸练习。它是职业运动员训练恢复的重要工具之一。

11. 智能可穿戴设备

随着科技的发展，智能可穿戴设备在网球运动中得到应用。它们用于监控打球时的身体状况，记录各项数据。在智能球场训练时，还可以使用智能网球传感器等帮助训练。

七、著名网球品牌

著名的网球品牌如下图所示。

威尔逊

百宝力

海德

王子

邓禄普

尤尼克斯

泰克尼

沃克

著名的网球品牌

第四节　网球行为规范

一、观赛礼仪

网球比赛是体育比赛中对礼仪要求较高的一个项目，观众观看比赛时应注意以下礼仪。

（1）比赛开始之前要坐好，不能随意在过道停留或坐在栏杆上观赛。比赛开始后，要保持绝对安静，关闭所有的无线通信设备，不要在赛场内接打电话。

（2）吃东西、聊天、大声喧哗和随意走动都是不允许的，只有在运动员交换场地休息的120秒内,可以起身活动。运动员有权因为观众的影响停止或推迟比赛。网球比赛中运动员只在单数局需要换边时进行短暂的休息,比赛开始时如果观众仍没找到自己的位置,应该就近坐下,在下一次运动员换边时再寻找自己的位置。但第1局结束后运动员只换边而不能坐下休息,所以这时一般不允许外场观众进场。在第3、5、7局等单数局或一盘比赛结束后,观众应尽快入座。若观众去洗手间或有其他需求,最好在运动员比赛休息的时候进行。

（3）比赛过程中不能使用闪光灯拍照。

（4）比赛中,当捡到运动员打飞的球后,不可以在比赛进行的时候将球扔回场内,应在比赛暂停时将球扔回场内。

（5）比赛中不得与裁判、运动员进行任何形式的谈话,包括询问比分、对判罚有异议等。

（6）鼓掌加油时要注意,只有在一分比赛结束后,方可开始加油。比赛没有结束前,对于未知的结果不要发出惊叹声或者嘘声。经常有运动员打出精彩的球,但是这个球还没有结束,就有观众喧哗喝彩,这是不允许的。

（7）尽量不要带年龄太小的孩子去观看网球比赛,他们难以控制的行为会让你成为赛场内的焦点,也会影响比赛的进行。

（8）要尊重运动员,不要在比赛过程中对运动员造成任何的影响。

（9）注意保持清洁,使大家在良好的环境中观赛。

二、球场礼仪

对于喜欢打网球的人来说,网球场是充满挑战和乐趣的宝地。明媚的阳光、新鲜的空气、悦目的场地、文明的交往……网球运动为无数陌生的朋友搭起了一座座友谊的桥梁,而绿色的小球则充当着交流的使者。在网球运动中,球场礼仪更是球场文明的美好展现。

（1）从打球的球场通过,必须等球结束以后才行,既是为了不影响别人打球,也是为了自己的安全考虑。

（2）当球滚入其他正在进行比赛的场地时,不能闯进去捡自己的球,这属于"非法入侵",是失礼的行为。必须要等一球结束后再捡球,或礼貌地请对方把球递回来。

（3）打球时需要精神专注,不可大声喧哗。

（4）要养成预定场地的习惯,与球友约球要提前到球场,不要迟到。

（5）不要从球网上跨过或者将身体压在网带上去捡对面场地上的球,否则网带很容易因经受不住压力而断掉。

（6）不允许穿硬底鞋、皮鞋、钉鞋等有损球场表面平整的鞋进入网球场,鞋底以不致在场地表面留下痕迹为宜,赤脚入场打球也是不雅的行为。

（7）无论球被打出界外还是下网,双方都应主动捡球,若有旁人帮忙捡球应立即表示感谢。

（8）场地有限时要相互谦让,体现良好的球场风范。

三、运动员行为规范

（1）尊重是最高准则。尊重网球场上的一切人与物,是运动员最起码的行为准则,

它包括尊重对手、观众、工作人员、服务人员,甚至包括尊重球网、网柱、球拍、球等。

(2) 运动员参加比赛时,在赛前热身过程中有义务为对方的练习提供帮助,任何有意妨碍对方练习的做法都是有失风度的。

(3) 球场上不要踢球,网球是用拍子打的,不是用脚踢的。

(4) 网球场上应该听从裁判的裁决。裁判员与运动员之间有时会因界内界外的问题发生分歧,这时运动员应尽量保持情绪上的稳定,如有球印可向裁判指出,没有则应服从裁判,而裁判所要做的是尊重运动员的汗水和努力,认真裁决每一个球,避免错判、漏判的发生。

(5) 如果打出一记幸运球(球擦网后,改变运动轨迹和速度落在对方场内的球)对手未接住,要说声抱歉或举拍示意。

(6) 发球时最好先看一看对手是否已做好了接球的准备,等对手就位后再发球。在对手准备发球你又没准备好时,要向对手致歉,并迅速做好接球准备。

(7) 自己的发球局结束后应礼貌地把球交给发球者。不要因为输球而生气地把球打向对方。

(8) 为对手的好球拍手叫好,比赛后与对手和裁判真诚握手。赛后向观众致谢,如果在比赛过程中有对观众不满的地方,可委婉地向裁判提出,尽量避免与观众发生矛盾。

思考题

1. 怎样选择网球拍?
2. 现场观看网球比赛应注意哪些礼仪?
3. 球场礼仪有哪些?

第三章 网球运动原理

网球运动是世界上最流行的运动项目之一,是一项优美而激烈的体育运动,在世界体育文化项目中地位很高,是一种主流体育文化。网球运动是深受人们喜爱且极富乐趣的一项体育活动。它既是一种健康的生活方式,也是一种艺术追求和享受。它还是一项扣人心弦的、激烈的职业竞赛项目。网球运动彰显着文明与高雅,适合各个年龄层的人士。它之所以能够风靡全世界,是由它高雅、时尚、健康的特点和锻炼价值所决定的。

网球运动是一项由两人或四人隔网进行来回击球的游戏,球员在网球场上隔着球网用网球拍击打网球,不仅有非常好的健身作用,还有极大的乐趣。它也是技术、战术与体能并重的运动项目,以有氧代谢运动为主,无氧代谢为辅。网球比赛分为单打和双打两种形式,每位球员都尽力将球打到对方的场地上去,这样来回击球,直到有一方将球打出界或没接到球为止。

网球运动原理是运用力学原理,分析网球运动过程中参与运动的人、球拍、球、球场的力学特性和它们之间能量传递过程的关系。使用球拍击球时,能量或动能产生得越多,传导到球上的效率越高,则击球技术越合理,利用合理有效的击球动作将对方打过来的球处理过网,此时合理有效的动作展现的就是技术。

理解网球运动原理就是了解参与网球运动的人如何使用球拍让网球在球场上运动。如何合理运用球拍击球并使球按照人的要求运动,这就需要研究网球的性能及受力后的状态;网球飞行的原理;网球拍的性能对击球的影响;不同类型网球场地的特性对击球的影响;击球的原理;控球能力与控球节奏,等等。把网球运动原理弄清楚,可以让我们更好地理解网球运动。

第一节 网球的性能及受力后的状态

网球性能是指网球所具有的弹性以及其在外力的作用下向受力的方向飞行,并且当所受的力没有通过网球的质心时,还带有旋转的能力。重力、空气阻力和向前的旋转都会对球的飞行造成影响,因此,对于大学生来说,了解网球的性能对于提高网球技术水平非常有益。

一、动态球的力学分析

一般情况下,标准球的质心就是网球的重心。平击球作用力线通过网球的重心,打出去的球不会产生旋转。但绝对的平击球是不存在的,球或多或少总有一定的旋转。球在飞行的过程中受重力、空气阻力影响会产生马格努斯效应(由德国物理学家古斯塔

夫·马格努斯提出),球旋转越强,产生马格努斯效应越强,即旋转越强,球在空中拐弯漂移幅度越大,落地后弹起拐弯漂移幅度也越大,接球方接球难度也就越大。在相同的条件下,上旋球比平击球的飞行弧度要小,空中停留时间要短;下旋球旋转方向正好相反,它受到向上的力,因此,其飞行弧度比平击球的要大,但空中停留时间要长。旋转球可以产生更为丰富的落点,因而对对手造成的威胁更大。

二、旋转球的类型

(一)平击球

当击球的力量仅仅是一个单一的正对着来球的力量,即只有主击球力时,击出的球属于平击球。球拍击球时有一个角速度,在击球的瞬间正对来球挥拍将对球产生正向击球力,拍面对球碰撞力量通过球的重心,球拍触球的时间相对短些。落地高球下压击球、高压球、高空截击、平击发球基本上都可视为平击球。这里需要指出的是,平击球只是一种理想状态,高压球、高空截击、平击发球,平击成分相对多,落地球想要打出平击球时实际打出来的基本都是平击略带旋转的球。

(二)上旋球

上旋球即在击球的瞬间,拍面与球的碰撞力量并没有通过球的重心,而是偏离球的重心,球拍触球的时间相对长些。如果对上旋球进行力量分解,那么击球的瞬间除了对球施加一个正向击球力外,还给球一个垂直于正向的向上的力,从而使球获得一个附加的旋转力。在旋转力的作用下,球获得的相应转速绕球心轴线旋转。球的旋转力越大,球的旋转速度就越快。击球瞬间对球附加旋转力相当于对球施加了摩擦力,球在球拍的弦床平面上停留的时间远比平击球的时间长。

(三)下旋球

下旋球形成的基本原理与上旋球相似,只不过旋转力的方向是向下的。同样,如果对下旋球进行力量分解,可以发现击球的瞬间除了对球施加一个正向击球力外,还给球一个垂直于正向的向下的力,从而使球获得一个附加的旋转力。在旋转力的作用下,球获得的相应转速绕球心轴线旋转。球的旋转力越大,球的旋转速度就越快。下旋球的旋转是绕其球心轴线向下旋转的。

(四)侧旋球与复合旋转球

侧旋球的形成是旋转力在球的侧边,它可以与主击球力平行或垂直。旋转力如果是由右向左用力或作用在球的左侧,方向与主击球力平行或一致,则击球后,球绕轴线顺时针方向旋转。反之,如果旋转力是由左向右用力或作用于球的右侧面,则球逆时针方向旋转。

在网球实践中,绝对的上旋球或下旋球是不存在的,复合旋转球是上旋球或下旋球与侧旋球相结合的一种旋转球。实践证明,在临场使用得最多的就是复合旋转球。

三、旋转球与反弹

在了解旋转球的基础上,进一步了解旋转球与反弹的关系,对正确回击对方来球是非常重要的。旋转球不仅在飞行过程中飞行线路会产生变化,落地后或接触网球拍面时也会发生变化。因此,掌握旋转球与反弹关系的原理,是尽快掌握网球技术以及打好网球的关键。

（一）上旋球的旋转与反弹

上旋球是绕横轴（左右轴）向前旋转的（球的上半部向前转，下半部向后转）。上旋球在飞行过程中，由于球受重力和空气阻力的影响，其飞行弧度比平击球要陡一些，就是说下落速度比不转的球要快，上旋的旋转越强则越能显现出来。当球落地反弹后，球具有一定的前冲力，但球本身并没有加速，只不过是入射角与反弹角不同而造成的视觉上的差异。这是由于旋转球以一定的角度落到地面时，球的底部旋转方向与球的运行方向是相反的，球体与地面接触的瞬间给予地面一个与运行方向相反的力，地面同时也给予球体大小相等、方向相反的力而产生反弹角度的变化所造成的。

上旋球的特点是飞行幅度大，下降快，落地弹起的前冲力较大、速度较快、威胁性强。打上旋球能提高击球的稳定性，球的落地范围也较大。世界著名网球选手纳达尔的正手上旋球，就是充分利上旋球的特点而更具威力。上旋球比平击球和下旋球更容易过网，并且不易出界，所以上旋球能够更好地控制深度，减少失误和失分。打上旋球最大的好处是有利于加力控制球，是正拍击球中既能发力又能控制球进入球场并减少失误的好方法。在快速跑动中很难调整精准的击球点，而上旋球则能保证击球的稳定性。另外，正拍上旋球的飞行路线呈彩虹状，球过网后有急剧下降的特点，可以利用这一特点打出短的斜线球，为接下来的回击取得主动。上旋球还是破坏对方上网的有力武器，过网急坠的上旋球能落在对方上网球员的脚下，使其难以还击。

（二）下旋球的旋转与反弹

下旋球与上旋球的旋转方向相反，是绕横轴向后旋转的（球的上半部向后转，下半部向前转）。下旋球在飞行期间，由于球受重力和空气阻力的影响，其飞行弧线比不转球要平直一些，球下落的速度比不转的球要慢一些，好像球增加了一定的浮力，下旋的旋转越强则球下落的速度越慢。当球落地反弹后，球的前冲力会减弱，给人一种只向上反弹的感觉。这是由于下旋球以一定的角度落到地面时，球的底部旋转方向与球的运行方向相同，球体与地面接触的瞬间给了地面一个与运行方向相同的力，地面同时也给了球体大小相等、方向相反的力而产生反弹角度的变化所造成的。

下旋球的特点是不像上旋球那样具有前冲力，飞行速度比较缓慢，因此，相对来讲攻击性并不是很强，给对手造成的威胁也不大。但是，如果这种削击方法运用恰当，效果就会不一样。例如，当对方在底线时，用削击方法打出轻而浅且角度大的下旋球是颇具威力的。另外，在底线用反拍击出下旋球，在防守上也有积极的作用，它能在强大压力下控制住球，并将球送至对手底线。球速减慢有时会打乱对手击球的节奏，同时也能帮助自己调节进攻的节奏。

第二节　网球飞行的原理

一、球的飞行弧线

（一）飞行弧线

球的飞行弧线是指球自击球者的球拍击出，到落在对方场区为止的飞行弧线。它包括弧线高度、弧线距离、弧线弯曲度和弧线方向。

(1) 弧线高度：球的飞行弧线顶点至地面的垂直距离。
(2) 弧线距离：击球点在地面上的投影至球落地点的直线距离。
(3) 弧线弯曲度：弧线弯曲的程度，它与弧线高度成正比，与弧线距离成反比。如：一个球的弧线高度很高，弧线距离很短，此球的弧线弯曲度就一定很大。
(4) 弧线方向：主要指向左、向右的方向（以击球者为准）。

（二）影响弧线的因素

(1) 球的出手角度。指球刚被击离球拍瞬间与水平面的夹角。球的出手角度越大，出手弧线的高度就越大。
(2) 球出手瞬间距地面的高度。指击球点距地面的高度。
(3) 球出手时的初速度。指球被击离拍面瞬间的飞行速度。
(4) 球的旋转。它不仅对球的飞行弧线有影响，而且还影响球的弹起弧线。上旋可增加球飞行弧线的弯曲度。在击球实践中，上旋起到增加弧线高度和缩短弧线距离的作用；下旋反之。左侧旋可使球向右拐；右侧旋反之。

（三）弧线的作用

1. 合理的出手弧线是击球稳定的保证

应特别重视还击不同的来球对出手弧线的不同要求。如：抽拉小斜角时，网球弧线的弯曲度要稍大，弧线距离要短；回击网前高球时可直线击打，其弧线无需有弯曲度；回击底线球时，需有较长的弧线距离和适宜的弧线高度。

2. 运用变化的弧线，增加球的威胁性

(1) 降低或升高弧线的高度，增加对方回球的困难。如：随球上网时的削球，能使回球弧度降低，给对手出拍还击增加难度。又如：挑高球时，弧度升高，可越过对方头顶至底线，破坏对方的封网或高压球。
(2) 利用向左或向右变化的侧旋弧线使对手处于被动，让对手很难找准击球点而导致击球失误。
(3) 在前后方向上变化飞行的弧线，给对手回球增加困难。如：在回击小球时加一个向后削球的动作，使球过网后不向前跳，甚至后跳回旋，对手极易判断失误。又如：在向对手底线攻球或挑高球时，有意制造上旋，球落地后有前冲力，能增加对手击球难度而造成被动回球或回球失误。

二、球的飞行速度

（一）网球空中飞行速度的概念

来球被球拍击出后越过球网触碰对方场区内的距离除以所用的时间就是该次击球的速度，时间越短则速度越快。

（二）击球后球的速度

网球比赛中"快"是制胜的重要法宝之一，是网球运动员追求胜利的关键。球速越快给对方球员的反应时间就越短。在网球运动中，运动员对球的反应过程一般分为5个阶段：①预判阶段；②感觉阶段；③认知阶段；④选择阶段；⑤击球阶段。运动员要判断来球的速度、力量、落点、旋转和弧线，应从对手的击球动作（包括站位、引拍和挥拍、击球的动作等）和击球后球的运行弧线两方面加以分析，这无疑需要一定的时间。击球速度越慢，对方准备的时间就越充分,判断来球也就越准确。反之,击球速度越快,给对手的判断增加难度,使对手反应不及时甚至出现无反应的现象。一般运动员每击完一球后,必须迅速回位(包括心理和身体动作),以便为下次击球做好充分的准备。

（三）如何提高击球速度

提高击球速度,从理论上讲,就是指缩短来球过网后的飞行时间和球被击中后的空中飞行时间。提高击球速度,应注意以下几点。

(1) 站位尽量向前,击球点适当接近球网。

(2) 借力击球时要适当提早击球时间,在球的上升期击球,减小动作幅度,引拍动作要小,触球瞬间充分发挥小臂的爆发力,击球后迅速制动、还原。

(3) 适当降低球在空中飞行弧线的高度,减少球的飞行时间。

(4) 主动发力击球时要注意身体重心向前的转移、腰部动作的扭转发力,通过转肩将身体的力量传递到手臂,加快小臂和手腕爆发力,使其起到稳定动作和加快球速的作用。

(5) 提高判断和反应能力,加快步法移动的速度。

三、击球力量

（一）击球力量的表现

在网球运动中,所谓击球力量大,实际上是指物理学中的动量大。因为球体本身的质量是固定的,所以,击球力量大的外在表现形式就是球向前飞行的速度快、力量大,接球人感觉球重而有力。

（二）击球力量大的作用

(1) 力量大的来球要求接球者的动作必须迅速,否则就会因来不及调整动作、找不准球、使不上力而无法顶住来球的冲击。

(2) 力量大的来球,对接球者球拍的作用力非常大,它增加了接球的难度,使接球者备感压力,有可能造成来球撞击球拍而不是球拍击打来球。

(3) 来球向前飞行的力量大、速度快,接球者因看不清球,而只能凭经验估计它的走向和落点,极易判断失误。

（三）加大击球力量的方法

加大击球瞬间向前挥拍的速度以及提高力量,是增强击球力量的关键。为此,应注意以下几个方面。

(1) 注意脚部、腿部、腰部、上臂、前臂、手腕等力量的协调配合,遵循身体肌肉发力的正常顺序:身体重心降低,腿部微屈,脚发力向前蹬,躯干扭转带动上臂,上臂带动前臂,前臂带动手腕,以发挥各关节点的加速作用。击球后,应迅速放松,注意动作还原,以便于下次击球的发力。

(2) 整个动作的用力方向应尽量一致向前,避免有不同方向的分力,注意触球瞬间,在加大对球的摩擦力基础上,应向前借力、合力、用力击球。

(3) 掌握合理的击球时间和击球点,以便身体集中发挥出最大的力量,击球瞬间应有爆发力。

(4) 击球前,发力肌肉应尽量拉长且放松,适当加大动作半径,适当加大引拍距离。

(5) 重视力量训练,提高身体素质,并使其与技术密切结合。

四、击球后球的落点

(一) 落点的概念

球被球拍击出后,落在对方场区地面上的点称为击球的落点。

(二) 好的落点

1. 好的落点的概念

好的落点是指击球落点接近两条边线、底线,或落在对方脚下,或远离对手站位,或落点与对手跑动的方向相反,或双打时落点在两人的结合部,等等。

2. 根据对手的弱点寻找好的落点

(1) 利用对手技术上的明显弱点。如:有人反手弱、失误多,就应多打其反手;有人中前场技术粗糙就多打中前场球;有人怕底线高球就多打底线高球。

(2) 利用调动对手后暴露的弱点。如:在对手失去身体平衡的情况下,将球打到他的另一边,极易得分。

(3) 运用假动作,或判断对手的心理,声东击西。如:对手判断自己打斜线,实际自己打直线。

(三) 与击球落点紧密相连的两个概念

1. 击球路线

击球者所站的位置与击球的落点之间的连线,称为击球路线。最基本的路线有5条:右方斜线、左方斜线、右方直线、左方直线和中路直线。此外,还有后方左、右两条小斜线及反斜线。

2. 击球区域

击球区域即把场地分为若干区域,并将其与击球落点相连。距球网约2米的区域称前场;发球线附近区域称中场;近底线处称后场。击球近网称为"浅";击球近底线称为"深"。击球在边线近底线处称为"大角";击球在边线近网处称为"小角"。

(四) 提高控制落点能力的方法

(1) 规定区域练习法:将场地划分为若干区域,规定专门的击球区。

(2) 提高场上观察能力,在常规的训练或比赛中有针对性地对击球落点提出要求。

五、击球后球的旋转

(一) 网球旋转的力学根据

在力学中,欲使球旋转,必须具有力矩(M)。力矩等于作用到球体上的力(F)和此力到球心的垂直距离(L)的乘积,公式为$M=FL$。从公式中可以看出,F和L的大小直接影响M的大小,若M越大则该球旋转得越厉害。

(二) 如何加大球的旋转

(1) 加大挥拍时摩擦球的力量。击球时不仅应发挥腰部、腿部和手臂之力,还应配合手腕的力量。

(2) 击球部位是关键,用力方向适当远离球心。

(3) 采用弧形挥拍技术。

第三节　网球拍的性能对击球的影响

一、网球拍参数对击球的影响

网球拍大约有15种主要属性,每种属性都会影响球拍的性能,影响击球的质量。很多初学者认为,球拍越轻越好,拍面越小越专业,这并不准确。下面说明网球拍的功能。

网球拍参数一览如下。

（1）重量　一支网球拍的裸拍重量,即净重,不包括拍线、吸汗带等配件的重量(单位:克)。

（2）穿线重　球拍净重加拍线的重量(单位:克)。

（3）挥重　拍头移动时,在平衡和风阻影响下的力量(单位:克)。

（4）拍面大小　拍面的面积(单位:平方英寸)。

网球拍拍面大小基本上可分为以下四种。

①小拍面:穿线面积小于或等于95平方英寸。

②中拍面:穿线面积为95～100平方英寸。

③大拍面:穿线面积为100～105平方英寸。

④超大拍面:穿线面积大于106平方英寸。

拍面越大的网球拍,其甜点区域越大,就越容易接到球。小拍面(如90平方英寸、93平方英寸)的球拍,击球时拍头控制比较灵活,虽然甜点区域小,但能带来更好的击球体验。

（5）拍框厚度　球拍拍框最窄部分的厚度(单位:毫米)。

拍框厚度是直接影响球拍力量的因素之一,拍框越厚,球拍击球的力量会越大,减震相对较好,但会有笨重感。拍框越薄,击球的控制越好,灵活性越好。

（6）拍长　拍柄末端到拍头的长度(单位:厘米)。

网球拍的标准拍长为27英寸或69厘米。拍长在网球规则中是有规定的,成人拍根据需要可以用加长拍,著名华裔网球运动员张德培当年使用的就是加长球拍。

（7）材质　制作球拍时使用的某种材料,或者某几种材料的组合。

现在的网球拍材质以碳素为主,加入金属或纤维物质都是为了增加拍子的硬度,加强拍子的力量和稳定性。有些人会不习惯金属元素的震动感觉,可以选用减震效果好的纯碳素拍。如果觉得复合材料的球拍震手可加避震器。

（8）平衡　有两种含义:一种是指拍头到拍柄末端之间的平衡点位置;另一种是指拍柄末端到平衡点的长度,减去球拍中点的长度后,得到的正(负)值。网球拍的平衡就是拍头的轻重。拍头轻则挥拍比较灵活,但因为惯性等原因,需要更多地发力。拍头重就在中点处加上平衡点数值。平衡点越靠前(也就是头重)击球威力越大、越不好控制,平衡点越靠后(也就是头轻)击球威力越小、越好控制。拍头轻的球拍在网前打球省力,在底线则需要加力,拍头重的球拍在网前使用不灵活,但在底线可以打出重力球。

（9）线床　因球拍线孔的设计,而决定的穿线方法,也称为线床规则。线床规则越密,对球落点的控制越精准,发力和借力越容易,有利于上旋球的击球。竖线越少,击出

的上旋球效果越好,反之则是平击球效果越好。常见的线床规则有16×19,还有少部分为18×20。

（10）力量　一支球拍相对于其他球拍为击球带来的势能高低,即力量水平。球拍力量级别越大,越省力;力量级别越小,越需要自己来发力,比如专业运动员的力量级别小,需要自己发力。

（11）硬度　由于球拍材质和球拍形态的设计,使球拍在受力时发生形变,产生形变的大小代表着硬度的高低。球拍硬度低,弹性大,发生形变的值越小,击球越舒服,硬度高则相反。一般认为,球拍硬度越高越难控制。

（12）挥距　在击球的整个过程中,从引拍到随挥结束,拍头移动的距离。

（13）挥速　在击球前,拍头移动速度的快慢。它是击球好坏的另一种参数。

（14）磅数　拍框可以承受的、能够给击球带来良好效果的拍线拉力的数值范围。

穿线磅数越高,击球时所需力量越大。如果不能确定球拍穿线应该使用多少磅数,可以球拍的可用磅数为参考。如球拍的可用磅数为50～60磅,可以选55±(1～2)磅。线越软,磅数越低,弹性越好;线越硬,磅数越高,弹性越差,需要主动发力越多,控制相对精准。一款适合自己的球拍需要试打,多试几次,才能找到自己喜欢的感觉和手感。但初学者对球拍的要求没有那么高,感觉不明显。

（15）拍柄　中国人选用球拍的柄型以2号柄居多。一般追求上旋的高水平选手会选择小一号握柄的球拍从而方便转动手腕发力。初学者不要过早追求利用手腕发力击球。

网球拍握柄类型与选用方法如下。

①球拍的拍柄标识是指拍柄底部以上5厘米处的周长,通常单位是英寸,比如$4\frac{2}{8}$,表明拍柄底部的周长是$4\frac{2}{8}$英寸,代表的是2号柄。$4\frac{3}{8}$代表的是3号柄,$4\frac{4}{8}$代表的是4号柄。

②选用握柄类型与身高无关,与手掌大小有关。

③选择合适的握柄型号的方法是,自然握住拍柄,手指与手掌的空隙恰好能放入一根手指,或者是根据测量第二手掌线（三根掌纹线中间的一根）到中指指尖的长度,来选择合适的握柄。

二、网球线的材质、软硬、粗细及线床张力与击球的效果

网球线的类型、穿线方式、线床张力对球拍整体手感的影响非常大。推荐什么球线,只能靠球员自身的感觉来判断。如果能较为清晰地分辨不同球线之间或者同款球线不同磅数之间的差异,基本上应该是技术水平在4.0以上的选手了。

网球线按硬度有软线、硬线之分,按线直径有粗线、细线之分,按其材质有天然肠线、仿肠线、聚酯线、芳纶纤维线之分。

1. 软线、硬线

软线的优点是比较好"吃"球,即拍面接触球的时间长,所以击球手感舒服,缺点是软线寿命要比硬线短。硬线弹性差,回旋没有软线强劲,因此击出的球速稍慢,但是非常稳,而且使用寿命很长;软线弹性好,球速快,适合打强力上旋的选手使用,但使用寿命短,容易崩断。

2. 粗线、细线

网球线的粗细通常用数字表示,其隔距范围从15(最粗)到19(最细),半隔距称为L(有15 L、16 L等,L是Light的缩写)。15 L的线比15隔距的线细,但比16隔距的线粗。数字越大表示线越细,"吃"球越好,控制越好,但是耐用性越差。较细的拍线由于能够更深地"吃"球,所以也就能够给球加更多的旋转和控制,但线不耐用,因此较适合借力击球的人使用。较粗的拍线比较耐用,适合经常主动发力的底线型选手使用。细线可提高可控性,而粗线可提升耐用性。球员可以根据自己的打法选择较粗或较细的拍线。

3. 网球线的材质

(1) 天然肠线。通常被称为羊肠线。羊肠线弹性好、价格高,缺点是不能受潮,所以不能长时间保存。

(2) 仿肠线。仿肠线也就是尼龙线,可以混合芳纶纤维以增加耐用性,是一种折中产品。尼龙线是现在用得较多、较广泛的材料,它以不怕潮湿、耐磨、能大量生产而价格合理等优点而盛行。这种线比较容易掉磅,因此网球拍穿线磅数可以稍微偏高。

(3) 聚酯线。聚酯线是一种耐用材料,现在已经被越来越多的人接受。随着科技进步,聚酯线击球手感更柔和,能够增加球的旋转,保持磅数能力提高,改善了掉磅的问题。聚酯线较硬,但相对于芳纶纤维线来说,又偏软。

(4) 芳纶纤维线。较硬、较耐用。单纯的芳纶纤维线一般用得较少,通常会混在子母线的时候作为竖线使用。芳纶纤维是20世纪材料科学中继尼龙材料发明之后最伟大的发明之一,是一种将碳元素聚合而成的新型碳素材料,它的优点是有钢铁一般的硬度,而密度却与玻璃纤维不相上下,有超强的韧性和减震功能。这种线比较硬,因此网球拍穿线磅数可以稍微偏低。

4. 线床张力

线床张力与以下内容有关。①穿线方式。穿线方式主要指穿线结束时是打两个结还是四个结。两种穿线方式穿出的线的击球手感其实没有太多的区别。常见的子母线穿法就是打四个结。②穿线磅数。穿线磅数的高低与控球能力成正比,与击球威力成反比。穿线磅数低,弹性好,力量大,威力也就越大,适合底线进攻;磅数高,对球的控制也就越好,适合网前型打法的选手。在球拍的内侧通常都标有建议穿线磅数范围,最好是在这个范围内选择穿线的磅数。大多数球拍的穿线磅数在55~65磅或者50~60磅。初学者应该选用穿线磅数较低的大拍面球拍来提高控球性。③使用者的力量情况。一般来说,运动员力量强劲,可以适当提高穿线磅数,而力量不足则需要降低穿线磅数以提高球线弹性从而获得额外的力量。如果无法把握合适的穿线磅数,第一次可以参考穿线师的建议,之后再根据实际使用情况进行调整。高磅数会使得甜点区域变小,但是回球控制力会相应增强。初学者穿线磅数建议选择球拍所示磅数区间的中间值略微偏低些,试打几次再决定最后的磅数。不管穿什么球线,掉磅是肯定存在的,一般刚穿好的线在击球一天之内就会掉大约10%的磅数,三个月内即使不打,也基本会掉超过30%的磅数。④线床密度。常见的有16×18,16×19,16×20,18×20……线床密度决定了球拍的旋转、手感和耐用度。线床越密打出的旋转相对越少,但控制性和耐用度会相应增加。

5. 建议

①每支球拍的参数(拍面、硬度、挥重、平衡等)都是固定的,普通网球爱好者很难在购买球拍后对其进行大的改造。选择好了球拍,才能谈到如何选择网球线。②开始打球

时选择聚酯线更经济实惠。③多试打几种不同的线,多试打几种不同的磅数,找到适合自己的。④同一品牌,使用大盘线要比单根线更划算。⑤使用减震器或者减震结可以缓解击球时球拍震动带来的不适感。还有就是,一定要根据自身条件和打法特点选择合适的球拍。

第四节　不同类型网球场地的特性对击球的影响

在相同条件下,按球落地后弹跳的快慢,可将网球场地分为三类。

一、慢速球场

慢速球场一般是指红土场或沙土场。由于红土场或沙土场地面柔软,球着地后与地面的接触时间较长,反弹较慢,球速也较慢,如果球的旋转较强则球弹跳得较高。最早的土场就是用沙土做成,造价低廉,在拉美等欠发达地区还广为使用。但土场排水不好是它最大的问题。21世纪初,欧洲人发明了快干场地,即在场地表面铺上一层碎砖末或火山灰等,这样水就会很快渗下,场地表面干燥的速度就快了很多。在相对干燥的南欧,表面覆盖物的厚度相对薄些,最典型的就是法国网球公开赛的红土场地。大洋对岸,美国人发明了绿土场,即把本土天然的碎绿石块铺在场地表面,而不像欧洲那样用砖末。这两种场地都属于土场。在降雨多或地下渗水条件不好的地区,可以通过修建地下排水系统解决排水问题;在干燥地区,要修建地下的灌溉系统。在土场比赛时,球员在跑动中特别是在急停急回时会有很大的滑动余地,这就决定了球员必须具备比在其他场地上更出色的体能、滑步技术和移动能力,以及更顽强的意志品质。在这种场地上比赛对球员的底线相持能力是一个极大的考验,球员一般要付出数倍的汗水及耐心在底线与对手周旋,获胜的往往不是打法凶悍的发球上网型选手,而是在底线相持能力很强的球员。

二、中速球场

中速球场一般指合成塑胶球场、人造草场或室内地毯球场等,因为球与地面的摩擦系数中等,所以球着地后反弹快、球速中等,弹跳高度稍低于沙土地,其中最具代表性的是合成塑胶打造的硬地网球场。现在大部分的比赛都是在硬地网球场上进行的,也是最为常见的一种场地。硬地网球场一般由水泥和沥青铺垫而成,其上涂有红色、绿色塑胶面层,其表面平整、硬度高,球的弹跳非常有规律,但球的反弹速度很快。许多优秀的网球选手认为,硬地网球更具爆发力,而且网球比赛中硬地球场占主导地位。

三、快速球场

快速球场即天然草场或合成材料硬地网球场。球与地面之间的摩擦因数较小,球落地后反弹快、反弹球速也快。但弹跳高度较低,尤其是天然草地,表面特性变化很大(受草的长短,湿度、气温,阳光强弱等因素影响),对球的弹跳及反弹球速有很大的影响。

草地的摩擦系数最小,弹跳高度是最低的(为硬地的3/4)。球落地后,有明显打滑的现象,这使球员准备击球的时间大为减少。草地的覆盖物一开始是均匀的,随着比赛进行,草脱落的地方露出草根和地皮,此处的摩擦就会增大,地面也会凹凸不平,草地上球的反弹也会很不规则。这就要求,一方面球员要熟悉草地性能,有很好的预判和随机应变的能力,另一方面尽量多用削球和截击。草地上的削球比起其他场地有更大的威胁,但在草地上截击并不是很容易的事。因为球的来回速度快,上网的时间不充裕,即使上到网前,面对比其他场地快得多的回球,身体、手法的调整也很仓促,比起中速球场,截击的把握并不是很高。但草地又必须多上网,如果停留在底线,处理落地的反弹球难度更大。草地最有利的一点,是把发球的威力无限放大。速度是190千米/小时的发球,接发球一方面对的困难要大很多,因为球经草地的摩擦速度损失很小,同时弹起高度还低,留给接球者的反应空间实在很小。

第五节 击球的原理

击球是网球拍与网球的撞击,是网球拍击球一瞬间的冲击过程,击球的基本原理就是人们对击球技术的客观规律的理性认识。击球时网球和网球拍碰撞属于弹性碰撞。球与网拍在力的作用下互相变形压缩,拍面和球都会产生一定的凹陷,球和拍面的形变恢复时,球就离拍而去。这时球的运动状态体现在速度与旋转,这是网球在空中飞行的物理特性。力量作用于球,可通过球的前进速度和旋转强度表现出来。因此加大击球的力量既能使球获得更快的速度,也能加强球的旋转程度。

当挥拍力量大于来球力量时,我们通常称为发力击球,发球及正、反手底线抽球时经常运用;当挥拍力量等于来球力量时,称为借力击球,多数截击球均是借力击球;还有减力击球,如放小球、短球时,触球瞬间球拍稍后减力并加做一些切削以降低来球的反弹力量,使球落在近网处。网前截击球也可放小球,也是减力使球落在近网处。

一、拍面角度和击球部位

拍面角度指击球时拍面(指球拍正面)与地面形成的角度。击球部位指球拍与球撞击时,拍碰撞击球的位置。球的后半部是球拍撞击球的有效部位。将球的后半部的球体,从纵向分为上、中、下,从横向分为左、中、右。这样一来,在后半部半个球体的凸面上可分为9个部位,也就是左上、中上、右上;左中、正中、右中;左下、中下、右下。击球时如何选择球拍与球的撞击部位,对掌握好回击球方向起决定作用。

(1) 拍面垂直:拍面与地面的角度为90°,击球部位为正中。

(2) 拍面前倾:拍面与地面的角度小于90°,击球部位为中上部偏上部位。

(3) 拍面稍前倾:拍面与地面的角度接近并小于90°,击球部位为中上部偏中部位。

(4) 拍面后仰:拍面与地面的角度大于90°,击球部位为中下部偏下部位。

(5) 拍面稍后仰:拍面与地面的角度接近并大于90°,击球部位为中下部偏中部位。

(6) 拍面向上:指拍面与地面的角度接近180°,击球部位为球的下部偏底部部位。

(7) 拍面向下:拍面向下,击球部位为球的上部偏顶部部位。

使球产生旋转的主要原因是在击球时使作用力线偏离球心,这就要求击球的瞬间采用不同的拍面角度和挥拍方向。平击球一般要求拍面垂直于地面,并向前挥动;上旋球要求拍面前倾,并向前上方挥拍;下旋球要求拍面后仰,并向前下方挥拍;如果拍面垂直并向下挥拍,也可削出下旋球;如果拍面垂直并向上挥拍,也可拉出上旋球。实际上球拍绝对的垂直击球比较少,多数情况不是偏左就是偏右,因此,要依靠调节拍面方向来掌握好击球动作。

二、用甜点区域击球的原理

随着合成材料的使用和先进制造技术的发展,科技含量更高的网球拍越来越多。如今的网球拍能承受巨大的拍弦张力和高球速的反复撞击,也使得运动员击出的球力量越来越大,速度越来越快。要把网球打得好,首先要打得准,那么怎样才能打得准呢?打得准有两层含义,一是要用球拍的"甜点"击球。二是用球拍的"甜点"在球上找准部位。严格来说"甜点"是球拍上的一个区域,而不是一个点。球打在这个区域,球的回弹速度更快、力量更大。用"甜点"击球会有以下效果:一是能击打出有力、稳定、向着预定方向飞行的球,球的方向、弧度、落点在自己的掌控之内。二是击球的手感最舒服,能够使击球者获得最佳击球效果。三是用"甜点"打球,会听到响亮的击球声,也是一种美妙的听觉享受。

美国麻省理工学院航空与航天学教授拉姆内斯对球拍击球时的动力响应做了研究,他发现拍面上有三个点对球的撞击有特殊的反应。第一个点叫作撞击中心(center of percussion,COP),它位于接近拍面的几何中心处。当在该点处击球时,握拍手臂所受到的冲击力较小。接触点偏离 COP 越远,手臂受到的冲击力就越大。在此应该注意,不要把球对球拍的冲击与球拍击球后所产生的振动混为一谈。前者是球撞击拍面时,对球拍产生的冲击,后者是球离开拍面后,球拍所产生的振动。第二个点是在 COP 上方一个叫作节点的特殊点,在该点处击球时,球拍几乎不产生振动或仅有很小的振动。第三个特殊点为最大恢复系数点(maximum coefficient of restitution,MaxCOR),它位于 COP 的下方。在该点处击球,球拍的能量恢复系数最大。拉姆内斯用测量球撞击静止拍面的速度及球从拍面弹起的速度,来确定拍面上不同点处的能量恢复系数。研究结果表明,球击在 MaxCOR 处时约有 65% 的能量转变为动能。拉姆内斯提出以恢复系数 35% 作为划分拍面"甜点"边界的依据,即能量恢复系数≥35%的拍面区域为"甜点"。"甜点"的外围称为有效击球区,也叫强力区,这个区域更大一些。显然,击球时触球点位于强力区以外,击球的能量利用率就会降低。在"甜点"外触球,由于力的偏心作用,拍面角度容易扭转从而难以控制球。因此击球的第一条基本原理是要用球拍打准球,它的含义是击球时触球点应在球拍的强力区内,接触点越接近 MaxCOR,击球的能量利用率就越高,反之则越低。MaxCOR 是最佳接触点。

三、击球点原理

当球位于身前某个方向以及离身体和地面的距离在某个适当的范围内时,才能顺利击球。拍面与球接触时,球相对于身体的空间位置称为击球点。在击球范围内有一个特殊的击球点,当球处于这个空间位置时,击球最顺手、最稳定,这就是最佳击球点。对于打落地球、发球、高压球、截击球等,合适的击球范围及最佳击球点的位置是不同的。最佳击球点因击球方法、方向、握拍方法及个人身体条件的不同而变化。例如,采用不同发球方法(平击、切削及上旋发球),最佳击球点的位置是不同的。打落地球时,直线球与斜线球的最佳击球点位置也不同。握拍方法对落地球的最佳击球点位置的影响最大。对于大陆式、东方式、半西方式、西方式正手握拍,最佳击球点的高度及离身体的水平距离是依次增大的。单手握拍打反手球的最佳击球点离身体的水平距离比双手握拍时大些,高度则低些。准确地说,最佳击球点位置因个人身体条件的不同而有差异,要通过自己的实践去体验。

球拍与球接触的时间短暂,影响最佳击球点位置的因素多,从而掩盖了在合适的击球点范围内存在一个最佳击球点这一客观规律。这个规律称为击球点原理,其含义是:在合适的击球点范围内,存在一个最佳击球点,在最佳击球点击球最顺手、稳定与准确。击球点离最佳击球点越远,击球就越困难,并且容易产生失误。

最佳击球点要靠运动员去捕捉和造就,怎样才能捕捉和造就最佳击球点?眼、手、脚的准备与协调是关键。

1. 眼的准备

要想捕捉住最佳击球点,首先要把视线集中在对手的击球动作上,要注意观察并及早预测和判断对方球路以及球的旋转、落点和弹跳。这就要培养判断球的意识及球感和对场地特性的了解。球的意识是指对球本身的特性(轻重、软硬、弹跳)以及对球路旋转、落点、弹跳的了解和判断。要学会在球刚离开对手球拍时,就能预测和判断出对方的球路以及球的旋转、落点及弹跳。场地特性对球的弹跳有很大的影响。

2. 手的准备

在准备击球时,若球拍不处于准备位置,如拍头朝下垂于腿前或腿侧,就会给引拍带来不便并延长引拍时间。除大陆式握拍法外,变换正反手击球,都需要改变握拍方法,如果球拍尚未处于正确的准备位置,就会来不及改变握拍方法。

正确的球拍准备动作是把球拍置于身前,拍头呈水平或稍抬起状态,打截击球时拍头要抬高一些(发球及高压球除外)。准备握拍动作是用非握拍手托住球拍的颈部(拍头与拍柄的连接部分),握拍手轻轻地握住拍柄,手指保持松弛状态。

采用正确的球拍准备动作有以下好处:①使握拍手的肌肉在击球间隙得到放松和休息,以减少疲劳;②非握拍手可以帮助握拍手迅速变换正反手握拍;③保持拍头朝上,可以缩短引拍时间,对于打网前截击球尤为重要;④有助于调整拍头的高低、拍面角度及离身体的距离;⑤在跑动击球时,有助于在跑动时使球拍位于身前,便于摆动双臂助跑及保持身体平衡。

3. 脚的准备

要想捕捉住瞬间存在的最佳击球点,脚的准备是关键。脚的准备的含义是把身体移动到距最佳击球点最合适的站位位置。脚的准备包括站位方式和步法两个方面。站位方式就是击球时身体及双脚相对球网的方式。站位的基本方式有关闭式和开放式两种,此外还有半关闭式和半开放式两种变化形式。采用关闭式站位击球时,应侧身对向球网,一脚在前,另一脚在后。开放式站位击球时身体和两脚朝向球网。

通常,人们把步法理解为跑动时脚步的移动方法。步法组成移动全过程的各个基本环节,包括起步、跑动、到位、复位。

起步:起步是对来球落点做出判断的反应。从眼睛看到来球到做出反应大约需要0.2秒的时间。起步的快慢除受神经和肌肉系统反应的敏捷性影响外,更重要的是意识上受到对来球做出判断的影响。起步迟缓者常常不是由于反应迟钝,而是经常要等球过网后才做出判断。那时球都快落地了,无论你的反应多么敏捷,恐怕也很难跑到位。因此,良好的预判准备是迅速起步的关键。

跑动:跑动是人们在生活中养成的自然动作,是一种本能。为了适应在各种场地上做各种方式的移动(如前进、后退、左右移动、转向等),都必须遵循一条基本原理,就是保持身体的平衡。保持平衡的最好方法是低姿势跑,低姿势就是稍屈膝、略弯腰,以降低身体重心的高度。男子身体的重心在腹腔底部,女子的重心比男子重心的位置稍低一些。屈膝是降低重心的有效方法。弯腰也能降低重心,但弯腰不可太甚,否则会使重心前倾。跨步不可太大,否则会使上身直起而升高重心。

到位:跑动到位的含义不仅指身体要移动到离击球点最合适的位置,还包括在该时刻使双脚处于最有利的击球站位位置。例如,单手反手击球必须采取关闭式站位,若跑到位时要打单反击球,但双脚不处于关闭式站位,击球时就会感到非常困难和勉强,甚至无法击球。因此,在跑动到位之前必须调整步法,如调整步距或用碎步,使跑到位时双脚正好处于合适的站位位置。

复位:复位是步法中常被忽视的一个环节,复位的含义是在击球后要终止身体前冲的全部动量,尽快复位到准备击球的站位位置,否则就会影响及时回击第二个来球或因身体前冲而失去平衡。世界名将德约科维奇在复位、恢复身体平衡方面有高于其他顶尖高手的惊人天赋,这是造就他及时准确找准击球点,反击得分的秘密武器。

上述四个环节是为了分析跑动过程而人为划分的,各环节之间是相互联系的,应在每个环节的进行中随时为下一个环节做准备,从而使各个环节非常连贯和流畅地组成一个完美的过程。

四、目标点原理

通过网球比赛获得更多乐趣,提高技术技能,击球的最终目的是得分。击球时所处的状态基本有三种:防守、相持或进攻。目标点原理指击球时必须根据双方在场地上所处的位置、来球路线及战术意图,迅速做出判断和反应,以确定击球的目标点。做出的判断、反应和确定目标点越迅速、准确,击出的球得分的可能性就越大。要实行目标点原理,必须具备敏锐的思维能力、良好的战术意识及必要的击球技能。在此仅简要分析击打目标点的技能。

第一,必须做到击球成功。击球成功是指把球打过网并落到对方场地上自己想要的范围内,这是击球时的基本要求。击球成功的基础在于能较好地控制好手中的球拍,达到人拍合一的程度,即通过手腕和手指控制球拍。击球时手指必须紧握拍柄,击球时握拍不紧拍柄会在手中转动,打出的球既无力又无法控制。击球时手腕必须既柔韧又牢固,手腕柔韧便于改变拍面角度,手腕牢固击球时拍面才不会偏转。握拍手的后三个手指要紧握拍柄,击球时就既能握紧拍柄又能保持手腕牢固了。

第二,控制拍面角度和方向。拍面朝上为"开放",拍面朝下为"关闭"。击球时球离开拍面的发射角取决于拍面开放的程度。拍面角度的微小改变对球的过网高度都有明显的影响。拍面角度的改变不是由运动员视觉神经控制的,而是由神经中枢对握拍手的控制来实现的。这种控制要靠多次击球的体验在大脑中所形成的记忆来产生。控制不好拍面的角度,打出去的球就容易落网或出界。在各种情况下运用怎样的拍面角度才能打出想要的球路,要在击球实践中去体验,使成功的体验在大脑里形成记忆,也就是所谓的熟能生巧。

如果想把球打向目标点,首先要控制球路方向。与边线平行或接近平行的球称直线球,与边线成一定夹角的球称斜线球。控制球路方向的关键在于控制击球时拍面的朝向,因为球路的方向总是跟拍面的朝向一致。正确的击球动作是保持手腕与拍头一起移动,正手击球时控制手腕的朝向就能控制拍面的朝向,从而控制球路的方向。在反手击球时,控制指关节的朝向,就能控制拍面的朝向。

第三,控制击球的深度。要想把球打到目标点,就要能打各种深度的球。球的深度取决于球过网的高度、球速及旋转。在球速与旋转一定的条件下,球的深度主要取决于过网高度。只要有足够的球速,就能把球从己方底线打到对方底线,控制球的过网高度比控制球速容易,对初学者来说用控制球的过网高度来控制球的深度比较容易。对于高水平的球手还可运用改变球速、旋转与过网高度相结合来控制球的深度。

第四,控制球速。球的速度取决于击球时作用在球上的冲量,该冲量等于击球力乘以该力对球的作用时间。击球力等于球拍的质量乘以球与球拍接触时的相对加速度(包括球撞拍的负加速度)。因此,球拍越重,挥拍加速度及撞拍球速越大,击球的力就越大,球拍与球的接触时间极其短促,为4~6毫秒,它与球拍的刚性、穿弦拉力及击球的动作有关。球拍的刚性较大,穿弦拉力较小时,球与拍面的接触时间就较长。根据动量守恒原理,球拍击球的冲量等于球所获得的动量。球的质量是恒定的,因此,球拍的加速度越大,拍面与球的接触时间越长,打出去的球的速度越大。

此外,击球时拍面与球的接触角对球速也有直接影响,平击球时拍面与球的飞行方向垂直,球能获得球拍击球的全部冲量。打旋转球时拍面与球的接触角是变化的,击球力将被分解为与拍面垂直的正向力及与拍面平行的切向力。正向力使球获得速度,切向力使球产生旋转。因此,在击球冲量一定时,平击球的速度比旋转球的速度快。

五、网球击球技术的生物力学分析

任何一个运动项目的技术特点都应符合运动生物力学原理,动作是否合理有效等,应该从运动生物力学的角度进行分析。

在运动生物力学中,研究网球的运动可把网球的球心看作一个质心(球的质量都集中在球心),根据力学中的质心运动定理,网球受外力作用时其质心(即球心)的运动,就如同一个质点的运动情况。根据冲量定理可知,击打出去的球速不仅与网球受到的作用力有关,同时也和作用时间有关。所以,在相同的作用力情况下,在特定最快速挥拍时间内,网球在拍弦上停留时间越长球速就会越快,但击球时通过质心的位置决定球的飞行轨迹。

人体的运动部位由关节连接,所有的运动都是绕关节的转动,网球击球的主要力量也来源于转动,以及力量的传递与平衡。在击球的过程中大量使用角动量是现代网球的一个重要特点,它是现代网球力量化的重要原因。网球运动所涉及的动量原理主要是在击球时,身体产生大量的动量,角动量会转成线动量并最终传至网球上。

球员在击球时所需要的力量与速度,并不是单独由身体的某一部分产生的,而是各相关部分力量与速度的积蓄,力量和速度从脚部开始,经身体的腿、髋、腰、肩等部位传递和叠加,最终传至拍头,并作用在球上,构成一个动量传递链条系统,即所谓的动力链。球员在运动的同时,要保持击球的有效性和准确性,保证力量的正常传递,还需要保持身体的静态与动态平衡。球员的重心是一个想象点,球员的重量均匀地分布在这个点周围,它是身体的平衡点。通常,重心在人体肚脐的位置,但会随人体部位与躯干的相对位置发生变化而明显改变。理解重心与平衡,对于球员成功地完成技术动作至关重要。重心与平衡这两个相互关联的概念,深刻地影响着网球技术动作的成败。失去平衡或平衡不好,是导致网球运动中失误的重要原因。平衡是球员控制其身体平稳与运动稳定的能力。运动中的平衡,是指球员在运动中能控制身体的能力,良好的动态平衡,可以使球员的击球更准确,运动更灵活,击球后的回位更有效。

现代网球技术正手击球多采用半西方式或者西方式握拍,其目的是发挥更多的前臂以及手腕的力量参与发力从而制造上旋。从生物力学机制上分析,现代正手击球的最大优点在于角动量的充分开发。职业运动员在正手击球技术环节,膝关节有明显的向前蹬转,髋、躯干、肩都有明显的扭转,这种自下而上的转动幅度是依次增大的。髋在膝关节转动的基础上又转动了一个角度(髋与底线的角度通常接近90°),肩又在髋的基础上转动了20°~30°。想象一下,这样依次扭转把储备的能量像火箭发射时一样,能量一级一级依次传递,最后传递到球拍,那么由此产生的角动量当然是巨大的。

从身体肌肉发力看,开始是比目鱼肌、腓肠肌及大腿股四头肌蹬伸做向心收缩向上传递能量。接着是臀大肌也做向心收缩。再向上是腹内外斜肌,背部肌群以及斜方肌做向心/离心收缩。在这些能量积累的基础上继续向上肢、手臂传递力量。接着依次是三角肌、胸大肌、肱二头肌、旋前圆肌以及手腕屈肌群的向心收缩。最后全部力量传递到拍头。其中手腕在击球瞬间将承担巨大的压力。

现代网球击球技术主要有两种:一种是传统击球技术;另一种是前臂鞭打式击球技术。通过分析两种不同网球底线击球技术的握拍法、步法和引拍、挥拍的运动轨迹,从生物力学特征上比较它们的技术特点可以看出,前臂鞭打式击球技术比传统击球技术有明显优势,可以击打出力量更大、速度更快、旋转更强,极具穿透力的前冲上旋球,显著地提高了击球的攻击性和稳定性。前臂鞭打式底线击球所能发挥出的力量、速度和旋转是传统击球技术难以达到的,前者的技术合理程度更适应当今网球更强力量、更快速度的要求,代表了当今世界网球技术发展的潮流。击球技术的五要素如下:①胯部、肩部转动,肩部至少转180°;②身体重量随球前移,即所谓的用身体打球;③准备时,发力腿弯曲、重心下移;④击球点位于身体前;⑤全身协调用力,加快拍头速度。另外,提高击球力量、速度关键还在于合理加大引拍幅度、提高挥拍速度、找准并选择好击球点,用球拍的甜点区域击打球的中心部位并充分地合上力,这些主要技术环节也是不容忽视的。

六、落地球击球动作的原理

落地球击球的技术动作是多种多样的,尽管方法要领各有不同,但在击球动作的环节方面是有共性的,正手击球、反手击球的击球动作都由后引球拍、向前挥拍、球拍触球和随挥四个部分组成。

1. 向后引拍

向后引拍是把球拍拉向身后,准备击球的动作环节,这个动作环节除握拍需用手部的肌力外,其他部位的肌肉不应紧张,特别是肩部一定要放松。向后引拍可采用直接向后引拍、小回环引拍和大回环引拍(即拍头由上向后再向下划一圆弧)。现代网球技术以争取速度为主,若球拍向后摆动过大,势必影响最佳击球时间和向前挥拍击球的速度,但向后引拍的幅度大小还应根据击球需要灵活掌握。

2. 向前挥拍

向前挥拍是把引向身后的球拍,从后向前挥动去迎击来球的动作,这一动作是决定击球速度的关键环节,整个动作的完成要遵循鞭打式击球的动作原理。首先,由支撑腿开始发力,躯干、肩部、上臂、前臂及手依次传递完成动作,最后为了克制来球的撞击力,手要牢牢地固定腕关节及击球的拍面。

3. 球拍触球

击球的质量取决于球拍触球的一瞬间。特别是对初学者来讲,如果没有用拍面的甜点区域来击球,或者击球的一瞬间球拍握得不牢固,都会出现击球不稳或失误的情况。

4. 随挥

随挥是击球后顺着挥动球拍的惯性随势前挥的过程,既是整个击球技术动作结束阶段,又是击球后上肢肌肉相对放松阶段以及协调技术动作的阶段。

雨刷式随挥是正手击球最重要的技术动作之一。职业选手几乎在每一次的正手击球中都采用雨刷式随挥。如果想掌握专业级的正手击球,就必须掌握这种随挥动作:在身体前方用球拍、手掌、手臂和肩部一起划出一条彩虹轨迹。雨刷式随挥可以使正手充满力量、旋转和控制。从本质上讲,雨刷式随挥是现代正手上旋击球动作的延续。正确的上旋击球动作是用球拍从后向前、向上推动球,如果在击球点上正确地应用了上旋击球动作,那么雨刷式随挥就会自然产生。雨刷式随挥的一个重要特征就是球拍尽可能长时间地停留在身体的右侧(而不是很快地绕过身体),击球点只是击球的真正开始。职业球员在击球点上继续向前加速推动来球、继续向上加速举起来球、躯干继续转动和手腕始终保持稳定通过击球点一段距离;而业余球手的常见错误是在击球后马上转动手腕刷球,没有运用到肩膀和手臂的力量。

七、空中击球动作的原理

空中击球主要有截击球、高压球和凌空抽击球,其击球动作原理如下。

(一) 截击球

截击球技术是网前技术中的高级技术,当球在落地之前,将球击回到对方半场区,是一种攻击性的击球方法。它回球速度快,力量重,威胁大。良好的网球截击技术是优秀网球运动员必须具备的,比赛中常被采用在发球上网或正反手击球后上网截击,截击球技术是攻击性打法中不可缺少的重要内容。

1. 握拍

截击球一般采用大陆式握拍。使用大陆式握拍在打正手截击和反手截击时是同样一种握拍方式,不用变换。

2. 准备姿势

面对球网,双脚向前自然分开与肩同宽,双膝微屈,上身保持正直并向前倾,采用大陆式握拍法,用非握拍手轻托拍颈,拍头与下巴齐平,双肘弯曲,将球拍舒适伸在前面,重心落在双脚脚尖上,注意力高度集中,当对手击球的瞬间,应用跨步作为准备姿势的一部分,并立即判断出球的方向、高度和路线,以便快速移动和上前截击。很多截击者不注意跨步的使用,往往造成截击时机的贻误。跨步具有以下好处:使球员保持平衡;腿部肌肉储存能量,使落地时产生爆发力,能够迅速向各个方向移动;调整身体向前的角度。

3. 引拍(主要是横向)

引拍动作一定要以转肩为主,迅速、简单、幅度小,眼睛紧盯着来球。引拍时,手腕和拍面固定,引拍后要保持拍头高于手腕。

4. 前挥击球

看到来球要迅速随着正手出左脚,反手出右脚向前跨步,随着重心前移,身体转向正对球网,击球点保持在体前,拍面对着来球,依靠身体向前移动的惯性所产生的力量截击球,以短促的动作向前、向下切削来球。

5. 随挥跟进

击球手臂随着身体移动的惯性向前跟进,推送动作明显,然后顺势迅速恢复原来的准备姿势,准备下一次击球。

常见截击球技术有正手截击球、反手截击球、近身截击球。

(1) 正手截击球　当来球向正手侧飞来时,身体快速向右转体,带动球拍向后引,左脚向右前方跨出,拍头要高于握拍手,手臂几乎伸直,球拍和手臂成"V"字形,手腕固定。身体重心主动跟上,在左脚着地的同时,球拍截击球,以便产生较大的击球力量。截击时的动作以撞击或挡击的方式完成,在拍面短促向前撞击的同时,拍面微微向下做切削球的动作,使球以下旋的形式飞出,击球时保持拍面上翘,拍面稍向后仰,手腕稳固。击球后手腕仍紧握球拍,并向前做小幅度送拍动作。

(2) 反手截击球　当来球向反手侧飞来时,身体快速向左转体,同时左手向后拉拍,拍头要高于握拍手,手臂几乎伸直,球拍和手臂成"V"字形,手腕固定。挥拍击球时,左手松开稍向后伸,右手握紧球拍前挥并在身体前方切削来球。身体重心主动跟上,在右脚着地的同时,球拍截击球。向前挥拍时,两只手的动作好像在拉长一根橡皮筋,以保持身体平衡。由于是在身体左侧击球,限制了右手的引拍幅度,反手截击往往比正手截击更容易掌握。

(3) 近身截击球　当球朝着自己身体快速飞来时所采用的截击技术,这也是网球比赛中经常被使用的技术。近身截击的动作要领是,当来球朝着身体飞来时,快速把球拍挡在身体前面,多数情况下,使反拍面朝前,手臂几乎伸直。击球时手腕绷紧,拍面在身体前方挡击来球。近身截击多数受动作限制无法发力,多以防御为主,但可以通过手腕及拍面的变化来控制球的落点。

(二) 高压球

高压球是一项绝对的强攻性技术,一般来说打高压球就意味着得势、得分,所以高压球又称杀球,是在头顶上用扣压动作完成击球的技术动作,属网前球技术。在高水平的网球双打比赛中,高压球技术非常重要。因为,上网进行截击时对方经常会通过挑高球来摆脱被动,只有熟练掌握高压球技术,才能有效制约对方的挑高球,并利用高压球技术直接得分。

高压球根据球的状况和击球者的站位可分为凌空高压球、落地高压球、前场高压球、后场高压球等几种,其动作与发球相似。高压球技术要领如下。

1. 握拍与移动

打高压球与网前截击球采用的都是大陆式握拍。在准确判断来球位置及轨迹的基础上,以交叉步、滑步或并步的方式快速侧身移动到球即将下落位置的后面。打高压球对步法的灵活性及准确性要求非常高,因为球在空中飞行有时会因风向、旋转等因素使球在空中漂移增加击球难度,这就要求击球者快速反应、灵活移动、准确定位以获得最佳的击球点。另外要保持双脚不停地做碎步调整,以促使身体重心平衡、步法灵活。打高压球时最后要采用双脚一前一后的方式站位,与持拍手同侧的脚在后,另一脚在前。

2. 后摆球拍

在脚步开始移动后,身体侧身并以最短捷的动作将球拍摆至肩上,拍头向上,非持拍手自然上抬,眼睛盯球,做好击球准备。高压球在移动定位时非持拍手应指向空中的来球,这不仅有助于判断击球点的位置,而且对保持身体的平衡也有积极的作用。双手高举,掌握好击球时机。

3. 挥拍击球

移动到位并判断准击球点后,双脚支撑向击球点方向蹬地、转体、收腹,继而挥拍击球。高压球不单纯依靠手臂或手腕的甩动发力,而是靠腰腹、腿部及身体整体的协调发力,手臂挥拍动作与发球动作一样,有搔背再迎击扣动手腕用甜点区域击打球的动作。

4. 随挥

击球过后顺势将球拍收于非持拍手一侧的腿侧。如果击球点很靠后或很偏,不适合正常发力,可用强行的扣腕或旋腕动作代替随挥动作,这要求击球者具有良好的腰腹力量及手腕的控制能力。

(三)凌空抽击球

凌空抽击球指在空中回击来球。此种球杀伤力大,击球者需要具备良好的空中定向、判断能力及熟练而精准的脚步移动能力。

八、根据球场不同位置选择不同击球方式

"打摩结合"是力量、速度与旋转的结合。速度与旋转分别是"打"与"摩"两种不同击球力的作用结果,"打"可以产生球的加速度,"摩"则能产生球旋转的角加速度。对于球的速度和旋转而言,可以描述为球受到力和力偶矩的作用,并使球产生一边前进一边旋转的运动状态。一般离网越远"打"的成分越多,"摩"的成分越少;离网越近,"摩"的成分越多,"打"的成分越少。至于每次击球,"打"和"摩"之间的比例分配,是长期实践的经验总结,是根据当时想法和战术要求决定的。

第六节　控球能力与控球节奏

控球能力,就是运用各种各样的击球技术把球击到预期目标的能力,也就是回球过程中意识到哪里就能把球击到哪里的能力。初学者在掌握各种基本技术的基础上,要想进一步提高技术水平就需要掌握控球能力。优秀的网球运动员都是利用控球来调动对手,为自己争取主动,使对手处于被动,这样才能提高得分概率。控球能力,具体地说,包含以下几个方面的能力。

一、控制击球力量的能力

网球运动是网球与网球拍相互碰撞所进行的,属于弹性碰撞运动。球与网拍相互碰撞时,在力的作用下相互形变,球和拍面的形变恢复过程中,球就离拍而去了。现代网球比赛越来越追求速度,网球的运动速度来源于击球力量的大小,而击球力量的大小主要取决于击球时挥拍加速度的大小。因此,要想加大击球力量,增大网球飞行速度,就必须要靠全身的协调配合,加大击球时的爆发力,因为力量与网球飞行速度是成正比的。但是网球比赛中,并不是每一拍都要发力击球,应根据场上的情况,根据对方的来球速度,

要做到有时发力、有时借力、有时减力击球,因此,控制网球飞行速度也在控制之中。

二、控制击球节奏的能力

击球节奏是网球比赛很重要的因素,快是比赛的核心问题,其中击球节奏快是制胜法宝。击球节奏快是一种整体性、全方位的快,球速快是击球节奏快的一种形式。击球节奏快就是要压缩时间,我们可把这段时间分为两部分:来球过网后的飞行时间(从来球飞至网上始,直到被球拍击中止)和球被击后的空中飞行时间(从球被球拍击打后始,到球飞行过网止)。欲提高击球节奏,则必须设法缩短这两部分时间。

击球节奏分为:①球落地前击球时期,它包括高压球,截击球,前、中、后场凌空球。②球落地后击球时期,它分为球落地后击球的上升期、球落地后击球的下降期。应当说击球时期越早,击球速度越快,给对手准备击球的时间就越短,在实战中所获取的主动性就越多。不同的击球时期需要不同的击球技术,在引拍、向前挥拍、球拍触球和随挥等技术环节方面,不同的击球时期有不同的要求。如果技术掌握得不够稳定和全面,在回击不同时期的来球时就会出现失误。击球时期在实战中跟运动员站位、对方来球、运动员对来球的主动回球能力、运动员对来球的判断能力和移动速度以及运动员根据来球所选择的回球技术有关。

三、控制击球路线、角度的能力

击球路线根据球员场地站位可分为中路、左路及右路;根据击球点与落点及边线的关系可分为直线、斜线;根据击球点和落点关系可分为大角度、小角度。控制击球路线、角度的能力,从技术角度来讲是技术能力,即调动对手的能力。从战术角度来讲,是战术意识和战术思想。这种能力必须要通过不断练习和比赛实战来逐渐掌握。

四、控制落点的能力

球员的控球能力,具体表现在击球落点。不管是击球力量的控制,还是击球路线、角度的控制都是为了一个击球落点。击球的落点包括发球落点、接发球落点、底线击球落点、上网截击落点、放小球落点、放高球落点、高压球落点等。

思考题

1. 网球在飞行中有哪几种旋转类型,各有什么特性?
2. 落地球击球有哪几个技术环节?
3. 截击球技术有正手截击球、反手截击球和近身截击球,这三种截击球技术有什么不同?
4. 如何根据球场不同位置选择不同的击球方式?

第四章 网球教学理论

第一节 网球教学的原则

目前,在各式各样的网球培训教学中,很多人都忽视甚至违背了网球教学的基本原则。比如,让初学者学习西方式击球动作,这样就违背了网球教学从易到难、循序渐进的基本原则;没有让学生进行热身活动就直接上场打球,造成关节、肌肉、韧带的损伤,违背了网球教学的健康原则;让力量较弱的学生从单手反拍开始学习反拍击球,违背了网球教学的从实际出发的原则。在网球教学活动中,合理科学地运用网球教学原则,可以优化教学过程,提高教学效果,完成教学任务,对网球教学具有重要的指导意义。

网球教学的基本原则有健康原则、循序渐进原则、因材施教原则、自觉积极性原则、巩固提高原则和动机激励原则。

一、健康原则

网球教学的健康原则是指网球运动应有利于学生体质的提高发展。在网球教学过程中要保证学生身体的安全和健康。所有有悖于该原则的教学方法和练习方法都是错误的和应该禁止的。通过网球练习,应起到不断提高学生的基本身体素质、培养学生的意志力和良好的心理素质的作用。

二、循序渐进原则

网球教学的循序渐进原则是指网球教学的内容、练习方法和运动负荷的安排,都应符合运动生理学的要求,由小到大、由慢到快,由低级到高级、由简单到复杂,逐步提高。

网球教学的循序渐进原则,具体要做到以下几点。

(1)安排教学内容和组织教学时,应由简到繁,由易到难。网球运动的各单项击球技术的教学顺序,一般是从正手击球到反手击球,再到截击、发球、高压球等。单项击球技术的组织教学,一般是从单人练习到多人练习,从少回合击球到连续多回合击球,从慢球到快球,从平击球到旋转球,从直线球到斜线球。

(2)在制订教学计划时,应考虑到各个击球动作练习的前后衔接,逐步提高要求。如:先进行球感、球性练习和两人不落地颠球,再过渡到连续截击练习。

(3)循序渐进原则要求教学内容系统连贯,但对于不同的教学内容与技术学习,应有主次之分,抓住重点,带动全面。如:正手击球的四个过程中,要重点掌握向前挥拍击球的过程,从而掌握固定的击球点,控制好击球时的拍面位置。

(4)教学中,应逐步提高运动负荷,让学生的身体机能逐步适应。如上课前应进行热身活动,使心率由低到高,逐步稳定增加;在安排底线击球练习时,应由慢到快击球;两人进行隔网击球练习时,应由近到远,逐渐拉开击球距离。

三、因材施教原则

网球教学的因材施教原则即从实际出发原则,是指应根据学生的年龄、性别、体质状况、运动素质基础,以及练习的场地、设备、环境、气候等实际情况来确定教学的任务、内容、组织方法和运动负荷,使学生能够接受,并充分、有效地掌握基本击球技术。贯彻从实际出发原则,应注意以下两点。

(1)应具体调查、分析、切实掌握学生的各种身体状况。

在安排和进行网球教学时,教学任务、内容、组织方法和运动负荷都要符合学生的实际水平和可接受能力。如:对少儿的教学,要是不重视球感、球性的练习就直接教完整的击球动作,则会因其对球的判断能力差而很难击中球。再如:一些乒乓球或羽毛球技术较好的学生,在进行网球练习时,若不注重纠正多余的手腕动作,不但很难体会到网球是用脚和身体的力量打球的,而且还会造成手腕损伤。

(2)了解学生的一般情况和个体特点。

在学习一般击球技术动作时,对于运动素质较高的学生,应在完成动作的质量上提出更高的要求;对于水平稍低的学生,则可采用一些特殊的教学步骤和辅助练习,用来鼓励和提高他们的信心。既要了解学生的一般特点,又要了解学生的个体特点,以便采取不同的措施,因人施教。在网球教学开始时,一般可以做一次摸底测验,了解学生的网球技术基础。

四、自觉积极性原则

网球教学的自觉积极性原则,是指在网球教学中,要启发学生明确自己学习网球的目的,调动其学习网球的主动性,培养其对动作的认真思考和自我练习能力,将教学中的击球技术和练习方法牢记在心,充分理解消化,并通过自我实践提高水平。

贯彻自觉积极性原则,应注意以下几点。

(1)应使学生明确学习网球的目的,是准备参加比赛夺取名次,还是一般的健身娱乐。

(2)网球教学应有启发性,要引导学生自我思考、自我控制、主动地去学习,让学生互相观察技术动作,提出问题,挖掘原因,并有效地找出纠正错误的方法,然后再想象纠正自己同样的错误。做到对错误动作要知其然,并知其所以然。

(3)要不断激发学生对网球的兴趣。在教学过程中,随着学生技术动作的不断提高,应经常明确击球的要点和效果,让学生体会到自己击球水平的不断提高。如:当学生基本掌握了正手击球技术后,教练在网前喂球时,让其有效回击,并在网前将球回击到学生身边,使学生能连续击打较容易的球,体会到连续击球的乐趣,从而激发出努力学习击球水平的兴趣。

五、巩固提高原则

网球的巩固提高原则,是指在网球教学中,应使学生牢固地掌握网球各方面的知识、各项基本击球技术技能、各种练习方法,不断提高网球运动水平,增强体质。根据身体机能的生理特性,若掌握了某些单项击球技术,而不经常巩固、提高,就会产生消退现象,忘记已经掌握的技术动作。所以,只有不断地练习、不断地强化动作,使动作定型,才能防止消退,才能提高网球技术技能。

贯彻巩固提高原则,应注意以下几点。

(1) 应让学生明确了解击球动作的各个环节,了解具体击球技术的正确概念,以及每个动作的重点、难点和练习方法。

(2) 反复练习,逐步提高。应进行连续多回合的击球练习,直至单项击球技术动作达到熟练。

(3) 集中安排网球课。网球课最好相对集中,每周安排 2~3 次,以利于运动技能的巩固,避免因课程之间间隔太久而发生运动技能消退。

六、动机激励原则

动机激励原则是指通过多种方法和途径,激发学生主动学习的动机和行为的教学原则。遵循这一原则可激发学生更高的学习积极性和主动性,培养学员的独立思考能力、创造能力和自我调控能力。

在网球教学过程中贯彻动机激励原则应注意以下几点。

(1) 加强学习的目的性教育。

通过各种教育学和心理学的手段,进行学习的目的性教育。通过学习,使学生认识网球运动在健身、竞赛等方面的意义,增强学生学习网球运动的自觉性和积极性。

(2) 激发学生参与网球训练和比赛的兴趣。

兴趣是最好的老师,在网球教学运动中,培养兴趣至关重要。在教学的各个阶段教授不同年龄的学生时,要运用多种手段,激发学生参与网球训练和比赛的兴趣。

(3) 发挥学生的主体作用。

让学生了解学习的目的、任务、要求与安排,并让学生在一定程度上参与训练计划的制定和训练的组织,只有这样才能发挥学生的主体作用。在训练中应有意识地培养学生独立思考的能力。

(4) 发挥教练的榜样作用。

教练要为人师表,热爱自己的工作,注意自己的言行举止。在教学中应做到精益求精,上课时精神振作、口齿清晰、声音洪亮,手势清楚大方,讲解生动易懂,富有启发力和启发性。同时还要通过准确、优美、轻松自如的动作示范,激发学生的学习兴趣。

以上六个网球基本教学原则都不是孤立存在的,它们既有联系又相互制约。在网球教学中,必须全面贯彻各个教学原则,才能使学生较快地有效掌握网球基本技术,更出色地完成、领会网球各项运动技能,达到较高的网球运动水平。

第二节 网球教学的方法

随着我国网球运动员在世界上取得的成绩越来越好,媒体对网球运动的关注度越来越高。近几年,网球运动在高校迅速兴起,吸引了众多的网球爱好者,网球运动逐渐成为一项受大学生青睐的体育项目。但由于网球运动这一项目对场地和设备的要求较高,其动作的复杂性及运动本身的高消费性,使得很多学生在进入大学前都没有机会接触网

球,缺乏网球技术基础。即使学过网球的人最终能打得出色的也很少,究其原因主要是网球教学方法比较单一,内容陈旧,长期没有突破。改变这一现状势在必行,为了使网球课取得更好的效果,必须根据网球运动的特点设计出新的网球教学方法。

网球教学方法是指在网球教学过程中,教练和学生为了完成教学任务、掌握和提高各项击球技术采用的练习过程和手段。选择好的、合理的、科学的练习手段来掌握和提高网球击球技术,是网球教学的重要内容。主要的网球教学方法有:语言法、直观法、练习法、预防和纠正错误法等。

一、语言法

语言法是指正确地使用各种语言指导学生明确网球教学任务,掌握教学内容,从而加速领会网球技术技能的一种方法。其具体形式有讲解、口令和指示、口头评定、口头总结、小声自我提示等。

(一)讲解

讲解是网球教学中最基本的一种教学形式,主要指教练向学生用语言说明教学任务、技术名称、动作要领、注意事项、技术要求等,指导学生掌握击球技术,进行有效练习的方法。

网球教学讲解时应注意以下几点。

(1)讲解单项击球技术时,要有明确的重点。如学习东方式正手击球时一定要围绕平击来详细讲解。

(2)讲解的内容应正确,可以让学生清楚地理解。如对学过高中物理,并了解物体完全弹性碰撞理论的学生,可以讲解平击球技术的拍面与球的触及关系实际上就是一种完全弹性碰撞形式。

(3)用词应通俗易懂、简明扼要、形象生动。如正手挥拍击球时可以描述成鞭打动作;发球时的扣腕动作,可比喻成向上扔甩钓鱼钩等。

(4)语气要肯定,关键词要着重强调。

(5)讲解要有启发性,可采用提问的方式,多让学生思考。如正手击球结束时,左手应该在哪;正手平击球前,左手该怎么办,为什么,等等。

(6)应重视讲解的时机。比如在球感、球性练习中的两人隔网传接颠球后,当练习至已能连续直接传递球时,再讲解截击的技术要领,就能很快领会、掌握这项技术。

(7)与示范紧密结合。在网球教学中,讲解和示范是相互补充、相辅相成的。示范主要展示动作的外部形象,讲解则能反映技术的内在要求。正确的示范配以生动形象的讲解,能够引导学生将直观感觉和理性思维很好地结合起来,达到更好的教学效果。

(二)口令和指示

口令和指示是指用口令、命令的方式来指导网球基本技术动作的练习。例如,根据正手击球动作的向后引拍和向前的挥拍过程,用口令"一、二、三"提示引拍准备,"四"提示向前挥拍击球。

(三)口头评定

口头评定是指在网球教学中,按击球技术的标准和效果,口头评定学生练习的效果。例如,准备击球引拍慢了,就要提示"翻晚了";击球时动作僵硬,发力过猛,就可以提示

"小一点儿劲""轻一点"等等。这样可以对学生的表现进行及时的纠正与反馈,并在学生完成练习后马上进行指导或提出新要求。教练最好在学生完成动作后的 25～30 s 内给予评价,因为超过 25～30 s 记忆就会消退 25%～30%。在口头评讲学生的学习表现时,原则上应实事求是。但对自尊心强、爱面子的学生,讲评时应讲究方式、方法和分寸。而对屡教不改,又满不在乎的学生,讲评时要严厉。

(四)口头总结

口头总结是指学生对击球的感觉和练习方法的见解,是自我评价和自我监督的一种方式。它可以提高学生对网球学习的积极性,加深对技术动作的理解。例如,让学生对正手击球要点做分析,并解释正手击球时左手的作用等。

(五)小声自我提示

小声自我提示是指暗示、小声提醒一些击球动作时常用的关键词句。教练在编制此类套语时,应目的明确,并与个人实际密切结合,所用语言应尽量准确、生动、形象,以能引起相应的联想为好。

语言教学法是一种行之有效的教学方法,学生通过有效的语言反馈,能加深大脑对动作的记忆,有利于动作定型。

二、直观法

直观法是指在网球教学中,借助直观的感觉来感知击球技术动作的一种常用教学方法。它有助于学生了解击球技术动作的要点和练习方法。网球教学中,最常用的直观法是动作示范、借助阻力练习和固定目标练习。

(一)动作示范

动作示范是教练以具体、准确的击球技术动作为范例,使学生充分了解所要学习的技术动作过程、要点和方法。动作示范应注意以下几点。

(1) 动作示范一般先示范完整的击球技术动作,然后示范分解技术动作。在示范分解动作时,应重点示范击球的挥拍动作。要先以常速示范再以慢速示范,最后快速、连贯、完整地做击球动作示范。

(2) 动作示范要准确,保证击球动作的熟练、规范、舒展,特别是在东方式正手平击球教学中,应保证拍面在相当长的时间内与地面垂直。

(3) 根据具体示范动作的要点,选择示范的方向和位置,一般学习挥拍技术动作时常用背面示范。

(4) 在网球教学中,应注意边示范、边讲解,提高示范的效果。如:做正手挥拍击球示范时,当球拍触球时,应提醒拍面要平;挥拍结束时,应提醒左手扶住球拍拍颈,重心落在前脚,站稳等。

(二)借助阻力练习

借助阻力练习常用于网球教学的正手挥拍练习中。当学生向后引拍时,教练可从其身后抓住球拍的拍头,而学生继续正常向前挥拍,感受身体向前发力并不是用手臂发力。如当两人持拍相对站立,正手挥拍至击球处,两拍面重合相互借力对抗,体会击球时的发力感觉。

（三）固定目标练习

当网球技术水平得到一定提高后，可以选择固定目标练习，用来提高击球的稳定性和准确性。如正反手底线击打目标练习、发球的内外角目标练习、挑高球的高度目标练习等。

（四）利用辅助工具

利用辅助工具可以引导动作的方向、幅度。如在球网上方再加一条细绳可调节学生击球的弧线，从而达到把球打深的目的；在对面球场放置几个圆锥体，让学生向圆锥体方向击球，可提高学生击球的准确性。

三、练习法

练习法是指根据网球教学的具体任务，有目的地反复做同一动作的方法。反复练习是掌握、巩固、提高击球技术动作，形成较高击球技能的基本方法。网球教学中，主要的练习法有完整练习法、分解练习法、重复练习法、变化练习法、循环练习法、比赛法等。

（一）完整练习法

完整练习法是指把完整的击球动作，从开始到结束，连贯流畅地进行挥拍练习的方法。如：基本掌握了正反手挥拍击球动作后，应经常地、不断地，甚至每天多次做徒手挥拍练习。

（二）分解练习法

分解练习法是指把完整的击球动作合理地分成几个阶段，逐步地学习、掌握这几个阶段，最后达到全部掌握的方法。如：把正手挥拍击球动作分解成四个阶段，然后依次完成和掌握每个阶段的动作，直至将四个阶段的动作组合起来，进行完整的正手击球动作练习。通常，正手击球动作的重点在第三个阶段，即向前挥拍击球的阶段。这需要从第二个阶段，即向后引拍的阶段开始，多练习向前挥拍击球的技术动作，直至将整个动作连贯起来，掌握完整、流畅的正手挥拍击球动作。

分解练习法如果运用不当，容易破坏动作结构的完整性，影响正确的技术动作形成。因此，在进行分解练习法教学时，必须考虑到各技术动作之间的有机联系，避免改变动作的结构。

（三）重复练习法

重复练习法是指以不变的动作、相同的挥拍幅度、相同的挥拍速度和节奏，反复练习基本击球技术的方法。如正手击球时，对于教练抛来的固定位置、相同速度的球，用同样的挥拍方式、挥拍幅度和力量来击打网球，并不断反复练习，提高击球技术的稳定性和击球效果。

（四）变化练习法

变化练习法，是指在变化的条件下，进行基本击球技术练习的方法。如：在练习双手反拍时，要求学生用相同的挥拍动作击打教练喂送的不同距离、不同速度的来球，巩固和提高双手反拍击球技术。

（五）循环练习法

循环练习法，是指根据网球教学的具体任务，为了提高某项技术技能建立若干个小练习而连贯地、周而复始地进行练习的方法。如：在球感、球性的两人配合练习中，采用一人颠球五次后颠送给另一个人颠球五次，再依次分别传递，各颠五次。连续完成十个回合后，开始颠四次球相互传递，再到连续十个回合后，颠三次球传递，依此类推。最后颠两次、颠一次球传递，直至类似于截击的直接连续传递球。这种方法就是网球教学中循环练习法的一种。

（六）比赛法

比赛法是指在适当条件下组织学生进行比赛的练习，是巩固提高技术技能的方法，这种方法通常在学生已基本掌握了各项击球技术技能的前提下使用。因为有比赛的成分，对于学生在有一定心理压力的状态下掌握技术动作有很大好处。运用比赛法时，可根据不同的目的，选用不同类型的比赛方式。另外，还应特别注意比赛法在整个网球教学计划中所占的比例。

四、预防与纠正错误动作的方法

教练在教新动作前，应考虑到学生可能出现的错误，并设法预防。学生在学习中产生的常见错误，教练应及时予以纠正，谨防形成错误的动力定型。

第三节　网球教学的组织与实施

一、网球运动教学的分组

（一）混合分组

混合分组就是把网球技术水平不同的学生有目的、有计划地编在一个小组，如把技术基础较好者与技术基础较差者混编在一起。这种分组方式在人数较多的班级和初学阶段运用效果较好。强弱搭配，使技术基础较好者起到带头作用，协助教练对初学者进行技术帮助。学生之间开展互教互学，有利于教练照顾全班的情况，统一组织教学，达到教学的一般要求。但是，采用这种分组方法有时满足不了技术水平较高的学生的学习要求，有可能影响学习积极性。因此，在教学过程中要安排一定的时间对他们进行专门的辅导，使优秀学生在原有基础上得到提高，以便更好地发挥教学带头作用。

（二）按技术水平分组

按技术水平分组是指把全班学生按技术水平高低的不同编在不同的小组，同一小组学生的水平比较一致。这种分组方式便于教练根据各组的不同情况布置不同的教学内容、选择不同的教学手段、安排不同的练习方法和掌握不同的运动技能。这种方法能较好地体现因材施教的原则，满足不同技术水平的学生的不同要求。对于水平较高的小组，教学进度可以快些，练习的强度可以大些，难度可以高些，以提高学生的学习兴趣。对于水平较低的小组，教学进度可以适当放慢，难度可以适当降低，以使学生能达到一般的教学要求。另外，教练还可以根据学生掌握技术的实际情况，定期或不定期地调整组别，以调动学生学习的积极性。但是这种分组方法不利于教练全面把握全班的教学情况，不利于统一组织教学活动，一旦掌握不好，容易顾此失彼。尤其是在教授新技术时，对技术较差者而言，教学效果不如混合分组好。采用技术水平分组形式教学时，教练应重点辅导技术较差的学生。

上述两种分组方法各有利弊,可根据学生不同阶段的具体情况灵活采用。例如,在初学阶段可以采用混合分组,到了巩固和完善动作阶段则可以重新按技术水平分组。除了以上两种分组方法外,还可以按性别分组,对少年儿童的教学还可以按年龄分组。此外,还应加强对组长的培训,尽可能让他们提前了解课程的内容和教练的意图,让他们担当"小老师",帮助教练维持好课堂秩序,组织好课堂教学。

二、网球运动的教学顺序

(一)熟悉球性

初学者学习打网球,首先要从熟悉球性开始。想要回击一个来球,首先要从来球的方向判断球的落点和高度。熟悉球性对初学者来说相当重要,初学者若想绕开这个过程直接进入下一阶段,就会适得其反、事倍功半。

(二)练习步法

大部分体育活动对步法的要求都非常高,网球运动尤其如此。打网球时,若步法不到位,身体离球太远,会造成伸着胳膊接球的状况;身体离球太近,又没法挥拍击球。因此教练对学生步法的练习一定要严格要求,才能为今后稳定的击球打下坚实的基础。

(三)正手击球

一般来说,网球运动员的正手都要强于反手,正手攻击的范围和力量也更大,准确率更高,更容易主动得分。初学者从正手开始练习,进步会比较明显,能打几个来回后会感觉很有成就感,可充分调动起学习积极性,利于下一阶段教学的开展。

(四)反手击球

学习完正手击球后,就要进入反手击球的学习。一个优秀的网球运动员,不仅要有强大的正手,反手也要同样出色。反手击球不仅仅是将球平稳地回击给对手,在用正手充分把对手调动起来后,反手常作为直接得分的手段。

(五)学习发球

现代网球运动越来越重视发球的攻击性。一场比赛,若选手没有强力的发球做保障,要赢得比赛是相当困难的。发球方若发球直接得分,不仅可以较轻松地保住自己的发球局,而且对自己建立信心、摧垮对手意志具有很大的作用。

(六)掌握截击技术

比赛中,对手比较被动时,若能积极上网,可以利用截击直接得分,或来到网前迫使对手失误造成对手失分,可避免底线的拉锯战,节省体力。截击是教学的一个重要内容。

上述各项技术教学完成后,可根据情况教授如何击打反弹球、高压球、挑高球或放小球的技巧。这些技巧在高水平的比赛中经常用到。

三、网球运动的教学方式

(一)单一教学

单一教学是指在一定的教学时间内,只教一项技术,待学生基本掌握这项技术后再转入另一项技术的教学。单一教学是一种"集中力量打歼灭战"的方法,其特点是教学内容重点突出,能集中时间和精力解决关键性的技术环节,使学生较快地掌握一种动作。但是,采用单一教学时,教学内容易显得单调,学生容易产生厌烦情绪。而且因教授内容过于集中,身体局部负担过重,容易造成身体局部疲劳与损伤。因此,在教学中应适当增加游戏,或经常变换练习方法,动静交替,使课堂教学成为饶有兴趣的、引人入胜的实践活动。单一教学适用于课时较少的学校。

（二）综合教学

综合教学是指在一段教学时间内,连续地、循环地进行多种技术的教学,即让学生在初步接触了一种技术或动作后,立即转入另一种技术或动作的学习。各种技术或动作进行一轮教学后,再进行另一轮的教学。如此循环进行,直至全面掌握各种技术。综合教学亦称为平行连贯教学,它是一种全面接触、循环往复的方法。其特点是,学生能够全面地接触各项技术,教学内容更新快、练习形式丰富,学生学习积极性高,能在较短的时间内掌握多种技术。进行综合教学时,课的密度、强度都较大,课堂组织要严谨,对教练教学能力的要求也较高。在安排每次课的教学内容时,要注意教授内容的前后衔接和不同教授内容的分量。教授内容不宜太多,一般以 2～3 项为宜。由于综合教学每一轮教学类似于"蜻蜓点水",还要求在一段教学时间内完成教学,因此要有足够的课时来完成多轮教学循环。综合教学安排适用于课时较多的学校。

四、大学生学习网球的途径

大学生学习网球一般有三条途径：①选修网球课；②课余时间请专业的网球教练；③进入网球协会参加活动。

1. 选修网球课

大学生选修网球课是学习网球的主流途径。目前在我国大部分高校都有开设网球课,如华中科技大学有几十年开设网球课的历史,师资力量雄厚,培养了大量网球爱好者。网球成为该校体育精品课程和热门课程,深受学生喜爱。

2. 请专业的网球教练

专业的网球教练可以为网球初学者和爱好者制订学习计划,并提供高效的网球教学训练条件。教练可以用多球训练方式为学员建立球感,学习技术,可以用规范的动作为学员提供示范,让学员在较短的时间内迅速掌握网球运动的诀窍,对网球水平的提高有较大帮助。

3. 进入网球协会参加活动

大学网球协会一般是以传播校园网球文化、提升大学生网球素质、提高大学生的网球运动水平为宗旨的公益性学生社团。网球协会义务为全校同学提供长期网球交流活动,使更多的同学能接触网球、学习网球、爱上网球。网球协会还会以举办邀请赛,邀请各高校网球好手同场竞技的形式,使协会成员通过比赛提升球技。进入大学网球协会,大学生不仅能学习到有关网球各个方面的知识,还能通过网球提升综合素质,更能结识到有相同爱好的朋友！

第四节　网球教学文件的制定

网球教学文件主要包括教学大纲、教学进度和课程教案（即课时计划）三种。

一、网球教学大纲

网球教学大纲是以纲要形式编写的有关教学目标、教学内容和教学要求的指导性文件,是进行网球教学的主要依据,也是衡量网球教学质量的重要标准。网球教学大纲一般包括下列内容。

(一)大纲说明

大纲说明一般是阐述大纲的主要依据,教学的指导思想,教学内容的学时分配,以及课时目标与要求等。

(二)教学目标与任务

根据培养目标,结合网球运动教学的特点,明确提出本课时的理论知识、技术与战术、规则和素质教育等方面的具体任务。

(三)教学内容

教学内容应包括理论、实践和能力培养三部分的内容。理论部分应包括网球运动概述、技术与战术理论分析、网球教材教法、竞赛组织工作、规则与裁判法、场地设施与管理、课余训练与健身指导。实践部分的基本技术与战术教学内容要列出技术名称,标明教学内容的层次关系,即普通内容与专修内容或重点内容与一般内容。能力培养要提出具体内容,如运用教学原则的能力,选择教学方法与手段的能力,组织教学工作的能力,讲述网球技术与战术理论方法的能力,自学、自编、自导和创新能力,辅导课外活动的能力,组织竞赛的能力和承担裁判工作的能力等。

(四)教学基本要求

教练自身要加强职业道德和行为规范,以身作则,努力提高业务素质,不断更新理论知识与网球教学实际的联系。在教学过程中,重视教学方法的改革与创新,注重运用多样化、现代化的教学手段,教学相长,培养学生的自学评定能力和创新能力。

(五)成绩考核

成绩考核应包括考核的内容、方法、标准,技评与达标,理论与实践和能力考核等。

(六)网球培训基本配备与教学措施

为了保障网球教学正常、有效地进行,必须配备必要的场地、设备与器材。教学措施,主要是完成教学大纲任务的组织措施和教学措施。

(七)教材与教学参考书目

为了提高教学质量,保证教学任务的顺利完成,对教练必备的书籍应有明确要求,可选择比较权威的网球专著,扩充教材内容,丰富教学方法。

二、网球教学进度

网球教学进度是根据网球教学大纲提出的目的、任务、教学内容、教学时效,由教练结合学生情况、场地器材等制订的教学计划。简单地说,制订教学进度就是安排每一次课的教学内容。

制订教学进度,首先要全面安排、突出重点,增加重点教学内容的数量,使整个教学过程科学、合理地进行。其次也要理论与实践紧密结合,要本着理论指导实践的精神,有针对性地安排好理论课教学；实践课的教学要采用多种形式，使学生的多种能力得到发展。同时，还要注意主、辅教学内容相互搭配，在教学中要合理分配每次课的不同教学内容的分量，各类教学内容要合理搭配，充分体现循序渐进的教学原则。

三、网球课程教案

网球课程教案是每次课的具体计划，是教练根据教学进度规定的教学内容，结合学生和场地器材的情况而编写的具体的教学计划，它又称课时计划。

教练在编写教案时，首先，要对课的任务和要求全面了解，教案编写的文字要简明扼要，具有针对性。其次，提出的任务要结合学生的实际情况，任务要求既不能太高又不能太低，尽可能让大多数学生经过自身的努力就能完成任务。再次，教练在编写技术教学课教案的同时，还应认真准备好网球理论课的教案，使理论与实践相呼应，以便更好地完成网球教学任务。

第五章

网球初级技术教学

第一节 正手击球

正手击球

正手击球指的是惯用手(此教材中主要以右手为例)单手完成的一次击球,它是网球基本技术中最常用的击球方法之一,也是初学者最先学习的技术。正手击球是比赛中最常用到的技术之一。国际网坛上以一记犀利的正手而闻名的球星众多。男选手中最典型的当数瑞士球星罗杰·费德勒,他的正手击球动作得到了全世界职业网球选手和业余网球选手的争相模仿。女选手中值得一提的是我们中国的网球选手李娜,她的正手击球不但速度快、力量足,优美的动作更是成为网球教学中的经典。由此看来,学好正手击球不仅是初学者学习网球基础的第一门课程,也是迈向网球高手路程中最关键的第一步。

一、准备姿势

任何一次击球的开始,都需要一个非常充分的准备姿势。正手击球的准备姿势是正面面对球网,双脚脚尖朝前自然地分开、与肩同宽,双膝微屈,身体略向前倾,整个人的身体重心落在双脚的前半脚掌。右手掌底部对准拍柄的底部握住球拍,左手则握住右手上方的拍柄。双肘微屈,拍头朝上舒适地放在身前。双脚可尝试轻微的跳动,两眼注视对方的来球,做好击球准备。

正手击球准备姿势正面观

正手击球准备姿势侧面观

二、引拍动作

当击球者判断来球可正手击打时,右臂向斜后方移动,做拉拍动作,并画出一个半圆。此时双肩与上半身同时向右做平行的180度移动,并在右臂向后拉拍的同时伸出左臂指向来球,以保持整个身体的平衡。与此同时,双脚应根据来球落地的位置相应地调节身体与击球点的位置。引拍时双腿应该保持微屈,左臂随着右臂向后引拍而向前伸展放在身前,使身体保持平衡。

正手击球引拍动作

三、击球步法

正手击球时的步法分关闭式前后步、半开放式和开放式三种。初学者通常采用关闭式前后步步法开始熟悉正手击球,掌握基础的正手击球技术后,方可尝试半开放式和开放式步法的运用。目前,职业网球选手在正手击球时通常采取的都是开放式步法,因为此步法可以使选手以更快的速度在完成击球后快速回位,因此,采用开放式步法完成正手击球已成为目前国际网坛的主流。以下重点讲解关闭式前后步步法和开放式步法。

（一）关闭式前后步步法

采用关闭式前后步步法击球时，左脚随着双肩和上半身向右前方迈出一小步，此时双脚形成一个阿拉伯数字"1"的形状，整个身体朝向右方，头部并不随着身体的转体而产生移动，始终朝向前方，眼睛紧盯来球。关闭式前后步步法相对于开放式步法而言，左脚已向前移动，因此并不需要靠上半身来完成大幅度的转体动作，该步法并不适合大范围的跑动。

正手击球关闭式前后步步法

（二）开放式步法

采用开放式步法击球时，双腿并不需要随着上半身的移动而产生移动，而是保持准备姿势时双腿平行站立的姿势。这样的步法更适合在大范围跑动中的击球，它能够帮助球员快速回位，并能在大范围跑动中节省一定的体力。相对于关闭式前后步步法而言，开放式步法需要更多上半身的转体动作，所以对于初学者而言，应该在熟练掌握关闭式前后步步法之后，再逐步学习开放式步法。

正手击球开放式步法

四、击球动作

在引拍和站姿动作做好充分的准备后,下一步需要完成的则是整个正手击球动作中最为关键的一步:击球。击球的好坏与以下几个方面动作的完成密不可分:击球点、身体重心和拍面。

(一)击球点

一次成功的正手击球,需要一个非常稳定的击球点来配合完成。通常情况下,正手击球点的最佳高度应不超过腰部,而相对于整个身体而言,应在身体右前方50厘米处为最佳。但要知道的是,来球并不会每一次都准确无误地飞向我们的最佳击球点,著名球星阿加西的教练曾经说过这样的话:"打网球最重要的并不是靠手,而是腿。"可想而知,脚步移动在网球运动中的重要性。当来球飞向我们的非舒适区域时,需要我们配合脚下的移动和身体重心的调整来完成一次成功的正手击球。

(二)身体重心

著名的美国网球选手皮特·桑普拉斯曾在一次采访中提道:"我在比赛的过程中总是保持低于自己身高30厘米的身体重心来争取每一分的胜利。"也就是说,一个身高180厘米的网球选手击球中心应是150厘米。为什么要保持这么低的身体重心呢?无非有两个原因:首先,较低的身体重心可以帮助球员快速启动,以最快的速度在移动中完成击球;其次,无论来球过高、过低、过前或是过后,较低的身体重心始终可以让球员找到最佳的击球点。以上两个重要的组成因素最终要达到的目的都是帮助球员在最有效的时间内找到最佳击球点从而完成击球。由此可以得出,身体重心与击球点永远都是相辅相成的关系。

(三)拍面

击球时拍面的控制对于完成一次成功的击球起着非常重要的作用。一次成功的正手击球,其拍面与地面保持45度左右的角度,角度过大或过小,都有可能导致击球出界或者下网。当然,很重要的一点是,随着击球点的变化,击球的拍面也会随之发生一定的变化。这就要求我们能够随着击球点的变化,适当调整我们击球时的拍面。比如,击球点偏低我们就要相应减小击球拍面的角度至40度甚至30度;而击球点偏高我们则要相应增加击球拍面的角度至50度甚至60度。由此可见,拍面的控制与击球点的高度也形成了正相关的关系,击球点越低,拍面与地面的角度就越小,击球点越高,拍面与地面的角度就越大。只要掌握了这种击球点与拍面之间的关系,并且在练习中反复体会,就一定能完成一次非常成功的正手击球。

五、随挥动作

在完成了一次出色的击球后,整个正手击球还没有结束。随挥动作和引拍动作以及击球动作一样,在整个正手击球过程中扮演着重要的角色。随挥动作完成的充分与否很大程度上决定着一次击球是否成功。好的随挥动作需要手臂动作、身体动作和腿部动作的相互配合。

正球击球随挥动作

（一）手臂动作

在右臂完成击球动作后，球拍随着击球动作的摆动沿着网球飞行的方向继续前送，直到右手肘充分抬起至下巴底面，并面对对面的球场。左臂随着右臂向前的伸展逐步收向后方，与右臂一起保持身体的平衡，并在整个右臂动作结束时稳稳扶住拍颈。这样随挥动作中手臂动作就完成了。

（二）身体动作

随着右臂和左臂一前一后伸展，肩部也相应地由引拍时朝向的右方逐步向左方转动。此时，整个上半身（除了头部）都在完成一个从右向左的转动。这一转动对于完成整个随挥动作以及击球动作都起着非常重要的作用。中国著名女子网球选手李娜的正手动作中，上半身充分的转动是造就她犀利正手的关键。

（三）腿部动作

在完成手臂动作和身体动作后，腿部动作是整个随挥过程中最后的收尾动作，在关闭式站姿中需要配合右脚向前迈出一步来完成与左腿并排站立的结束动作。而开放式步法由于双脚一直处于平行站立姿势，则无须增加更多的步法，随着手臂和身体的转动回到准备姿势即可。

第二节　反手击球（双手）

反手击球（双手）

反手击球是指习惯用手在身体的另一侧完成的击球，它和正手击球一样，也是网球基本技术中最常用的击球方法之一。反手击球的动作要领与正手击球基本相似，只是方向有所不同。另外，反手击球分为双手反手（简称双反）击球和单手反手（简称单反）击球，初学者由于没有掌握好基本的球性，所以建议先学习双反击球，在掌握一定的反手击球技术后，再尝试逐步学习单反击球。

一、准备姿势

面对球网，双脚脚尖向前自然分开与肩同宽，双膝微屈，身体略向前倾，重心落在前半脚掌上。右手掌底部对准拍柄的底部握住球拍,左手则握住右手上方的拍柄。双肘微屈,拍头朝上舒适地放在身前。双脚可尝试轻微的跳动,两眼注视对方的来球,做好击球准备。当判断对方来球朝反手方向飞来时,左手应迅速帮助右手变换为反手握拍法。有一些初学者由于在双反击球前的判断较慢,导致击球时来不及变换握拍至反手握拍,而使用正手握拍击打来球,这不仅会导致错误的击球动作,还会对错误的握拍方式形成依赖,久而久之错误动作便会定型,不利于双反击球的提高和进步。

反手击球准备动作

二、引拍动作

双反击球的引拍和正手击球的引拍略有不同。目前国际上流行两种引拍方法:一种是向上引拍,另一种则是向下引拍。无论是向上引拍还是向下引拍的反手击球,都可以完成质量很高的反手击球,主要还是根据每个人身体条件的不同和个人偏好来决定引拍的方法。双反击球的引拍动作实际上和正手击球的引拍动作差不多,只不过方向不太一样而已。在判断来球可以采用反手击球后,左臂带动右臂、肩部和髋关节一起向左后方摆动,左脚向左转90度与底线平行,同时右脚向左前方上步,右肩对着球网,双肘自然弯曲。如果采用向上引拍,在引拍时拍头要经过一个从下往上,再从上往下的引拍过程,这个过程可以带动手臂产生更多的击球力量,但对于初学者而言可能较难掌握。采用向下引拍则可以直接从准备姿势开始向下引拍等待击球,对于初学者而言,向下引拍更易于掌握。

三、击球步法

双反击球的步法和正手击球一样,同样也分成关闭式和开放式两种。由于双反的握拍是两个手握住球拍,而开放式步法在缺乏良好柔韧性的前提下很难做到充分转动身体,所以在小范围内移动击球时,最好还是采取关闭式步法;而在大范围跑动击球的过程中则偶尔可以使用开放式步法以实现快速回位。

(一)关闭式步法

对于双反击球来说,采用关闭式步法击球时,右脚随着双肩和上半身向左前方迈出

反手击球引拍动作

一小步,整个身体朝向左方,头部并不随着身体的转体而产生移动,始终朝向来球方,眼睛紧盯来球。相对于开放式步法而言,关闭式步法能运用更多的身体力量完成击球,但在大范围的跑动中则要多迈出一步才能回到准备姿势。对于初学者而言,建议还是在掌握了关闭式步法后再尝试开放式步法的运用。

(二)开放式步法

采取开放式步法击球时,双腿并不需要随着上半身的移动而产生移动,而应保持准备姿势时双腿平行站立的姿势。开放式步法更适合大范围跑动中的双反击球,这样的步法能够帮助球员快速回位,并能在大范围跑动中节省一定的体力。但相对于关闭式步法而言,开放式步法需要更多上半身的转体动作,所以并不建议初学者采用这样的步法完成双反的击球,而是采用关闭式步法的双反击球动作。

四、击球动作

和正手击球一样,双反击球完成的质量同样取决于击球点、身体重心和拍面等各方面的配合。由于反手击球和正手击球要注意的要点完全一致,这里就不再赘述了,只重点分析动作步骤。

引拍动作完成后,双反击球来到了击球动作的环节。击球时双手从放松进入紧握球拍的状态,手腕固定。右脚与球网形成45度角,转动双肩、身体和髋部的同时向前挥拍击球,双反的击球点应在身体的左侧前方,击球时球拍与右脚应在一条直线上。击球瞬间,要对准来球把球打正,拍头的速度最快,肘部应尽量伸直,球拍与手平齐,双眼盯住球。随着击球动作的完成,身体重心应从后脚移向前脚。反拍上旋球的击球动作其拍头轨迹是自下而上随后再下的。

五、随挥动作

随着击球动作的完成,挥拍应沿着球飞行的方向继续前送,拍面尽量向前方随挥得更久一些,这样不仅可以给予击球更多的力量,也能让动作更加的完整。在完成随挥的同时,重心应该从后往前移动,并尽可能地将腿、腰和肩部的力量用在击球点上,最后身

反手击球动作

体重心转移到右脚上,身体也从面向左边而转向球网,随挥至左手伸到不能再向前伸的位置时便可以带动右手逐渐向右肩上方完成随挥。一个充分并且完整的随挥动作结束后,拍头应在背后轻轻地垂落。完成好随挥动作有助于控制球的落点和方向,随挥动作要比后摆动作大而充分,从而保证击球动作的完整和稳定。随挥动作结束后,身体正面转向球网,并迅速恢复原来的准备姿势,准备下一次击球。

反手随挥动作

第三节 底线抛击球

初学者一般学习网球的时间并不长,在底线对拉中往往不能打出漂亮的回球,这是因为初学者对网球的球感和球性掌握得还不熟练。底线抛击球不仅是网球训练中使用非常普遍的一项技术动作,也是初学者过渡到中级水平阶段必须掌握的一项基本技术。底线抛击球分为底线落地抛击球和不落地抛击球,两项技术的动作要领基本一致,只是落地球需要在球落地弹起后的最高点击球，而不落地球则是将球轻轻抛起便立即击球。

一、落地底线抛击球

（一）抛球动作

持拍手采用习惯的正手握拍，同时像正手击球一样，提前做好引拍动作；另一只手手掌朝上轻轻托住球，手臂自然地微屈放置于体前。双脚采取关闭式前后步法站立，侧对球网，重心落在双脚上。

正手落地抛击球

（二）击球动作

握球手轻轻向上将球抛起，左手保持抛球时的动作准备击球；待球抛起、落地、反弹至与腰部平行的位置时，持拍手带动拍头下降，后脚蹬地将重心随着手臂的挥动转移至前脚掌，肩膀平滑、流畅地转动使身体随之转动，并带动球拍挥出击球。左手在击球前放在身前，而击球的时候则随着持拍手臂的前挥而握住球拍拍柄收向左肩。

（三）随挥动作

击球后，持拍手带动大臂挥至肩上，肘部面对球网，身体也由开始时的侧对球网转成正对球网；手臂一直向前随着球的飞行轨迹挥到左肩上，左手轻轻扶住拍柄。动作结束时，双腿仍应保持微屈，并快速回到准备动作，准备下一次击球。

二、不落地底线抛击球

正手不落地抛击球

（一）抛球动作

不落地底线抛击球的抛球动作和落地底线抛击球一样，此处不再赘述。

（二）击球动作

握球手轻轻向上将球抛起，左手保持抛球时的动作准备击球；待球抛起后下落至与腰部平行的位置时，持拍手带动拍头下降，后脚蹬地将重心随着手臂的挥动转移至前脚掌，由肩带动身体转动，并带动球拍挥出击球。

（三）随挥动作

不落地底线抛击球的随挥动作同落地底线抛击球一样，此处不再赘述。

第四节　小场地击球

小场地击球是指两位击球者分别面对面站在网球场发球线中线靠后1米的位置进行落地球的对拉练习。小场地击球的训练方式通常被作为正式训练前的热身活动，这样不仅可以帮助球员快速进入训练的状态，还能最大限度地防止因热身不充分而引起的运动损伤。具体来说，练习的顺序是正手、反手、不落地截击等。在练习的过程中先不要发力，慢慢找到手感后，可以适当加力并尽可能多加旋转，使球被球拍稳稳地控制在小场地（以发球线、单打线和球网限定的区域）以内。小场地击球练习的目的首先是为了活动身体各部位的关节和肌肉，让身体找到进入训练的感觉；其次就是要寻找击球的手感。因此在小场地击球时要将更多的力量用在击球时所加的旋转上，这样便能更快地找到击球感觉，进而为下一阶段的训练做好充分的准备。

一、小场地击球的练习方法

（一）全场小场地击球练习

球员 1 和球员 2 分别面对面站在网球场发球线中线靠后 1 米的位置，由球员 1 首先用正手发下手球，并试图使击球的落点控制在对面球场小场地以内的区域，球员 2 则根据来球的落点调整步法并使用正手或反手进行回球。同样的，球员 2 的回球落点也必须控制在对面球场小场地以内的区域。

全场小场地击球练习

（二）半场小场地正手对正手击球练习

球员 1 和球员 2 分别面对面站在网球场 1 区发球线靠后 1 米的位置，形成一个正手对正手的斜 1 字形。由球员 1 首先用正手发下手球，并试图使击球的落点控制在对面球场 1 区发球线以内的位置，球员 2 则根据来球的落点调整步法使用正手进行回球。同样的，球员 2 的回球落点也必须控制在对面球场 1 区发球线以内的位置。

半场小场地正手对正手击球练习

（三）半场小场地反手对反手击球练习

球员1和球员2分别面对面站在网球场2区发球线靠后1米的位置，形成一个反手对反手的斜1字形。由球员1首先用正手发下手球，并试图使击球的落点控制在对面球场2区发球线以内的区域，球员2则根据来球的落点调整步法使用反手进行回球。同样的，球员2的回球落点也必须控制在对面球场2区发球线以内的区域。

半场小场地反手对反手击球练习

半场小场地反手对反手击球练习

（四）半场小场地正手上旋球对正手下旋球练习

在分别熟练掌握了半场小场地正手对正手和反手对反手的击球练习后，练习者还可以尝试进行更高难度的练习。当然这个练习是基于练习者本身已掌握了削球（下旋球）的基本技术动作要领的前提下。具体的练习方法如下。

球员1和球员2分别面对面站在网球场1区发球线靠后1米的位置，形成一个正手对正手的斜1字形。由球员1首先用正手发下手上旋球，并试图使击球的落点控制在对面球场1区发球线以内的位置，球员2则根据来球的落点调整步法使用正手进行削球回球。同样的，球员2的回球落点也必须控制在对面球场1区发球线以内的位置。在进行了一段时间的练习后，双方球员交换击球方式，原来使用正手上旋击球的球员1换成以正手削球的方式进行回球，而原来使用正手削球击球的球员2则换成正手上旋球方式进行回球。

半场小场地正手上旋球对正手下旋球练习

（五）半场小场地反手上旋球对反手下旋球练习

球员1和球员2分别面对面站在网球场2区发球线靠后1米的位置，形成一个反手对反手的斜1字形。由球员1首先用正手发下手上旋球，并试图使击球的落点控制在对面球场2区发球线以内的位置，球员2则根据来球的落点调整步法使用反手进行削球回球。同样的，球员2的回球落点也必须控制在对面球场2区发球线以内的位置。在进行了一段时间的练习后，双方球员交换击球方式，原来使用反手上旋击球的球员1换成反手削球方式进行回球，而原来使用反手削球击球的球员2则换成反手上旋球方式进行回球。

半场小场地反手下旋球对反手上旋球练习

采取这种上旋球对下旋球的练习方法的目的,首先是为了熟练上旋球和下旋球的基本技术动作,巩固两种击球方式的回球感觉;其次,还可以让初学者熟悉回击削球的感觉,提高初学者回击削球的能力。

（六）全场小场地击球不落地截击练习

球员1和球员2分别面对面站在网球场中间拦网截击的位置,由球员1首先用正手截击发球,并试图使球飞向球员2身体附近的正手位置以维持击球的来回,球员2根据来球的位置调整步法使用正手或反手进行截击回球。同样的,球员2的回球落点也必须控制在球员1身体附近的位置。

全场小场地击球不落地截击练习

全场小场地击球不落地截击练习

（七）半场小场地正手对正手不落地截击练习

球员1和球员2分别面对面站在网球场1区拦网截击的位置,由球员1首先用正手截击发球,并试图使球飞向球员2身体附近的正手位置以维持击球的来回,球员2根据来球的位置调整步法使用正手进行截击回球。同样的,球员2的回球落点也必须控制在球员1身体附近的位置。

半场小场地正手对正手不落地截击练习

半场小场地正手对正手不落地截击练习

（八）半场小场地反手对反手不落地截击练习

球员1和球员2分别面对面站在网球场2区拦网截击的位置,由球员1首先用正手截击发球,并试图使球飞向球员2身体附近的反手位置以维持击球的来回,球员2根据来球的位置调整步法使用反手进行截击回球。同样的,球员2的回球落点也必须控制在球员1身体附近的位置。

半场小场地反手对反手不落地截击练习

半场小场地反手对反手不落地截击练习

二、小场地击球练习的要求

（一）注重旋转的使用

由于小场地比全场场地缩小了一半,因此相对于全场击球练习,小场地击球练习对力度的要求并不是太高,而是更加注重击球过程中由快速挥拍所带来的旋转。在小场地击球的练习中,初学者应该注重的是增加击球过程中挥拍的速度,从而释放出更多的力量增加击球的旋转。这样不仅可以提高回球的质量,还可以在不降低回球速度的前提下,保证回球的稳定和质量。

（二）注重步法的调整

在前文中我们已经提到过脚步移动和步法调整对网球运动的重要性,曾经培养出包括莎拉波娃等网坛名将的美国"尼克波利泰尼网球学校"就非常重视网球运动员在训练过程中的步法练习,他们不仅拥有世界上身体素质最优秀的教练以及他们教授的独特的步法移动练习,还拥有全球最吸引球员的步法移动器材和辅助工具。由此可见,步法移动对于网球运动员的重要性。小场地击球练习过程中的移动范围虽然没有全场击球练习时的移动范围大,但要注意的是在小场地击球练习的过程中,同样也要时刻保持步伐的调整和移动。这样不仅可以使球员保持身体移动的灵活性,还可以确保球员获得最佳的击球点,从而完成一次高质量的回球。

（三）注重回球的落点

小场地击球练习的范围指球网、单打线和发球线所限定的区域,而全场击球练习的范围一般指球网、单打线和底线所限定的区域(以单打比赛中的有效击球区域为例)。由此可见,小场地击球练习就是一个缩小版的全场击球练习。在小场地击球练习的过程中,球员击球的落点相应地也应被控制在球网、单打线和发球线所限定的区域内。球员在练习的过程中无论遇到怎样的回球,一定要试图将球的落点控制在有效的回球范围。这不仅对球员的基本动作的完成提出较高的要求,还需要球员具备良好的步伐调整能力。

第五节　网　球　游　戏

游戏是一种比较有效的训练方式,能够有效地调动初学者的训练积极性;在正式训练前以网球游戏作为热身练习,还能使球员在较短时间内进入较为兴奋的良好状态并能使身体预热。网球游戏在训练中多用来锻炼初学者的球感、反应、灵敏和合作精神。在游戏中,参与者能够主动担当相应的角色,在教练的引导和欢乐的气氛中无意识地接纳一些新的技术和有益的观念,并且随着游戏重复的次数越来越多,对相应技术的掌握就会越来越娴熟,从而会自发地在教练没有引导的时候运用技术,并且表现出优秀的意志品质,这就是网球游戏的最大作用。下面将详细列举一些适合初学者练习的网球游戏。

一、环游世界

参与者分成两队分别站在球网两侧,由一人先发球,每击球一次就要从原来的场地快速跑到对面场地,准备下一次击球,失误者则要接受适当的惩罚。这个游戏特别适合在天气较冷的时候练习,较大范围的匀速跑动能让参与者更快的热身,从而达到训练的最佳状态。

二、猴子捞月

两人面对面,一人站立并左右手各拿一个网球;另一个人则半蹲,并将双手放在膝盖上。游戏的任务是站立者扔下任意一只手上的球,要求蹲下的人立即反应并接到球。这个游戏是一款非常轻松但却要求注意力高度集中的游戏,在轻松的环境下,练习了球员的反应速度,培养其反应能力。

游戏-猴子捞月

猴子捞月

三、左右为难

这个游戏需要四个人完成,两人站在底线的两端负责送球,一人站在底线的中间被测验,还有一人则是指挥。游戏开始前首先要给两边的人员命名,并由指挥者发号施令,被喊到名字的人不能送球,而是要让另外一个人送球,被测验者则要尽快接到球,并打到对面场地得分区域。这个游戏不仅锻炼了参与者的反应能力和移动击球能力,最重要的是在娱乐的过程中锻炼了球员的思维能力,令球员拥有非常清晰的大脑,提高了头脑分析数据的灵敏性。

四、背后有鬼

这个游戏需要两人在一面墙边完成。参与者一前一后面对墙壁,离墙远的人负责扔球,另一人则负责接球,接球者为受训者。游戏中要求受训者在不能看到背后人送球的情况下做出最快的反应,并接到球。这对受训者的反应速度提出了很高的要求,并在有可能被球打到时做出最合理的反应,避免受伤。

五、勇者必胜

这个游戏的参与者越多越好。参与者分成两队分别站在球场两边,教练给任意一边送球,接球者必须将球回击到有效的回球范围内,失误的接球者就得下场,最后一个留在场上的人获得这项游戏的胜利,并可以给予适当的奖励。

六、贴膏药

(一) 单人贴

所有参与者围成一个圆圈,每人固定好自己的位置,两个人先在圆圈中,一人跑,一人抓,被抓的人可以从前后左右不同方位贴上圈上站立的任一人,被贴的人迅速跑开,但不能贴相邻的人,若被抓,则角色转换。

(二) 双人贴

所有参与者围成一个圆圈,每两人一队前后站立固定好自己的位置,两个人先在圆圈中,一人跑,一人抓,被抓的人可以贴在圈上站立的任何一队人的前面,后面的人迅速跑开,但不能贴在相邻的人的前面。若被抓,则角色转换。

(三) 双人抓,双人贴

围一圆圈,每两人一队左右站立,固定好自己的位置,圆圈中间有两队人,一队牵手跑,一队牵手抓,被抓的人可以贴在圈上站立的任何一队人的前面,后面的人迅速牵手跑开,但不能贴在相邻的人的前面。若被抓,或被抓的人两手分开,则角色转换。

(四) 四人贴

每四个人前后两队左右站立,固定好自己的位置,圆圈中间有两队人,一队牵手跑,一队牵手抓,被抓的一队人可以贴在圈上站立的任何一队人的前面,最后面的人迅速牵手跑开,但不能贴在相邻的人的前面。若被抓,或被抓的人两手分开,则角色转换。

(五) 双人抓,三人贴

围一圆圈,每三个人一组前后站立,固定好自己的位置,圆圈中间有两队人,一队牵手跑，一队牵手抓，被抓的一队人可以贴在圈上站立的任何一组人的前面，最后面的两个人迅速牵手跑开，但不能贴在相邻的人的前面，若被抓或被抓的人两手分开，则角色转换。双人抓，三人贴的特点是抓人者和被抓者不是固定的，贴一次人，就换一次人，但需要记住自己的前后位置。

七、运球大赛

将参与者分成两队，每一队给一把球拍和一个球作为道具。在距离参与者 10 米处的位置放置一个标志物，要求每一名参与者必须将球放置于球拍之上，然后跑过标志物绕一圈后返回原地，将球拍和球交给下一名参与者。在跑步的过程中，如果球掉下了球拍，可以将球捡起来放在球拍上继续跑。接力下去，首先跑完的一队获得胜利。

八、成群结队

游戏开始时，先由一个人负责追逐，他的目标是先抓一个人，然后和这个人拉起手继续抓下一个人。就这样每抓到一个人，就拉起他的手，一个接一个地抓下去。队伍越来越大后，逃跑人的移动范围也越来越小，游戏的跑动范围为连在一起的两片网球场的两个半片场地。

九、拔萝卜

球场两边分别站两名参与者，一名参与者蹲在网前，另一名参与者站在底线。双方模拟比赛场景，网前的参与者只能蹲着击打对方底线参与者打过来的球，而底线的参与者则要避免球被蹲在网前的参与者击打到，一旦蹲在网前的参与者打到球并且得分便可以站起来进行截击，直到该参与者出现截击失误，则又要蹲回原处。先赢 7 分的参与者获得比赛的胜利。

十、网前足球

游戏时，两名参与者各自站在球场两边的网前。一名参与者先用脚将网球踢到对面的场地，另一名参与者在球落地弹跳一次后，用胸或肚子顶一下球，让球落地弹跳一次后，再用脚将球踢过球网，两名参与者轮流踢球。双方比赛的界线为球网-单打线-发球线和发球中线所限定的区域，先得 11 分的参与者获得比赛的胜利。

第六章 网球中级技术教学

第一节 正手击球

中级网球的正手技术基本教学相比初级网球的正手技术基本教学要求更高,需要学生在击球中能够打出不同旋转、不同角度的击球,并能够在跑动中选择正确的击球方式。正手击球是一种同时具有进攻和防守能力的基本技术,按击球时的技术特点可分为以下几种击球:①正手上旋球,它过网高、落地后前冲速度快,在红土场地上是最犀利的进攻手段之一;②正手下旋球,它是防守反击时的常用技术;③正手平击球,它在草场是最有效的击球技术。正手上旋球、正手下旋球和正手平击球的动作要点及技术运用如下。

一、正手上旋球

(一)动作要点

正手上旋球是指正手挥拍击球时,球拍由球的后下方向前上方挥动,使网球向前上方快速旋转的一种击球方式。引拍时,右手手指朝上,右手腕向上直立,拍头向上翘起;击球时,大臂带动小臂及手腕由上往下,从后向前挥拍击球;随挥时,尽可能加快右手小臂的提拉动作,快速收回小臂,使球拍越过肩部;结束时,右手肘高过右手腕,面对身体前方的球网,左手扶住拍颈。

正手上旋球击球动作

正手上旋球随挥动作

正手上旋球

(二)技术运用

正手上旋球是比赛和训练中经常击出的旋转球,而且相比其他各种旋转球,其技术要领更为简单也更好掌握。正手上旋球的技术要领就是运用右手小臂快速地挥拍,击打球的下半部,并在击球后快速收小臂完成一次对球的包裹动作。正手上旋球的特点是飞行幅度大,过网高,安全系数高,下降快,落地后前冲力量大。在红土场地的比赛中,由于泥土地对球造成了较大的阻力,会导致平击球落地后弹起的速度大大减慢,而正手上旋球是所有击球方式中,落地弹跳速度最快的一种,所以在红土场地比赛,正手上旋球是最常使用且得分率最高的一种击球方式。正手上旋球最大的优势是可以在大力击球的同时确保击球的成功率,它是正手击球中既能保证击球力度,又能控制回球落点从而减少失误的击球方式。另外,在快速跑动击球的过程中,由于很难精确地调整击球点,使用正手平击的击球方式回球极容易造成失误,而正手上旋球的击球路线呈彩虹状,过网后又有急剧下坠的特点。因此,正手上旋球也是移动过程中回球成功率较高的一种击球方式。

二、正手下旋球

(一) 动作要点

正手下旋球指的是拍面呈45度角打开,用球拍从上往下、从后往前切削球,使球从上往下旋转的一种击球。正手下旋球的握拍和发球与反手的握拍一样,采用大陆式反手握拍。引拍时,右手手指朝上,右手手腕向上直立,拍头向上翘起;击球时,拍头从上往下,小臂带动手腕从上往下、从后往前进行切削;结束时,右臂微微弯曲放置于身体的正前方。

正手下旋球握拍方式

正手下旋球击球动作

正手下旋球

(二) 技术运用

正手下旋球可以分为主动正手下旋球和被动正手下旋球。主动正手下旋球通常用于假动作放小球的过程中。主动正手下旋球的最佳击球区域是球场发球线附近的位置,在这个位置的击球通常已经是占据了场上主动权,对方在被动的情况下通常会选择向后撤步以保证更多的防守移动时间。所以在这个时候,选择假动作放小球这种主动性的正手下旋球也是一种非常有效的得分手段,特别是在移动较为困难的红土地,假动作放小球也是诸多红土高手必备的得分手段之一。被动正手下旋球则是在跑动范围较大,回球较为被动,已经失去身体重心的情况下使用。在大范围跑动的击球过程中,由于完成一次正手上旋球的步法已难以到位,球员只能在跑动的过程中伸手救球,这时的正手下旋球是一种被动的防守型回球方式。虽然它是一种被动性的回球方式,但在回球质量有保障的情况下,一次成功的正手下旋球反而可以成为化被动为主动的隐藏性武器。

三、正手平击球

（一）动作要点

正手平击球简单来讲就是指用正手击打出的球既没有上旋也没有下旋（或极少的上旋），而是向前平直飞行的击球方式。击打正手平击球时的握拍动作、引拍动作和结束动作与击打正手上旋球时完全一致，击球点和随挥动作则不太一样。正手平击球的击球点相对于正手上旋球的击球点偏上，正手上旋球击球后的随挥动作是从下往上，而正手平击球击球后的随挥动作则是从上往下。

正手平击球击球动作

正手平击球随挥动作

（二）技术运用

由于正手平击球几乎不给球体造成任何旋转，所以球被击出后的运动轨迹并没有呈抛弧线，而是呈直线飞过球网。正是因为正手平击球的飞行轨迹，决定了正手平击球在网球比赛中的使用并不像正手上旋球那样频繁。正手平击球的最佳击球点为来球高于肩部或者至少高于球网1米。由于正手平击球几乎没有旋转，因此它有落地后阻力小、前冲速度快等特点，所以在硬地或者塑胶场地比赛时，一旦遇到高于肩部或者高于球网1米的来球，一定不要忘记使用攻击性极强、杀伤性极大的正手平击球。

第二节　反手击球（双手）

和中级网球的正手击球一样，中级网球的双手反手击球要求也更高。相比初级网球的反手击球，中级网球的双手反手击球需要学员根据自己的特点选择双手反手击球（简称双反）或单手反手击球（简称单反）。同时，也需要学员和正手击球一样能够击打出不同的旋转、角度，并在跑动中选择正确的击球方式。双反和正手击球一样，都是同时具有进攻和防守能力的一项基本技术，双反相对于正手而言，并没有那么开阔的防守范围，但双反的变化却更胜一筹。采用双反的球员一旦掌握了削球的能力，常能在一场比赛中获得很大的领先优势，特别是在和那些不擅长回击下旋球的球员比赛时，优势则更加的明显。下面我们就来具体分析一下双反的动作要点及技术运用。

一、双手反手上旋球

(一) 动作要点

1. 引拍动作

向后拉拍要早,左手轻扶拍颈,借助转体,右肩侧对左侧网柱背对网,右脚向前方跨出,持拍手肘关节微屈并靠近身体,向后引足拉拍。双手反手握拍时,左手起决定作用,而右手起辅助作用。

双手反手
上旋球

双手反手上旋手引拍动作

2. 击球动作

当球落地跳起后,持拍手借助腰的回转,球拍由后下方向前上方挥出,击球点在身体侧前方(右脚尖前方),击球时拍面垂直地面,击球的中部偏下。为了给球制造更多的上旋,击球时的挥拍应该加快小臂的挥拍速度。另外,一定要击打球的后下方,只有这样才能击出强有力的反手上旋球。

双手反手上旋球击球动作

3. 击球后动作

击球后拍子要向正前上方挥出，重心也由左脚移到右脚，同时正面对网，结束动作要放松并顺其自然。击完球以后，眼睛尽量不要跟随球，而是停在击球点，待随挥动作完成后，再将目光转向对面球场。击球时，头部一定不能晃动，它可以起到保持身体平衡的作用。

（二）技术运用

双手反手上旋球指的是球拍自左后方向前上方挥击，使球由后下方向前上方旋转。要想产生急速上旋，需加大向上提拉的幅度，上旋球的最大优势是便于加力控制，尤其是在快速跑动中，其他的打法容易失误，而上旋球则较稳定。反拍上旋球的飞行路线呈彩虹状，过网后有急速下坠的特点，依此技术可以打出较短的斜线球，把对手拉出场外后为自己争取主动，同时也是破坏对方上网的有力武器。较低的上旋球落在对方上网者的脚下，能使其难以还击。底线反拍上旋球也称进攻型反拍击球，该球在空中的运行特点及落地后的弹跳特点与底线正拍上旋球相似，如果运动员能熟练地掌握底线反拍上旋球技术，就能在比赛的相持对拉中争得主动，给对手出其不意的进攻，为下一次进攻得分创造有利条件。反拍上旋球也有平击式上旋球和月球形上旋球之分。

二、双手反手下旋球

双手反手下旋球

（一）动作要点

（1）在进行双手反手下旋球时，持拍手借助转肩侧身向后上方挥拍，拍头约与头部同高，持拍手肘关节微屈并靠近身体。右脚向前上方跨出，重心在左脚。双肩随着手臂的引拍而向后转，右肩对球网准备击球。

（2）双手反手下旋球的击球点在右脚的侧前方，如果想打斜线，击球点要提前一些；如果想打直线，击球点可稍后些。当向前挥拍击球时，身体朝着球网回身转腰，肘关节外展，手臂伸直，手腕紧固，身体重心由左脚移到右脚，膝关节微屈。要注意的是，反手下旋球的击球点一定不能太靠近身体，离身体太近不利于发力。

（3）双手反手下旋球击球时，拍面要微展开（后仰），球拍由后上向前下方挥动做切削动作，击球点在球的中部或中部偏下。由于是双手击球，所以击球的随挥动作并不像单手反手削球那样先从上到下，再从下向上挥出球拍，而是双手握住球拍从上向下，切削球的后上方，击完以后双手沿着球的飞行轨迹方向送出。要注意的是，击完球以后左手依然应扶住球拍，身体重心跟随击球的力量前移。如果随球上网时使用反手下旋球，则要一边向前移动，一边挥拍，并尽快向球网方向移动并准备截击。

（二）技术运用

双手反手下旋球俗称反手削球，其挥拍方向和上旋球相反，它是由后上方向前下方挥拍，打在球的后下部产生旋转，球由后前方向下方旋转，成下旋球。下旋球的飞行路线是向上的弧线，过网时很低，但可以打对方的深区（后场），落点容易控制且比较稳定和准确。击出下旋球后，可以连贯地与上网结合起来，利用球深而准的落点和飞行时间相对较长的特点冲至网前截击；也可以作为变换旋转和节奏的方式，扰乱对手的击球节奏为自己取得主动。由于削球容易学习，且比较安全，大多数初学者和中等水平者较易掌握。如果削球技术掌握得好，也能成为进攻的武器。它可以变换比赛节奏，打出反弹低且落点多变的球,使对手不易还击,尤其用于随球上网时,常起到令人满意的效果。

三、双手反手平击球

双手反手
平击球

(一) 动作要点

(1) 握拍方式。双手反拍握拍击球,两只手都是东方式握拍法,如果是右手握拍者,右手以东方式反拍握拍法握拍,手掌根靠近球拍拍柄的端部,左手以东方式正拍握拍法握在右手的上方。

(2) 引拍动作。侧身转肩背对球网,向后充分引拍,以获得必要的击球力量,右脚向前跨出,身体重心在右脚,后引动作靠近身体腰部。

(3) 击球动作。击球时回身转腰,球拍由后下方向前上方挥出,拍面垂直,击球的中部或中部偏下,使球产生上旋,击球点在右脚侧前方,利用双臂的伸展来增加击球力量,身体重心从后脚移向前脚。双手反手的力量大多数来源于身体的转动,而并不仅仅是依靠手臂的挥动,所以在击球的时候应该大力转动腰和髋部给球增加力量,腿也应该时刻保持弯曲从而给身体带来足够的弹性并快速回到准备动作。

(4) 击球后动作。击球后面向球网,随挥动作由后下向前上随球挥动,挥拍至非击球侧的肩部结束。

(二) 技术运用

双手反手平击球挥拍击球的路线是从后向前上方较平缓的挥击,击球拍面几乎垂直地面,击球的正后部,用同样的力量击球,平击球的球速最快,球的飞行路线最平直,而球落地后的前冲力量也较大,但准确性较差,尤其是在快速奔跑中,用平击球的打法很难控制球的准确性,易造成回球失误。由于双手反拍击球同底线正拍击球一样,能打出高质量、高难度的进攻球,因此也受到不少运动员的青睐。双手反拍击球,不论来球高低,都便于对球施加上旋,发力也比较容易,能够弥补反拍击球力量不足的弱点。

第三节 反手击球(单手)

反手击球
(单反)

在中级网球班的教学中,需要学生根据自身的身体素质和技术特点选择适合自己的反手击球方式。那么首先来了解一下不同方式的反手击球有什么区别。双反是靠双手的协调用力,不能有任何一只手过分用力,否则就会造成击球不准和力量分散。而在开始学习单手反拍(单反)的时候最主要的问题是控制球拍的小臂肌肉群力量不足,易造成控制不住球拍和球的线路等问题。解决方法是加大和延长拉拍的线路并提早拉拍,以肩部的力量弥补小臂力量的不足。单反和双反有矛盾性,一般不可能同时掌握好,因为单反的手臂力量过大,再打双反的时候必然失去双臂的平衡。

接着我们来了解一下单反的技术要领、优劣势及一些常见的问题和解决方法。

一、技术要领

(一) 握拍

初学单反的网球爱好者大都选择接近大陆式握拍,这种握拍比较容易掌握,击球似乎也容易得多，但实际上这种握拍方式的弊端很多，如不易控球、不好发力及容易出现网球肘等。实际上最好的单反握拍为反拍的东方式握拍或半西方式握拍。

（二）引拍

单反的向后引拍动作应由不持拍手牵引球拍后拉，而不应由持拍手单独后引。在后拉过程中，持拍手可完全放松，只需保持手腕固定，肘关节一定要保持一点弯曲，切不可完全伸直，肩部完全随球拍转至身体侧对球网。注意，单反的引拍动作要采取完全关闭式的站位。

单反引拍动作

（三）击球

在开始向前挥拍时，非持拍手松开球拍，并保持在原来位置，而持拍手向前挥动球拍，在向前挥拍的过程中手腕必须保持固定，依靠肩部及前臂肌肉向前由低向高牵引球拍。在击球点的位置，球拍必须置于身体的前方（与双反最大的不同之一）。

单反击球动作

（四）随挥

在接触球后不可立即放松手臂肌肉，而仍应保持力量，感觉在向前上方推送球（注意：是向前上方推送球的感觉而不是抽球的感觉）。身体尽量侧向球网保持更长时间，直至球拍牵引身体转向。结束的动作为球拍直立向天，手臂随挥至高于肩膀的位置。

单反随挥动作

二、单反的优势、劣势及与双反的区别

（一）单反的优势

（1）动作舒展。
（2）肩、腰、腿的力量能充分利用。
（3）保护的面积较大。
（4）有利于拦网截击技术的实施。
（5）可以进行削击球。

（二）单反的劣势

（1）单纯的击球绝对力量不如双反。
（2）不容易上手和掌握。
（3）打完正拍后必须转换握拍方式。
（4）不容易打高球。

（三）单反与双反的区别

双反由于是两只手握拍，绝对力量比单反大，所以在对方回球很快、很重的时候，可以利用力量的优势，用手腕的小动作将球回到一个刁钻的角度，从这点来讲，单反是很难做到的。

三、单反的线路控制

单反控制击球的线路对于初学者确实很困难，最主要的原因是力量不足，练习不够。如何控制单反的线路，以下从两个方面为大家讲解动作要领。

（一）打直线球

（1）击球点稍微在后面一点点，不要太早击球。
（2）击球手臂一侧的肩膀不要打开过早，尽量延长关闭身体的时间。
（3）击球的手臂不要向侧面转动过早，而要尽量向前向上挥动。
（4）采用关闭式的步法站位。
（5）击球手臂的肘关节一定要保持弯曲。

（二）打斜线球

（1）击球点要早，必须在身体前面。
（2）利用身体转动的力量，击球的一瞬间努力转开身体角度。
（3）肩膀的运动方向向斜前上方。

四、单反打高点球

（一）单反回击高球（胸部以上）困难的原因

当我们用单反回击高球时，总感觉力不从心，接下来，我们将从多个角度分析单反回击高球困难的原因。

（1）从运动解剖学的角度分析，当手臂的位置高于胸部时，手臂与肩膀的肌肉已经处于几乎完全伸展的状态，无法再扩展。
（2）从运动力学的角度分析，由于肌肉的伸展到一定极限就无法再发出力量，承受力量也随之减弱。
（3）从技术的角度分析，当手臂的位置高于胸部时，几乎已经没有空间再向上拉升或前推，技术动作已经失去完整性。

总而言之，单反在高球时由于力量及技术的限制，已经很难回出速度与力量兼备的上旋球。这本身是存在于网球界所有单反网球选手的最重要的难题之一。在比赛中，经常会出现双反的选手利用强烈的上旋球压制单反选手的反拍，如阿加西对战桑普拉斯时就是这种情况。

（二）单反回击高球（胸部以上）的应对措施

1. 接受在高点只能削击的事实

努力练习削击高球，只要削击的技术掌握得好，如格拉夫、费德勒等，一样可以在底线的来回球中不吃亏。高位削击的技术要领就是接触球时拍面的角度要尽量垂直于地面，再在前送的过程中开放拍面。

2. 退后打下落点

努力让自己的腿更勤快一些，尽量后退到足够的空间使自己可以重新在舒适的腰部位置击球。退后打下落点的技术要点在于，退后之后的挥拍与普通的单反上旋一样，但一定要重心前移。

3. 尝试打起跳点

在起跳点击球时，切忌盲目发力，重在借对方来球起跳的力量回击对方的对角。技术要点在于，引拍短，手腕要挺直，加强前推的感觉。

五、单反在比赛中的运用

（一）相持中的单反

在持续的反手对拉中，首先要做到的是明确这时最重要的是什么：安全、稳定。此外，还要尽量将球打深，如果对手也是右手持拍，就要用斜线压制住对手的反拍，直到对手先被迫回出浅球，再向前发起进攻。单反在打大斜线的时候，应该给球多制造一些上旋，这样能保证球安全过网，同时也保证了球的深度。一旦对手的相持能力下降，被迫打出浅球，则可以选择正手侧身进攻，或者打一记中场球后随球上网。反手直线也是单反的另外一个进攻战术，尤其是对那些总习惯守在自己反手位，而且还喜欢使用正手侧身攻的选手格外奏效。反手直线球要比相持性的斜线球弧度更平，因此，击球时必须向前跨步，还要多向前挥拍，才能打出出人意料的反手直线。

（二）随球上网中的单反

当对手的回球较浅时，一定要好好把握上网进攻的机会。对于随球上网，可以有很多的选择，既可以选择切削，也可以选择抽球，具体要视情况而定。如果对手移动速度快，就应该选择弧度更小的平击直线抽球，如果对手不擅长处理低球，就应该选择使用切削球。单反随球上网的最佳选择还是直线，如果选择斜线随上，接下来的一拍截击的难度便会提高。因为球员不得不守着更大的防守区域，这样便很容易被对手穿越。相反，如果直线随上，球员将处于十分理想的拦网截击位置。单反随上时选择抽球和选择削球的区别在于：抽球的瞬间必须停下来击球，而切削球随上则可以一边移动，一边击球，这样可以为自己争取更多的时间封锁网前。

（三）穿越中的单反

相持中的斜线对抗要尽量把球打深，而穿越中的斜线球则需要使球尽量低地过网，而且角度还要大，尽量使球落地后贴在单打线附近。从技术上来讲，单反穿越时应该压低身体重心，因为身体重心降下去后，在击球时球拍才能更好地拉到球的下方，实施爆发性击球，从而制造出球过网急坠的效果。至于穿越是应该打直线还是斜线，应该视具体情况而定，但通常来说，斜线穿越更容易一些。毕竟球网中间的部分最低，可以使球在最低的高度过网，从而抑制住对方的截击。

第四节　正手截击球

正手截击球

在中级网球的教学中，除了基本的正反手的技术动作外还需要掌握一些新的技术动作，如截击球。截击球和底线击球一样，在网球比赛中有非常重要的作用，它不仅是单打比赛中的基本技术，同时也是双打的基本技术。所谓截击球指的是球在落地之前，通过完成一系列的技术动作，将球回击到对方半场。截击球具有回球速度快、节奏快、控制范围大、主动性强等特点。截击球的学习先从正手开始。

一、准备姿势

双脚与肩同宽，双膝微屈。右手使用大陆式握拍方式握住拍柄的底部，大陆式握拍就像是握切菜刀一样，这样握拍可以免去正手截击和反手截击转换时的换拍动作。左手自然放松地扶住拍颈,双腿保持适当的弹跳以准备击球。

正手截击球准备姿势

二、引拍动作

当来球可正手截击,首先要做的是向右转动上半身,同时左右手也随着上半身的转动同时向右转动,左手则放在身前保持双手的平衡。这里特别要注意的是,持拍手并不像正手击球动作一样需要拉拍,正手截击时右臂除了和肩部一起随上半身转动外,不需要做任何的拉拍动作。大部分初学者都会有正手截击需要使用持拍手拉拍的错误观点,实际上,正手截击并不需要持拍手向后拉拍,只是随着上半身的转动而同步移动,而且持拍手的拉拍极限不应该超过右肩。

正手截击球引拍动作

三、击球动作

击球时,持拍手从上往下、由后向前切削击打来球的正后方,左手随右手向前,相应地向身体后方回收以保持肩部一前一后的平衡。

正手截击球击球动作

四、击球步法

在击球动作完成的同时,左脚应随球向前跨步,以确保身体重心的前移能够给球更多的力量和控制。实际上截击球的大部分力量不是来源于手臂而是身体,所以截击动作中的向前跨步非常重要。

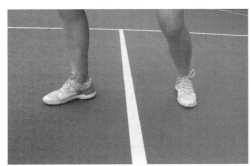 

正手截击球击球步法

五、击球点和拍面

正手截击的最佳击球点是肩部正前方 1 米的位置,如果击球点过低,则要通过降低身体重心,也就是屈膝来完成击球。击球点过高则应该选择高压来完成击球。

击球时的拍面和正手削球的拍面一样,呈 45 度角。特别要注意的是,无论是正手截击还是反手截击都一定要将手腕向上翘起,从而使拍头竖起。这是因为正手截击是在网前,这时的来球速度都很快,放松的手腕不仅不能很好地控制住来球,甚至还有可能因为来球的力量而伤害手腕和肌肉,所以正手截击的动作中手腕不需要做出任何动作,只需紧紧控制住球拍。这也是很多初学者在刚开始学习正手截击动作时会忽视的重要细节。

正手截击球击球拍面

六、结束动作

击球动作完成后,持拍的手臂继续送往身体的前方,直到整个手臂几乎伸直时,整个动作才算完成,结束时的手臂动作应该有一个停顿,而不应该随意摆动。

正手截击球结束动作

第五节　反手截击球

反手截击球

反手截击球和正手截击球的动作要领基本相同,唯一不同的是反手截击球可以利用单手截击也可利用双手截击,对于中级网球的学员来说,建议使用双手反手截击。

一、准备姿势

双脚与肩同宽,双膝微屈,右手使用大陆式握拍方式握住拍柄的底部,左手自然放松,扶住拍颈,双腿适当弹跳,以准备击球。

反手截击球准备姿势

二、引拍动作

判断来球可反手截击后,首先要做的是向左转动上半身,左右手握住球拍,并随着上半身的转动同时向左转动。反手截击的引拍动作和正手截击的引拍动作一样,都不需要用手拉拍,而是和肩部一起随上半身向左转动。

反手截击球引拍动作

三、击球动作

击球时,双手握住球拍,手腕微微向上翘起,从上往下、由后向前切削击打来球的正后方,一边击球,一边向前推送双手。在击球动作完成的同时,右脚随着击球向前跨步,以确保身体重心的前移能够给球更多的力量和控制。反手截击的最佳击球点和正手截击一样,都是在肩部正前方1米的位置。击球动作完成后,双手握拍继续向球的方向送去,和正手截击一样,直到整个手臂几乎伸直时,整个动作才算完成。

反手截击球击球动作

四、击球步法

在击球动作完成的同时,右脚应随着击球向前跨步,以确保身体重心的前移能够给球更多的力量和控制。

反手截击球击球步法

五、击球点和拍面

反手截击球的拍面和正手截击球的拍面一样,呈 45 度角。这里要特别注意的是,无论是正手截击还是反手截击都一定要将手腕向上翘起,从而使拍头竖起。其他动作要点和注意事项与正手截击球基本一致,此处不再赘述。

反手截击球击球拍面

六、结束动作

反手截击球的结束动作要领和注意事项与正手截击球基本一致,此处不再赘述。

反手截击球结束动作

第六节 发 球

发球

在现代网球运动中,发球技术是所有基本技术中最重要的基本技术之一,和其他基本技术不同的是,它是唯一一项由自己掌握绝对主动权的击球方法。它可以在不受对方制约的前提下,在较大程度上发挥出个人的特点,用以压制对手,为自己的进攻创造有利条件。正因如此,发球相对于底线击球和截击球更难掌握,因为发球时身体各部位应用较多,动作幅度较大,需要肌肉的协调程度较高,特别是对初学者而言,需要经过反复的练习才能基本掌握该项技术。尽管如此,在掌握好发球的动作要领和实际运用后,学好发球也并非一件非常困难的事情。

一、发球动作的要点

(一)握拍

发球时的握拍和反手握拍一样,采用的都是大陆式或东方式反手握拍法。

(二)准备姿势

准备发球时全身应该处于一个比较放松的状态,双脚一前一后站立,左脚呈 45 度角指向球网右侧的支柱(以右手发球为例),右脚呈 90 度角指向球场的右方,双肩侧对球场朝向右方,身体重心大部分落在左脚上,左手用大拇指、食指和中指三指拿球,右手握住球拍稍稍向身后拉起。在做动作之前,可先将左手的球在地面上拍 2~3 下作为发球前的调整动作。这个动作不仅有利于左右手一前一后的平衡,也有利于将身体重心放置于左脚。最后一次抛球完成后,右手持拍由后向前轻轻与左手托住的球接触,形成左手分别托住球和球拍的动作,这时的身体重心也随着球拍由后向前转移至身体后方的右脚上。

发球准备姿势正面观　　　　　　　　　发球准备姿势侧面观

（三）抛球

1. 抛球的方法

在准备动作的基础上，持球手的肘部渐渐伸直并向下靠近持球手同侧的大腿，然后从腿侧自下而上将球抛起。在整个动作过程中，手臂保持伸直的状态，其走势与地面垂直，掌心向上，以拇指、食指、中指三指将球平稳托起，尽量避免勾指、甩手腕等多余的手部小动作，以免影响球的平稳走势，球在空中的旋转越少越好。球脱手的最佳点在手掌走势的最高点，球脱手过早容易造成球在空中旋转或晃动，脱手过晚则会令球飞向脑后失去控制。脱手时托球的三只手指已最大限度地展开，球不应是被扔到空中而应是被抛送到空中。

抛球启动

2. 球出手后在空中的位置

根据不同的需要，球出手后在空中相对于身体的前后位置也不尽相同。一般第一发球强调出球的速度与攻击力，击球点较靠前，因此球也抛得较靠前。第二发球一般较为保守，在保证成功率的前提下强调球的旋转和球的落点，击球点也就相应后移，球自然要抛得靠后一些。抛球位置基本上与背弓时身体的纵轴线相一致，也可参照球落地后相对于前脚的位置来确定。一般第一发球抛球后球应落于左脚前一个拍头的位置上。

抛球出手

3. 抛球的高度

球抛到空中的高度当然不能低于击球点的高度，但究竟抛多高要视个人情况而定，因为抛球高度限定了挥拍击球所用的时间。从准备姿势到抛球出手，身体重心还有一个后靠至后脚再前移至前脚的过程，同时髋部前顶、腰背呈背弓状，然后反弹背弓并发力挥拍击球。初学者常常面临抛不稳球的问题，这是因为抛球的稳定性必须建立在有一定手感的基础上，所以在学发球动作之前最好能专门花一点时间练习抛球。

（四）拉拍动作

在抛球手下落的同时，右手持拍贴近身体像钟摆一样将球拍摆至身后。球拍后摆至一定高度后（此高度因各人习惯而异，至少大臂不应紧夹在体侧），以肘为轴，小臂、手、拍头依次向体后及背部下吊，同时屈双膝并伴随身体后展呈"弓"状。这时，抛球手也已完全向上伸直完成抛球。

发球拉拍动作

身体呈"弓"状

（五）击球动作与击球点

在屈膝、背弓动作的基础上，自下而上依次蹬直踝部、膝部，反弹背弓并向出球方转体，与此同时右手持拍下坠，在身后做一次挠背动作，即挥拍击球时由肘部引导小臂和球拍下吊至背后再以肘部为轴带动臂、拍摆向击球点的过程。这一过程好像在用拍头给后背挠痒，故称之为挠背动作。搔背动作完成后，右手持拍向上击球，左手随着右手向上而相应地向下收回自身体加紧，左右手这样一上一下的配合也是为了保持整个动作的平衡。

从高度来讲，手持球拍在空中跳起后，右手臂完全伸直，拍面所能达到的最高点就是击球点。从位置来讲，一发的最佳击球点相对于二发的击球点更靠前，击球点相对于地面的位置应该是在左脚前一个拍头的位置，二发则是在左脚的位置。

发球击球动作

（六）结束动作

击球动作完成后，球拍顺势挥向身体的左下方，左手轻轻扶住拍颈。左脚首先落地，支撑住整个身体，这时的身体重心完全落在左脚尖，右腿也因上半身的前压而高高向后翘起，这样整个发球动作就结束了。

发球结束动作侧面观

发球结束动作背面观

二、发球的分类

发球基本分为三种：平击发球、切削发球和上旋发球。每一种发球都有各自的特点和用途，根据不同的时机选择不同的发球方式也是中级网球学员应该掌握的基本内容。

（一）平击发球

平击发球在诸类发球中是球速最快的发球法，也称为炮弹式发球。该发球不但球速快，而且反弹低。如果身材高大，就可以借助高点击球的空中优势起到直接进攻的效果，如果身材较矮小或是女选手则不宜使用平击发球。平击发球虽然球速快、威胁大，但成功率不高。

发平击球时的击球点应在右眼上前方，以拍面中心平直对准球，击球的后中上部。另外，在最高击球点击球，有助于提高发球的成功率。

（二）切削发球

切削发球是一种以侧旋，略带下旋为主的发球方法。由于切削发球的旋转多，相对于平击球来说更加稳定，也更容易掌握，所以切削发球通常在二发时使用，以确保成功率。发球时把球抛到身体右侧斜上方，球拍快速从身体右侧中上方至左下方挥动。击球部位在球的中部偏右侧，使球产生右侧旋转。

（三）上旋发球

上旋发球是以上旋为主，侧旋为辅的发球方法。上旋球的飞行弧度有别于平击发球和切削发球，它在飞行的过程中有一个明显由下向上的过网飞行轨迹。发上旋球时，发力越大旋转越多，飞行弧度也越大，命中率越高。目前，职业网球选手通常都使用上旋球来完成二发，它不仅能确保二发的成功率，也为发球后的击球带来更充分的准备时间。发上旋球时应将球抛到头后偏左的位置，击球时身体应尽量后仰成弓形，利用杠杆原理击球以获得更多旋转，球拍快速从左向右上方挥动，从下向上摩擦球的背面，并向右带出，使球产生快速的右侧上旋。

第七节 底线击球

随着现代网球技术的逐渐发展，底线击球已经成为现代网球中衡量一位网球选手水平的一项重要指标。世界著名球员，华中科技大学校友——李娜，就是以底线技术见长的球员，她通过扎实的底线技术在 WTA 打下了属于自己的一片天地。底线击球就是选手在网球场的底线附近通过来回奔跑进行正手和反手的击球。选择正手或反手击球、关闭式或开放式步法，需要选手根据自身的实际情况来判断。本节将具体阐述关闭式正、反手和开放式正、反手的技术要点以及在比赛中的应用。

一、关闭式正手

（一）技术要点

1. 准备动作

准备关闭式正手击球时，应该先侧身，然后左肩对网，这样有利于重心的转移以及髋部的转动。两腿自然弯曲，给身体提供更多的弹性能。左手辅助右手支起球拍部分重量，使得右手在发力前得到充分的放松。

2. 引拍动作

双脚前脚掌着地，用小碎步调整位置，以找到最佳击球点。左手离开球拍，放置身体前侧，以保持身体平衡。利用非持拍手帮助肩的转动，但非持拍手的转动也不能太大，两手交叉的情况绝不允许出现。身体重心转移至后面的右脚，为接下来的向前蹬伸做好充分的准备。持拍手向身后引拍，同时上左脚，和右脚形成一个"1"字，这样就形成了一个标准的关闭式正手的站位。

3. 击球动作

击球时，整个身体应该处于良好的平衡状态，当要做躯干转动时，左手依然保持在身前。持拍手与球拍下降到击球点高度，这个高度非常有利于击球者肩部的转动发力。除非是挑高球，否则手腕后置击球时要注意不要轻易将拍头降到球的下方。击球时，手肘可以稍稍夹紧身体,而不要完全伸直。击球点应该在身体外侧的前方,眼睛注视击球点。肩继续转动,保证球拍完整地通过击球点。球拍从球的后部向上切削,给球施加更多的上旋,以保证回球的稳定性。

4. 随挥动作

击球后,左手随右手向前挥动,然后向身体方向撤回,这是为了保持身体中心的平衡。左臂撤回以后应该是弯曲的。持拍手在击完球以后,顺着击球的轨迹继续向前挥拍,双肩也跟着手臂向前转动,直到手臂不能前伸为止,再朝身体的左侧收回球拍。右脚只需轻轻点地,身体重心完成从后向前的转移。

5. 结束动作

随挥动作完成后,左手应该已经到了身体的外侧且仍然保持着良好的身体平衡。随着拍头速度的减慢,最后球拍应该挥到左肩上方。右脚随着身体重心的转移,也已和左脚呈"一"字站立,左手扶住球拍。要注意的是,即使动作结束了,双腿还应该继续保持准备时的弯曲程度,为迅速应对下一个击球做好准备。

(二)技术运用

从学习网球的角度来说,关闭式正手适用于所有学习网球的初学者使用,由于它在击球时的站位是左脚在前右脚在后,因此可以自然形成良好的侧身动作,并不需要球员主动去完成。对于初学者而言,因为他们并不知道侧身在击球中的重要性,所以往往会忽视侧身。而关闭式正手正好可以帮助初学者解决这一问题。

若从比赛中的运用角度来讲,关闭式正手更适合进攻,这样的站位可以使身体通过足够的侧身来获得更多转体向前的力量。另外,关闭式正手只适用于移动范围较小的击球,若移动范围较大,关闭式步法相对于开放式步法而言需要更多的步法调整,所以大范围的跑动击球,最好还是采用开放式正手击球。

二、开放式正手

(一)技术要点

1. 引拍动作

判断来球可正手击球后,首先要做的就是引拍,同时伸出左手放在身前保持平衡。双肩开始带动髋关节移动,手腕保持自然的固定状态,将拍头竖起并高过来球,拍面微微关闭。

2. 准备击球

准备击球的时候首先要做的是朝击球方向横向跨出右脚,和左脚呈"一"字站立。当跨步进入击球区后,左臂开始移动,左臂的移动可以帮助转肩和拉拍,使身体更容易保持平衡和稳定。在向前输送力量之前,上半身应仍然保持扭转的姿势。拍头向下,沿着击球的路线挥动,这样可以增加拍头速度。右脚扎实地站稳,方便借用身体的力量到击球点上。此时,拍头应该低于来球,肩膀应继续转动。手腕保持向后,等待击球的最后瞬间完成加速鞭打动作。

3. 击球动作

击球时,肩膀已经完全打开,手肘应该微微弯曲并夹在体侧,双腿依然保持弯曲,双肩带动髋部向前转动,右手松弛地向前挥动,产生出巨大的拍头速度。此时,球拍形成一个自下而上的运动轨迹击出上旋球,确保击球安全过网。

4. 随挥动作

在球离开拍面以后,双眼应该依然锁定在击球点上。此时,双脚也已经回到准备姿势,面向球网。当挥拍离开击球区以后,肢体完全伸展,伴随下半身向上跃起,手臂慢慢放松,但肩膀依旧还要向前转动以便给出更大力量的回球。

5. 结束动作

当球被击打出去后,球拍也随挥到左肩之上的位置。拍柄底面应该朝向击球的方向,这样整个挥拍动作才算完成。此时的身体重心也由右腿转移至双腿的中间。开放式正手的优势是身体的自然转动就足以推动右腿向场地中心移动,而不需要额外的步法调整。而且开放式站位还可以帮助球员在击球动作彻底结束之前,自然地向球场中央移动。

（二）技术运用

随着当今网坛崇尚力量型打法,开放式正手越来越受到众多网球运动员的青睐,特别是常在红土场比赛的选手,开放式步法为他们打出足够多的旋转球提供了帮助。但开放式步法并不适用于初学者,初学者可以在掌握了关闭式正手的步法和动作后,再尝试学习开放式正手的步法和动作。开放式步法最大的优点是,在跑动中击球时易于稳定身体,触球时重心在右腿,击球过程中重心转移至左腿,身体向正手边线移动的冲力可完全消除,有助于球员往反方向启动回到场地中心。也就是说,开放式步法为球员在移动中击球减少了步法的调整,获得了更多回位的时间,还能在一定程度上为球员节省体力。

三、关闭式反手

（一）技术要点

1. 引拍动作

反手击球（双手）步法

和关闭式正手的准备姿势类似,关闭式反手也要从转动肩膀开始。引拍时,由左手辅助握住拍柄上半部分,帮助固定球拍。右手在靠近击球点的时候首先要调整为大陆式握法,并让手臂保持一定的弯曲,让拍面略微向上打开。反手相对于正手而言,引拍较短,拍面略高于击球点,转动肩部的同时向前跨右脚,和左脚自然形成"1"字站位。

2. 准备击球

准备击球时,重心置于左腿,右腿在向前跨步的同时,上身随即挺起。双眼紧盯来球,肩膀开始转动,球拍向后引拍,侧身面对来球。肩膀应与球网垂直,为充分扭转肩膀和臀部从而获取足够的挥拍力量提供空间。此时,手腕应该与球拍呈90度,充分利用杠杆原理击球以获得更多的旋转。

3. 击球动作

击球时,左手和右手一起握住球拍,实际上,这时左手应该比右手起到更加重要的作用,而右手只是辅助左手完成动作而已。击球时,肩膀继续向前转动,帮助身体维持平衡。为了获得良好的平衡,在挥拍的过程中要减少身体不必要的动作,也就是要在触球的瞬间继续保持肩膀与球网的垂直,利用肩膀的运动将力量传递到击球点上。

4. 随挥动作

随挥时,双手握住球拍跟随球的飞行轨迹继续挥拍,拍面指向落点。双臂带动球拍挥动的同时,臀部和肩膀也要跟着一起向前转动,使身体获得良好的平衡和控制性。这时双腿依然保持弯曲,左脚随着身体重心的转移向前迈步,和右脚呈"一"字形站立。

5. 结束动作

随挥完成以后,肩膀慢慢打开,左脚前跨,在保持较低身体重心的同时,将整个身体转到与球网平行的位置,恢复到准备姿势。这样做不仅可以让身体获得更多的平衡,还为迅速转身跑向球场中央区域提供了时间。特别要注意的是,肩膀在整个击球动作中都应该保持水平,双眼也应该一直目送球飞回对手的场内,并对下一个回球做出预判。

(二)技术运用

关闭式反手和关闭式正手一样,都适用于初学者。关闭式反手也是传统网球最常见的一种方式,非常适合需要向前移动后再打的浅球。其缺点是对于侧向移动范围大的球,对步法的要求极高,否则会因移动不到位而用不上转体力量;再者,击球后回位时,要多出一步回蹬步,回位速度较慢。其优点是采用关闭式站位可以为球员带来更多的侧身,这样就能获得更多的身体力量辅助击球。因此,在比赛的过程中,关闭式反手相对于开放式反手而言,使用更加广泛,但在大范围跑动中击球时,最好还是采用开放式击球。

四、开放式反手

(一)技术要点

1. 引拍动作

引拍时上半身尽量平稳,不要晃动和倾斜,膝盖提前弯曲为发力做好准备,肩膀面对球网。由于是开放式站位,所以髋部几乎没有转动而主要依靠上半身来完成转身。

2. 准备击球

在准备击球的时候眼睛应该紧盯来球,双臂应该微微弯曲放在体前,双腿保持弯曲,双肩带动髋部向前转动,肩膀也应该转到极限,准备向反方向打开,将上半身的能量释放到挥拍中。

3. 击球动作

球拍击球的瞬间,拍面应该完全打开且几乎与地面垂直。双肩在击球的同时仍然应该保持水平,不要有任何的耸肩或倾斜。两只手臂保持着合理的弯曲,既不要过分地向外伸展,也不要太靠近身体。这样的姿势可以更加自由充分地挥动球拍,并及时捕捉到最佳击球点。

4. 随挥动作

当拍头通过击球区的时候,左臂也顺势向身体右侧挥动,就像用左手打正拍一样,为击球提供更多的力量和穿透性。随挥动作一定要做得充分,双臂应该自然挥过头部,双腿依然保持自然弯曲。

5. 结束动作

整个身体的转体动作已经结束,双肩已完全打开与球网平行,整个身体保持平衡。返回球场中央时,双脚完全正对球网,为击打下一个球提前准备。

(二)技术运用

如果击球准备的时间很少,或是在紧急情况下,例如对手的回球已将你拉出场外时,

开放式双手反拍是很好的选择，它的技术重点在于双肩的转动，它可以让球员轻松地为下次击球做足准备。很多时候，球员在选择开放式站位时，总是会在球接近身体的过程中，用胸腔对着球网，这样是不可能充分加快拍头速度的。此时应该踏出外侧脚（对于右手持拍者来说是左脚），并且转动双肩。开放式站位并不是指球员在击球中不用双腿、腰和双肩来发力，而是应该让踏出的外侧脚几乎在球的正后方，然后转动身体，在身体前方击球的瞬间伸展球拍。尤其是在跑动中利用开放式反手击球的时候，不要将整个身体朝向来球。

第七章 网球高级技术教学

第一节 高压球

高压球

在网球比赛中运用高压球得分总是能让人心情激动,从而也体现了高压球是网球运动中最难掌握的技巧之一,低水平球员在网前最害怕的恐怕就是对手挑高球了。大多数低水平球员一般都是进行双打比赛,用到最多的也是球场的前半部分,因此对打高压球存在心理障碍。来到高级阶段,球员需要让自己的高压球成为有力的得分手段,要让每一次高压都成为制胜得分的优异表演,让自己有一种想打高压球的强烈欲望。在面对挑高球的时候,要产生势在必得的心理。随着自信心的提高以及对击球掌控力的提升,球员的整体水平也会不断提高。

一、动作要点

（一）握拍方式

高压球的握拍方式和发球一样,采用大陆式握拍。采用大陆式握拍的优势是能让拍头在击球的最后阶段获得最大的拍头速度,并以最佳角度撞击来球。无论是打高压球还是截击球,都应该采用这种握拍方式,以使自己在接触球后恰当地结束挥拍动作。

高压球握拍方式

（二）准备姿势

右肘与身体呈 90 度角,几乎和两个肩膀处在同一条线上。这样的准备姿势对打高压球来说十分理想,因为它不仅能够让身体保持住良好的平衡,还能使向前的挥拍更流畅、更有力。左臂充分伸展帮助自己锁定击球点,眼睛紧盯来球,确保身体恰好处于来球的正下方,直到向前挥拍。

高压球准备姿势

（三）击球动作

球员一旦意识到要打高压球,首先要做的就是侧身,让双肩与球网垂直。左脚向前跨出,右脚与球网保持平行并支撑起大部分的身体重量,保持身体平衡。如果对手挑的高球落点很深,一定要一边后撤一边完成打高压球的动作。

高压球击球动作

（四）结束动作

击球后朝球网转动右髋,头部保持不动,眼睛继续盯紧球。右肩连同右臂一起向左下方挥动,为持拍手臂和球拍的挥动提供足够的空间,也为身体保持平衡。在将身体的重量向前输送到击球点上的同时,右脚后跟离开地面,让左脚起到支撑身体和稳定平衡的主要作用。

高压球结束动作

二、技术运用

（一）变化落点

多数运动员喜欢以一个模式打高压球，将球打到场地上固定的某一边。如果这样打高压球，就要注意了，因为有经验的对手会预判高压球的落点，从而提前准备回击。打高压球不要太在意对手的位置，落点要有变化。一般的原则是利用角度使对手处于跑动状态或用角度使对手离开场地，不要总是打在同一点上。如果碰到有难度的挑高球，要将球打到宽阔的场区。尽量使打出的高压球从网的较低处越过。要学会用削球使高压球转变角度或打到场地的两边。

（二）处理深的挑高球

如果对手打出一记深的挑高球，要快速后撤，同时使球拍到达合适的位置再击球，如果在身后击球，很容易造成失误。如果对手挑的高球不仅很深而且很高，应考虑让球落地弹起后再打高压球到对方场区。对于任何的挑高球，如果时间允许，应首先选择在空中击球，因为一旦等球落地再弹起，就会失去网前优势。

（三）处理短的挑高球

对方打一个短的看上去容易处理的挑高球时，不要急于行动，要全神贯注盯紧球，避免因对手的移动而将注意力分散从而仓促击球，仓促击球很容易导致击球失误或出球质量差。应争取时间早做准备，让拍头做功，不要加速挥动，不要过分击球。

（四）处理高的直落向下的挑高球

面对一个高处直落下来的挑高球，让球落地后再打才是明智的选择，不要冒险去凌空击打，因为水平一般的球员要处理这种球是很困难的。打落地后的高压球，不要试图打得太用力，身体一定不要前倾太多，不要在球太高时击球，不要慌张，要保持身体平衡，如果击球时重心前移，将无法完成高质量的高压球。

三、易犯错误与纠正方法

（1）易犯错误：击球位置不好，不能判断落点和击球时机。

纠正方法:两人练习时,一人在旁给予口令:前进、后退、击球,体会空间感觉,找准击球点。

(2) 易犯错误:扣球无力,没有手腕鞭打动作。

纠正方法:击球时,球拍和球接触角度要正确,使球飞出的路线与拍面垂直。协调运用腰腹和手臂的力量扣球。

(3) 易犯错误:在力量巨大的击球动作中不能控制好头部的姿态,将目光从球上移开。

纠正方法:保持侧对球网。准备击球时,以左肩对球,保持球在头部的前上方。

(4) 易犯错误:击球下网,或触网失误。

纠正方法:必须把整个动作包括随球动作做完,不要中途停顿。击球点在头部前方,眼睛必须一直盯住球看。

(5) 易犯错误:击球发力过早或过晚。

纠正方法:打固定球;打协助者抛出的球;反复徒手练习直接上举球拍呈击球预备姿势,左手指着球。

四、练习方法

(1) 模拟练习:对镜持拍模拟。移动中徒手持拍模拟来球练习。

练习要求:侧身对球,预先引拍于身后;在身前直接举起球拍。

(2) 对墙高压球练习:离墙10米左右站立,将球扣杀到离墙1~2米处,使球反弹至一定高度,技术逐渐熟练后,可连续练习。

练习要求:击球点适合,侧身对球,动作准确有力。

第二节 挑 高 球

一、动作要点

挑高球技术一般可分为进攻型挑高球和防守型挑高球两种。它不仅是一项被迫使用的防御技术,而且对水平较高的对手也会造成压力,它可以破坏对手的进攻节奏,改变对手回击球的速度。高球挑得隐蔽,能削弱对手在网前的优势,使自己从被动转为主动,因此一定要重视挑高球练习。

(一) 正手挑高球

(1) 挑高球动作要尽可能和底线正、反拍上旋抽击球动作一样。完成拉拍动作时,要使手腕保持后屈。另外,进攻性挑高球需要给球制造一定程度的上旋,因此有必要加快挥拍的速度。

正手挑高球

(2) 由于挑高球需要自下而上挥击,在击球之前有必要使拍头下落,只要把拍柄向上朝着击球点挥去,就很容易使拍头降下来,而且容易给球施加旋转。

(3) 在挥拍击球时,拍面垂直,拍头低于手腕的位置,采用手腕与前臂的翻转动作,由后下向前上挥拍,做弧线形鞭击球的动作,使球拍在击球瞬间进行擦击,以产生强力上旋,击球点在身体侧前方,重心落在后脚。

正手挑高球拉拍动作

正手挑高球击球动作

正手挑高球随挥动作

（4）从向后引拍、击球到随挥动作，身体躯干要始终处在直立的状态。一旦身体向前倾，无论怎样挥拍击出的球都会很快下降且十分浅。为了打出上旋高球，务必使身体躯干保持直立状态，击球之后身体后倾更好。

（5）想要打出十分上旋的挑高球，要以肘关节为支点进行挥拍，结束时整个挥拍动作是将球拍插到球下击球，向上挥出，最后朝着自己的方向顺势返回。球拍挥得彻底与否，主要是看拍柄在结束动作时是否对着击球的方向。

（二）反手挑高球

（1）反手挑高球和正手挑高球一样，握拍、侧身转肩、向后引拍应尽量与底线正、反拍击下旋球动作一致。

反手挑高球

（2）击球时拍面朝上，在球的中下部触球，由后下方向前上方平缓挥拍击球，似"喂送"动作的击球法，可以更好地控制球的高度和深度，尽量使球在球拍上停留时间长一些，动作要柔和。

反手挑高球拉拍动作

反手挑高球击球动作

反手挑高球随挥动作

(3)随挥动作与底线正、反拍击下旋球一样,跟进动作充分,其球拍在结束动作时位置高于正手挑高球时结束动作的位置,身体面对球网,重心稍靠后。

二、技术运用

(一)进攻型挑高球的特点与作用

进攻型挑高球又称上旋高球,对付高水平的网前截击型对手,使用强烈的上旋挑高球是制胜的法宝,它能打乱对手的网前战术。上旋高球能够越过网前对手,迅速落在后场,使对手既够不着又追不到,即使勉强打到高压球,也是毫无威胁,从而漏出空当,给破网得分创造机会。

(二)防守型挑高球的特点与作用

防守型挑高球又称下旋高球,它飞行弧线高,比上旋高球更易控制,具有失误少的优点。在底线对打被对手调动离场时,挑下旋高球能为自己赢得回到有利位置的时间。挑好下旋高球,能减少对手在网前扣杀的机会。

三、易犯错误与纠正方法

(1)易犯错误:动作不隐蔽,过早使拍面朝向天空,使对方有所准备。

纠正方法:要懂得动作的隐蔽性,击球前的准备动作和抽击球一样,拍面与地面垂直。

(2)易犯错误:挑球高度、深度不够,球的质量不高。

纠正方法:反复练习,提高手上感觉,找准目标,看准对手的底线位置,尽量往高处挑。

四、练习方法

(1)站在底线抛球,球落地后挑高球。
(2)和同伴分别站在球场底线的两边,互相挑高球。

第三节 反手削球

反手切削球

掌握了网球反手削球(也称反手切削球)技术,对扩大击球范围和击球的稳定性很有帮助。如果想在网球比赛中取得较好的名次,应保证所有来球都打回对手场地。能在网球进攻或防守中轻松自如地使用反手削球,无疑将扩大击球的控制范围,显著提高竞技能力。在面对各种来球的情况下,反手削球都能起到良好的效果。当需要高点击球,且来球有角度、有旋转、有晃动时,擅长削球的选手都能应对自如,即使是在身体失去平衡的情况下,其也仍然可以打出高质量的削球来。削球主要是借对手来球之力将球击出,因此动作幅度较小。此外,反手双手击球的选手,当来球离自己很远时,也可以双手变单手,采取反手削球的回击方法,从而扩大防守范围,有效地将球击回对方场地。

反手削球也具有进攻性。一般来讲,反手削球属于防守性技术,但根据其使用方法的不同,它也可以成为一种很得力的得分手段。在实战中,遇到对手上网时,可先将球削到对手脚下,迫使对手无法反攻而只能回出质量一般的高球,然后再借机向对手发起猛攻。能打出下沉球的削球技术，既可以在网前截击时使用，也可以在接发球时使用，还可以利用削球的后摆动作与反手击球动作相同的特点，出其不意地削出网前小球。

一、握拍方法

握拍的方法不同，拍面与地面所成角度也会不同，挥拍回击的效果也会不同。首先应以单手反手击球时使用的握拍方法开始练习。只要是单手反手击球，无论是削球还是平击球，都是以采用东方式握拍法为宜。

二、引拍方法

想要削出高质量的旋转球，引拍方法比击球时的挥拍更重要。后摆引拍的削球准备能否正确完成，决定着削球的成功与否。反手削球技术的要点涉及：①后摆引拍后拍子的高度、位置；②完成向后引拍做好准备的时间早晚；③削球的时机。

此外，在引拍时还应注意：①持拍一侧手臂肘关节不能太低；②不能使用手腕发力；③完成引拍时拍子所在的位置；④后摆引拍时，只有左腋不打开，才能保证削球的挥拍动作是由内向外的挥动；⑤右肩要触到下颌为止。

三、后摆动作

在进行削球挥拍动作之前，首先必须集中精力做好后挥引拍的准备动作。只有做好引拍动作，才有充分的时间预测并抓住好时机去削击球。

削球时，务必要让球拍自上而下走一条直线。如果球拍没有很好地引摆在肩的上方，那么削球时，球拍必然会呈圆环弧线形挥动而不可能击出旋转球。

无论是双反、单反击球，还是削球，都要注意提前引拍完成准备动作。

四、击球要点

削球的挥拍线路是自肩至腰之间的一条直线，做好切削动作，不必随挥。使用双反击球的人，特别容易利用腰的转动去击球，但反手削球要特别注意不要使用腰的转动。此外，如果削球时球不向前飞，用身体动作或做挑球动作，都是不正确的。球不向前飞主要是未能沿一条直线挥拍造成的。

网球赛场上采用双手击球的选手很多，双手击球的人若以双手削球，也许不能很好地对付追身球或高球，但却可以自如地削球。

无论是双手削球，还是单手削球，技术要点都是相同的，即动作直到最后都要保持侧对球网，而不能展开身体。

第四节　放　小　球

放小球-正拍　放小球-反拍

突然性和过网就落地是放小球的基本要求。小球放得好不好，关键要看球的落点、角度、时机和对手能否及时反应等。有时候，凭放小球可直接得分；有时候，通过放小球来调动对手，消耗对方体力；有时候是迫使不擅长截击的对手来到网前的手段。如果能成功将放小球和挑高球结合使用的话，对手将落入在前后场之间疲于奔命的陷阱。一般来说，随球上网前放小球比较合理，而在底线使用则危险多了。

放小球的时机很难掌握,只有在领先优势明显时使用才比较保险。另外,高质量的放小球除了要让球刚刚过网就落地之外,还要有一定的下旋。

一、动作要点

（1）东方式正拍握法和大陆式握法都是放小球较为合适的握拍方式。拍头在高于击球点的位置上开始向前挥动。放小球要通过手腕的摆动,让手臂自然产生向下向前的运动轨迹。触球时要尽可能轻柔些,击球点的高度应在腰部。

放小球握拍方式

（2）是否存在突然性是放小球成功与否的关键,因此准备动作要有良好的隐蔽性,看起来和打一记普通的底线落地球或随球上网前的击球动作没什么两样。不过,要注意的是,如果已经跨入球场想在底线以内放小球,就要在准备击球的时候有效地缩短向后引拍的幅度。

放小球准备姿势

（3）拍面在下落的过程中,用球拍甜点摩擦球身的下半部,产生足够的下旋。触球后,手腕继续向前向上运动,让拍面托着球的底部获得最佳的飞行距离,过网后球能尽早落地。

放小球击球动作

放小球最有利的时机是对手把球打到前场或发球区以内时;对手的第二发球较软时也是一个好机会;当然如果自己的放小球技术好的话,在比赛中只要对手离开场地较远,就可以放小球。比如:打一个大角斜线拉开对手,而对手的回球较软或较浅时,就可以放直线或斜线小球。只有遇到那些前后移动速度较快的对手时,才不宜使用这种方法。需要注意的是,放小球后一定不要待在底线后面,因为对手极可能回敬小球,所以放完小球后一定要跟进到发球区附近。

二、易犯错误与纠正方法

（1）易犯错误:短球放得过高、过长。

纠正方法:掌握动作要领,后摆动作不宜过大。接触球的瞬间,手腕用力,沿球的下方滑击,使球产生强烈的下旋,随球动作可较短。

（2）易犯错误:抬肘击球。

纠正方法:放小球是突然袭击,动作要隐蔽。准备动作要同击球动作一样,不能抬肘,肘部应靠近身体。

三、练习方法

练习放小球技术要与其他技术串联起来练,特别要结合放小球后下一拍的练习,因为这一拍往往是得分的关键。在练习中,教练要向学员强调动作的隐蔽性,教会学员如何掌握放小球的时机。处理小球技术也是不可忽视的,处理得好,往往可以化险为夷,反攻得分,迫使对手不敢轻易运用这一技术,而减轻自己的压力;处理得差,对方可能频频使用,造成自己技术上的一大弱点,直接影响其他技术的发挥。因此,在练习放小球技术的同时,还必须重视处理小球的练习。

（一）小球后上网拦封

练习目的:训练处理小球被动上网后快速回防争取主动的能力。

练习要求:一教练专门送小球,一教练专门送网前(包括高压),轮番进行。

（二）放小球接后场反击

练习目的:提高放小球和后场起拍能力。

练习要求:教练第一球放小球至中场,学员放小球。教练第二球送至较深的反手,学员由前场移动至后场进攻。左右区可交换。

（三）放小球练习

练习目的：提高放小球进攻的能力。

练习要求：送斜线小球至对方发球区内，然后返回底线用球拍触碰底线。对方回小球至发球区内，学员从底线跑上来推一拍。通过快速的前后移动来争取主动，迫使对手陷入被动，以此循环进行。学员相互结伴练习。

（四）跑小球与处理小球对抗练习

练习目的：提高处理小球的能力。

练习要求：教练送出网前小球，学员跑上网回小球，另一隔网练习的学员根据情况可有两种选择，即拉小斜线和挑过头高球。不能加力抽击。

第五节　凌空击球

凌空击球-正手　凌空击球-反手

所谓凌空击球，是指当球还在飞行过程中并未落地前便凌空击打的一种技术。这种击球方式的优势有很多：首先，它能为球员创造进攻得分的机会；其次，它还能破解"牛皮糖"们打死不失误的挑高球战术；再次，它也能为擅长拦网截击的球员创造更多的拦网得分机会。总而言之，凌空击球是一项掌控比赛主动权，并且能为球员带来更多主动得分机会的技术。尽管凌空击球能为球员带来如此多的进攻得分机会，但凌空球也可能为球员造成更多的丢分。由于凌空击球需要在球过网落地前就完成，因此对击打凌空球的提前预判、步伐调整、击球时机，以及击球动作，都提出了非常高的要求。

一、动作要点

（一）预判

凌空球的击球机会通常在对方被动防守时出现，对方在移动时，大跑动击球容易造成身体重心的丢失，只能用挑高球的方式回球，这时凌空球的机会便出现了。当球员已将对手置于非常被动的局面时，通常就要考虑向前场移动，并有准备地进行凌空击球进攻了。

凌空击球引拍动作

（二）击球动作与击球点

凌空击球时，来球往往很高，所以凌空球的击球点相对于底线正手来说更高，通常在腰部到肩部之间的范围。

凌空击球击球动作与击球点

（三）随挥动作

凌空击球同样可以采取关闭式和开放式的随挥步法完成动作。关闭式的随挥步法由于向前惯性较强，击出的球速度快、落地向前冲；开放式的随挥步法转体幅度较大，击出的球则旋转更强，球落地后向上弹跳得更快。凌空球的正、反手击球动作与底线正、反手击球动作基本相似，不同的是由于凌空球的击球点更高，所以击球时的拉拍也相对更高，通常要高于击球点。击球时的随挥动作相对于底线击球而言从下往上的更少，由上往下的更多。由于凌空球难以借力，击完球后，最好能将身体重心完全压在球上随球上网，这样更具进攻性和杀伤力。

凌空击球关闭式随挥步法正面观

凌空击球关闭式随挥步法侧面观

凌空击球开放式随挥步法正面观　　　　　凌空击球开放式随挥步法侧面观

二、技术运用

当对手被动挑出一记高球时，便是击打凌空球的最佳时机。在一场业余网球比赛中，我们经常能够看到双方互不相让、对挑高球的现象，特别是在关键分的时候，谁都不愿主动失误丢分，所以挑高球就时常出现。凌空击球便是破解这一僵局的唯一办法。当然，有时候并不是一次成功的凌空击球就能打破这样的僵局，而是需要多次成功的凌空击球才能彻底粉碎对手挑高球的信心。这就需要我们不断地练习，在平时的训练中掌握凌空击球的技术要点，积累击打凌空球的次数和感觉，相信总有一天它能在比赛中派上用场并大显神威。

三、易犯错误与纠正方法

（1）易犯错误：随挥动作的控制不当。

纠正方法：凌空球由于击球点比较高，击球后的随挥动作也由从下往上转为从上往下，但是这样从上往下的随挥一旦掌握不好，球就容易被打下网。实际上，凌空球的随挥动作并不是完全地从上往下挥拍，击球后的随挥动作也需要向前延伸再收回，这样的随挥动作，能有效降低下网概率。

（2）易犯错误：拍面的控制不当。

纠正方法：凌空击球并不是一项很好掌握的技术。它不仅需要训练有素的随挥动作，同样还需要控制合理的拍面角度。一次失误的凌空球往往是因为拍面控制不当而造成的。所以，在击打凌空球时，掌握好击球的拍面角度非常重要，最佳的凌空击球拍面角度和底线击球一样是45度角，角度太大容易出界，角度太小则容易下网。

四、练习方法

练习凌空击球，就一定要了解凌空击球的关键技术环节。凌空击球的关键技术环节包括预判、击球步法、击球点和击球动作。每一个技术环节的好坏都决定着一次凌空击球的成败，所以在平时要特别加强以下四项技术环节的练习。

（一）随机练习凌空球与落地球

练习方法：教练随机送球，由练习者自己判断该球应该采取凌空球的击球方式还是落地球的击球方式。

练习目的：提高练习者根据教练送球的动作做出预判的能力。

练习要求：由于教练是随机送球，需要练习者根据教练送球的动作来判断来球是凌空球还是落地球，并立即做出相应的反应。

（二）击球步法的练习

练习方法：在每次击球时碎步调整球与身体的距离。

练习目的：提高练习者击打凌空球的步法调整能力。

练习要求：练习者在判断来球可凌空击打后大步上前，身体尽快向来球靠近；在身体接近来球后迅速用小碎步的方式调整身体与球之间的距离。

（三）击球点的练习

练习方法：教练连续送出一正一反总共六次凌空球。

练习目的：提高练习者在连续击打凌空球时对击球点的控制能力。

练习要求：练习者在练习时要根据上一次击球时由于击球点没有掌握好而出现的问题，在下一次击球时及时做出调整，并牢记在正确的击球点时击球的感觉，在每一次练习中重复这种感觉。

（四）击球动作的练习

练习方法：教练连续送出一正一反总共六次凌空球。

练习目的：巩固练习者凌空球的击球动作。

练习要求：练习者在每一次击球时都努力尝试使用正确的击球动作击球，尽管一开始可能会感到别扭，但只要正确的动作能够固定下来，经过反复不断地练习，一定能获得事半功倍的效果。

第八章
网球基本战术教学

不论一名球员的技术水平高低与否,战术往往对其网球整体水平起着至关重要的作用,球员的战略和战术意识的提高是其取得更大进步的关键。对于网球球员来讲,在比赛中采用合理的战术,不仅可以帮助球员赢得一场比赛,还能使球员通过赢得比赛获得对网球运动更多的兴趣。

第一节　现代网球战术的特点

一、攻守平衡

任何进攻战术都是为了直接得分,攻守平衡不仅体现在战术指导思想上,也体现在战术打法上。更重要的是在个人的能力上,既有强劲的进攻能力,又有出色的防守能力。任何防守战术都是为了阻止对手获得得分机会或让对手出现失误而失分。实践证明,片面强调进攻或防守都不可能取得优异的成绩,唯有坚持攻守平衡,才能取得理想的效果。

二、掌握节奏,争取主动

比赛节奏渗透于攻守战术之中,进攻的节奏是通过进攻速度的快慢和强度变化来交替体现的。防守的节奏是通过延缓对方的进攻速度和增加对方进攻的难度来体现的,掌握节奏极为复杂,极具艺术性,它与比赛经验、临场应变能力、观察和判断场上形势的能力、捕捉战机的能力等密切关联。在现代网球比赛中要想获得主动权,就必须掌握和控制好攻守的节奏。

三、战术与技术合理组合

战术作为一种手段,必须同技术的运用密切关联。不同的技术在运用时会达到不同的效果。当制订好战术打法以后,就必须选择与之相适应的技术动作。只有具备了较出色的技术,才能够充分地实施自己的战术意图。战术与技术的合理组合运用,是现代网球比赛的重要特征之一。

四、以己之长,克彼之短

不同的球员会有不同的特点,在比赛中首先要尽量做到知己知彼,然后发挥自己的长处,攻击对方的短处。当与擅长底线技术的球员比赛时,就要设法不让他留在底线;当与发球上网型球员对峙时,则要限制他上网进攻,尽量不让他发挥自己的长处。从某种角度上来说,现代网球比赛,就是在比谁能发挥自己的长处,避免自己的短处。

五、灵活机动，即兴发挥

球员在赛前都会根据自己的特点，精心设计并熟练掌握几套进攻、防守的战术，这是非常必要的。但是比赛情况千变万化，这就要求球员能随机应变，根据比赛具体情况合理调整战术。

第二节 制订和运用网球战术的原则与时机

一、网球比赛战术原则

熟悉网球的朋友都知道，网球比赛是通过一系列击球来得分的，当重复一系列特定顺序的击球时，比赛开始呈现出一种战术模式。这就是美国网球协会的教练，在基于网球运动员使用的战术设计出一整套训练体系的原因所在。然而，在运用这些战术之前，必须先了解它们的基础。只有了解了每一个战术原则，并在球场上实践后，才会发现战术的魅力所在。

具体的网球比赛战术原则有以下几条。

（一）承认网球是一项充满失误的运动

在不同水平的网球比赛中，85%的分数是因为失误而丢失的，通常只有15%的分数是通过制胜球获得的。打赢比赛的关键是给对手制造麻烦并增加其回球的风险性。

为力求控制落点的精准度，发力击球以及使用假动作而造成的失误，在高水平球员之间进行的比赛中也经常发生。在不同水平的网球比赛中，非受迫性失误是比赛的重要组成部分，它通常是由于击球方式选择不佳或主动失误造成的。如果能适当减少非受迫性失误并迫使对手失误多一些，赢得比赛的概率将会大大提高。

（二）向空当回球

当网球技术提高到能将大部分来球回过网并落在界内时，就该准备将球回至远离对手的区域。因为对手不可能封住所有回球角度，总会出现空当，这样就有机会回出一记超出对手接球范围的球来直接得分，至少可以迫使对手奔跑着去救球并加大回球难度。当前移到中场或网前击球时，回球直接得分的机会将大大增加，这是因为对手的反应时间缩短了并且要为救球疲于奔波。

（三）向对手身后回球（回头球）

在争夺一球，特别是设法回击进攻球甚至回击制胜球得分时，对手往往希望你瞄准空当打，因为他已经开始预测你的回球方向并朝该方向移动了。如果对手开始朝预测的方向移动，你就要将球回至他的身后，这时他想根据来球调整方向、重获平衡将非常困难。

对付具有出色横向移动能力的球员，特别是在对手已经预测到球会回至空当的情况下，运用回头球战术将十分有效。如果已经将对手调至场外而其正急忙赶向中场去保护空当时，用回头球同样管用。

（四）利用角度打开空当

大多数球员都知道将落地球回至对手后场深处迫使对手回球较浅。虽然这是合理的基本战术,但还需要利用角度打开空当,使自己有机会回球直接得分或攻击对手较弱的一侧。在底线通过大角度的斜线,可以迫使对手在边线以外回球,这样就有机会将球打向空当。如果大部分比赛都是在相对快速的硬地场上进行的,那么你也很容易落入这样的陷阱。

(五)调动对手全场跑

在每一分的争夺中,变化击球速度、深度、落点和运用旋转给对手制造麻烦。就像在棒球比赛中,一名优秀的投球手会经常改变投球速度、方位和运用旋转来迷惑击球手那样,网球运动员也应该运用各种各样的击球方式并提高动作的隐蔽性。

在连续对抽中,对手回球的稳定性往往令人感到十分沮丧,要改变这种状况,就要调动对手全场不断跑动,消耗他们的体力,从而降低他们的回球稳定性,以免对手移动到位后回击落点非常好的球或制造具有进攻性的球。要想有效地调动对手,必须具备出色的运动技能、良好的平衡能力和高效的步法移动,令对手即使能够回球,也摆脱不了被动的局面,因为不断的跑动会使对手变得疲惫不堪而不能将所有的球都救回。

让对手全场跑动的秘诀在于将横向移动与纵向移动相结合。即首先打一记底线深球,然后回斜线浅球或放一记小球迫使对手全速向前移动接球,接着将下一球抽向另一边空当或挑一记高球。在经过几次前后左右的全力疾跑后,对手将处于一场艰难的比赛中。

(六)适应对手

网球运动最吸引人的地方在于寻找对手的弱点进行攻击。如果了解到对手的反手较弱,只具备防守能力,就不断地向其反手方向回球,直到对手出现主动失误或回球质量不高,这样就有机会进攻得分了。

如果发现对手具备某一种高超的得分技能并能控制比赛局势时,就要想办法使他的这一技能失效。站在距离底线1至2米的地方接发球,使自己有更多的时间准备回球,即使再大力的平击发球也会被轻松瓦解。如果对手发出的强烈上旋球落地反弹后将高出自己的击球范围,应快速移进场地在球的上升期抽球回击或削球。

(七)适应环境

阳光、风向、温度和湿度都会对网球比赛产生影响。具有应对不同比赛环境的经验是非常重要的,因此必须在各种环境下进行训练和比赛。顺风击球时多加一点上旋,逆风击球时将球打高、打重、打深。此外,逆风挑高球或放小球也非常有效。当对手正对着太阳时,回一记挑高球也会有机会得分。

网球比赛前战术的制订,比赛中战术的运用、调整战术,都应遵循客观性原则、实效性原则、灵活性原则。这三个原则是有机联系、互为条件、辩证统一的。制订和运用战术的前提条件是必须了解对手的技术特点和打法。因此,球员在培养自己战术意识的同时,也应着重培养自己对对手技术、战术特点和打法情况的观察能力以及分析能力,这样才能在比赛中,于较短的时间内迅速发现和掌握对手技、战术变化,及时调整和修正自己的战术方法,从而达到在比赛中灵活运用战术、争取比赛胜利的目的。

二、网球战术制订的时机

(一)尽早

以业余比赛为例,一般赛程很短,通常是抢八或仅打一盘,如果太晚调整战术就来不及了。应在几局过后,根据比分的情况决定是否调整战术,尽早做决定,总的调整原则是比分领先或接近时,不要改变打法,最多做些局部微调。

(二)技术节奏合适

在网球运动中,击球的距离和时间是核心的理念,而节奏是一个时间概念,是在单位时间内通过击球的力量与速度不同而造成网球运行的轻重与快慢变化来表现的。当技术节奏无法与比赛节奏契合时,应考虑调整技战术。

(三)根据实际情况而定

战术的调整是个很复杂的问题,要根据比赛双方的技术能力、体能状况、心理变化和比赛经验而定。比赛一开始,选手应该采用常规的打法(也就是对选手来说最常用、最擅长的打法),并尽快通过前几局的比赛了解对手。比分落后时就要考虑做较大的调整,这就是常说的"穷则思变"。当比分领先或是胶着的时候,不主张大幅度调整战术。有两点原因:一是领先时没有调整战术的必要;二是调整战术存在一定风险,很可能打乱自己原先理想的比赛节奏,从而丧失领先的优势。如果比分落后了,就要认真分析问题出在什么地方并及时解决。如果是自己状态欠佳,还没有发挥出应有的水准,还是可以坚持原先的打法的,但要注意尽快提升状态,减少主动失误,追赶比分。如果常规打法压制不了对手,这时选手就应该针对对手的弱点来调整战术。绝大多数业余选手都有比较明显的技术缺陷,无外乎是发球和反手较弱,跑动时主动失误增多和网前得分能力差这些问题。因此,选手就可以相应地攻击对手的二发;多把球打到对手的反手位,寻找进攻机会;在提高成功率的基础上,加强主动变线,大范围调动对手的战术;迫使对手上网来采用他并不擅长的技术。

第三节 单 打 战 术

单打战术的运用要有独立作战的能力,头脑冷静,适应能力强,既能控制球路,不轻易失球,又能积极发力进攻。在战术运用上要根据自己的技术特点及场上条件灵活变通。单打比赛根据球员打法的不同,使用的战术也有所不同。上网型打法的球员通常会采用发球上网的战术来到让他们容易得分的网前;而底线型打法的球员则习惯于死守底线和对方对决;全面型打法的球员则会在全场和对手展开厮杀。针对不同类型的球员,单打比赛的基本战术也有所不同。下面,我们分别论述三种打法的球员在单打比赛中的战术应用。

一、上网型打法

我们看到,无论是职业网球比赛,还是业余网球比赛,底线型打法已经变得越来越盛行。随之发生的变化就是,不会上网成为大部分人的软肋。这里,我们暂且把技术抛到一边,仅从理论认知方面来讲,大部分底线型选手对上网的理解存在问题。当他们在底线时,会清晰地去分辨什么时候该进攻,什么时候该防守。然而,一旦他们把这一底线思路照搬到网前时,就会出现问题,"这一球上网了是该进攻还是防守?"他们总是习惯性地去思考这样的问题。事实上,如果来到网前还报以防守的心态去处理球,迟早会被对手打穿防线。这就是典型的"底线心态",与网前技术无关。反观那些上网型选手,他们将每次上网视为难得的进攻机会,一旦上网,除了进攻还是进攻。从某种意义上来讲,上网就是进攻,一旦上网,就一定要树立进攻的心态。上网型打法战术的指导思想就是利用网前进攻为主要得分手段。它的基本战术可分为发球上网、随球上网、接发球上网、偷袭上网、伺机上网及放小球上网。

（一）发球上网战术

发球上网战术是上网型打法者利用球的力量进行主动进攻,先发制人,然后上网抢攻的一项主要战术,是上网型打法者在比赛中的主要得分手段。

(1) 用一发的力量,发侧旋球,目标为对手发球区右区外角,然后上网、冲至发球线中线偏左,主要是为了封住对手正拍接直线球,截击球至对手反拍区。

(2) 用一发平击球或用一发的力量发上旋球,目标为对手发球区右区内角,然后上网,冲至发球线中线,判断来球,截击至对手底线正、反拍深区,或中场截击至网前。

(3) 用一发的力量发上旋球,目标为对手发球区左区外角,然后上网,冲至发球线偏右,主要是为了封住对手反拍接直线球,截击球至对手正拍区。

(4) 用平击发球或侧旋发球,发球至对手左区内角,然后上网,冲至中场处,判断来球,截击至对方正、反拍底线深区,然后人随球跟进,准备近网截击。

（二）随球上网战术

随球上网战术是利用双方在底线对攻相持时或对方接发球时,出现质量不高的中场球(在发球线前后附近得球),果断地用正、反拍抽击,然后随球上网的一项战术,也是比赛中的主要得分手段。

（三）接发球上网战术

对付对手偏弱的发球,尤其是接对手的二发,采用抢攻上网或切削上网,能充分发挥上网型打法的特点。

（四）偷袭上网战术

上网型打法的偷袭上网战术主要是比赛中对手只注意对付一种打法而忽略了对付其他打法的时候,所运用的一种变换上网战术,以此达到打破对手进攻及防守节奏,占据主动进攻优势的目的。

二、底线型打法

底线型打法是以底线正、反手抽击球为基础组织的战术。它的指导思想是用速度、旋转、落点的变化来创造进攻机会。底线型打法的主要战术有对攻、拉攻、侧身攻、紧逼、防守反击。

（一）对攻战术——中路上旋深球

世界上最简单的赢球战术就是让对手用自己的球击败自己！据统计,一场业余比赛中,球员85%的得分都来自对手的非受迫性失误。根据这一统计,我们制订了这样的基本赢球战术:在没有浅球让你得分时,尽量打出弧线高的深球到对手底线的中路。这一非常简单但却100%实用的战术,不仅可以帮助初、中级选手摆脱非受迫性失误较多的困扰,还能让对方球员自己的非受迫性失误增多。

（二）拉攻战术——斜线相持

斜线对拉是单打比赛中最常见也是最基本的一项战术,由于斜线的线路长,不容易

出界,所以回击斜线球也是比赛中最安全的一种击球方式。在一场单打比赛中,经常可以看到选手们形成斜线对拉的相持,选手们都在通过斜线的相持来寻找得分的机会。在斜线对拉的过程中首先要做到的就是把球打深,只有深的斜线球才能抑制住对方的进攻,从而为自己赢得更多得分的机会;在把球打深的同时,还要注意球的过网高度。因为,必须有一定的过网高度,才能打出很深的斜线球。由于斜线是网球比赛中距离最长的一条线路,所以在斜线相持的过程中不必过于担心自己的球会出界,反而应注意不要将球打下网。最后一点要注意的是,在斜线对拉的过程中一定不要仅仅满足于斜线对拉,而是要尽可能地在比赛中寻找变线得分的机会。

(三) 侧身攻战术

侧身攻战术是底线型打法中的一项主要进攻手段。它是利用强有力的正拍抽击球,配合良好的判断和步法移动,在三分之二的场地上用正拍对对手施加有力的攻击。正手侧身攻是正手击球中的一种战术性打法,它是基于正手动作的开放性、使用频次高而形成的一种单打战术,也是网球比赛中最常用的一种得分手段。一记成功的正手侧身攻,不仅可以为球员制造更多的得分机会,还能使球员始终保持整场比赛的主动权。

1. 动作要领

正手侧身攻的动作与正手击球的动作完全相同,不同的是正手侧身攻的击球位置不像正手击球是在球场底线后的右侧,而是在底线后的左侧。在决定采用正手侧身攻进行攻击后,首先要采用交叉步调整步法,在击球前采用侧滑步进行微调。准备击球前左肩指向球网,击球时充分转动身体,运用整个上、下肢的力量击打来球。

2. 优势和劣势

(1) 优势　据统计,一场比赛中的大部分制胜分都是由正手获得的,所以正手侧身攻可以创造更多的得分机会,同时也相应地能在一分中占据更多的主动权。另外,用正手侧身攻的回球线路非常开阔,所以在击球时的转体动作也更加充分,它的击球动作也更加隐蔽,使得对手难以判断回球线路。

(2) 劣势　尽管正手侧身攻有相当多的得分优势,但俗话说得好,"得分点,亦失分处",即使再优越的组合也会有它的破绽,正手侧身攻也是如此。由于正手侧身攻的击球位置非常靠近球场底线的左侧,有时甚至会超过左侧的单打线,所以一旦正手侧身攻的击球并没有给对方造成足够的威胁,空出来的右侧场地便会"任人宰割"。在击出一记正手侧身攻之前首先要考虑的是这个球是否具备击出后能够掌控该分主动权的条件,在条件满足的情况下,方可大胆地挥出。其次,就是要在打完一记正手侧身攻后迅速做好回防的准备。

3. 正手侧身攻在比赛中的应用

(1) 在和对手形成正手对拉的情况下尝试将对手调动出场外,待对手回出一记质量不高的中场球时,主动寻找机会使用正手侧身攻回击对手的反手位空当。

(2) 在和对手形成反手对拉的情况下,一旦对手回出质量并不高的中场球,便侧身用正手侧身攻回击对手的正手区域。由于正手侧身攻回直线的飞行距离短,所以对手相应的防守时间也就短,得分的概率便会增高。但要注意的是,将球回到对手正手区后一定要迅速回位,因为这时自己的正手区域也已形成空当,如果这是一次并不理想的进攻,对手很可能会抓住这次机会进行反攻。

(3) 在第一发球区发球时,将球发到对手的反手,一旦对手回出质量并不高的中场球,便可用正手侧身攻回击对手的正手区域。该战术比在反手相持中争取正手侧身攻的机会更容易得分,另外还能为发球赢得更多的信心。

(四)紧逼战术——二发强攻

底线型打法的紧逼战术是以极快的节奏对对手进行攻击的一种重要手段,也是当今世界优秀的网球选手常用的一种攻击对手的战术,紧逼战术主要是发挥良好的底线正、反抽击球技术,迎击上升球,准确的落点控制,节节紧逼,以达到攻击对手的目的。

在二发时如果发球发到外角,很容易造成双误,即使落点在场内,位置也可能很浅。在这种情况下,球员要尽量将球发向对手的身体。因此,二发应注重的是使球过网且不出底线,这样做可以减少出边线的失误。如果发外角球,需要较强的控球意识,这会使挥拍动作受到限制,造成发球的质量不高。而且,接发者通常会警惕自己的反手方向,如果这时来球落在身体的正前方,接发者在避让的同时还需要转体,这样就很容易失误。

(五)防守反击战术——攻击双手反拍

防守反击战术在底线型打法中占有很重要的位置,在执行防守反击战术时利用良好的底线控球能力,通过准确预判、快速反应、迅速移动、准确击球等特点,来调动对手,以达到在防守中寻找机会进行反击的目的。其中,对手的反手是防守反击的突破口。

1. 利用对手控制范围小的弱点

对于初学双反的球员而言,普遍存在一些常见的问题:由于球性和技术动作都不娴熟,所以引拍一般都会很小。尤其是当他们在跑动时,更是难以完成一次幅度足够的引拍。在双手反拍本身控制范围就有限的条件下,初学者又由于球性生疏等问题进一步缩小了控制范围,那么这便是得分的机会。可以尝试先和对方进行正手对拉,从而形成对手反手位的空当,找准机会后突袭对方的反手。值得注意的是,回球并不要求特别刁钻,而是利用对手双反控制范围较小的劣势调动对手在跑动中完成反拍击球,就算不能得分,也可以为自己创造一次主动得分的机会。

2. 限制对手在舒适的范围击球

当击球点在大腿至胸部之间的高度时,双反确实能保持非常高的稳定性,但是一旦超出这个区域,失误便会增多。因此,可以有意识地增加一些切削球(最好不要超过膝盖)或上旋球(最好能超过肩部),让对手在非正常范围下击球,这样双反失误的概率便会大大地提高。

3. 调动对手到前场,回球落点控制在对手反手位脚下

通常来说,双反选手的网前水平要逊色于单反选手,尤其是反手截击的弱势相对更加明显,这跟他们平时多用双手操控反拍有一定关系。具体的攻击方法可以用切削球引诱双反选手来到前场,然后打出一记过网急坠球并将落点控制在对手反手位脚下,无论对手用双手推挡落地的反弹球,还是用单手反拍凌空截击,都不可能有太大的威胁,这样得分的机会便自己送上门来了。

三、综合型打法

综合型打法是建立在基本功扎实、技术全面的基础之上的,可根据不同的对手和不同的技术、战术掌握情况,场地特点与战术需要,灵活地变化战术打法。综合型打法攻守平衡,符合积极主动、机动灵活的战术原则。

（一）接发球的战术

对付发球上网型打法的选手，采用接发球战术创造机会或先确保接球成功率，再准备第二拍进攻。在被逼到场外接发球时，一定要以斜线球回击。即使是职业选手以直线深球接发，对他们来说也是有技术难度的。网球比赛中最难的就是线路的变换，接发往往没有足够的调整时间，如果采用直线深球接发，是有相当大的风险的。将对手发球按原线路回击（即击出斜线球），是较稳妥的打法。同时，接发球彻底的挥拍动作可以提高击球本身的质量。

（二）破网的战术

无论是对付发球上网还是随球上网打法的选手，综合型球员在和他们对抗的过程中都要采用底线打深球的战术，不给对手上网的机会，如果对手上网了，首先要做的就是将球打向对手的脚边，让其不好回球；然后采用两边节奏不同的抽球或挑上旋高球的回球方式，一旦球越过对手的头顶，便可以主动上网，等待高压得分的机会。

（三）相持的战术

对付底线稳健型打法者，进攻应瞄准场内离底线 1 米的位置。在单打比赛中，球员往往因为击球出界一点点而丧失宝贵的一分。进攻时瞄准场内离底线 1 米的位置击球，即除发球以外的所有击球——底线击球、截击、高压球、反击球和相持球。首先，这样的战术可以大大减少失误。比赛失败后冷静地思考一下会发现，与对手的直接得分相比，自己的击球出界过多才是真正导致输掉比赛的主要原因。在面对较强的对手时，我们总会认为不直接得分肯定无法取得胜利，实际上，只要控制自己无谓的失误，胜率就会提高。此外，场内离底线 1 米的击球点足以使对手感到难受，这样也在一定程度上增加了对手回球的失误率。

第四节　双 打 战 术

许多球员都喜欢参加双打比赛，这是因为他们喜欢团队作战，愿意共同承担责任，喜欢共同分享成功的喜悦。要取得双打比赛的胜利，制订合理的战术和与同伴间的密切配合是非常重要的，两位一流的单打运动员未必是最理想的双打伙伴，因为他们往往会用单打战术来处理双打比赛，其结果往往不尽如人意。双打比赛要求两名球员配合得要像一个人，才能把两个人的长处结合起来，打出比任何一个人单打水平都高的比赛。另外，双打比赛需要在比赛的过程中针对当时的实际情况不断地调整战术，所以在参加比赛前，球员最好能在赛前制订一个共同的作战计划和备选计划，以便在比赛中随时进行调整。双打比赛中的战术有很多，主要包括双打的站位，正、反手位的斜线相持，抢网，挑高球过顶，直线穿越，发球、接发球上网战术等。

一、双打的站位

双打比赛是由四名球员二对二进行的网球比赛。不同于单打比赛，双打比赛是由两名球员作为同伴站在网球场的同侧进行比赛，因此站位也有很多变化。双打比赛中的站位可以分为：前后站位、双底线站位、澳式站位、同边站位、双上网站位都属于双打比赛中站位的一种。如今，随着双打比赛技术和战术的发展，双打比赛中的站位已经不仅仅只是一种站位,而演变成双打比赛中的重要战略部署,站位战术运用的好坏已成为决定双打比赛胜负的关键。

(一) 前后站位

前后站位是双打比赛中最常使用,也是最基础的一种站位。比赛中,双方球员一前一后分别站在球场两边的网前和底线,站在网前的球员负责拦网截击,而站在底线的球员则负责发球、接发球和相持。由于发球需要站在底线完成,而同伴站在网前可以在发球后赢得更多的网前得分机会,前后站位由此形成。前后站位的最大优势是可以通过底线相持压制对方底线的球员,从而为网前球员带来抢网得分的机会,当然,站在网前的球员也可以通过自己的判断和观察获得抢网得分的机会,一旦出现高压球,千万不要放过机会。

(二) 双底线站位

双底线站位是同伴一左一右站在底线的一种站位。这种站位适用于网前技术较弱的球员,我们通常可以在业余网球比赛以及青少年网球比赛中看到这样的站位。双底线站位的优势是可以增强底线防守的能力,通过底线多拍相持获得得分机会。但双底线站位有一个最大的劣势,就是网前的区域。双底线站位在与前后站位对手对抗时,要避免让站在网前的球员接球,这是因为站在网前的球员可以回出过网急坠的小球,而双底线站位的球员从底线移动到网前又需要一段时间,这样就很容易被对方逮到得分的机会。所以当双底线站位遇到前后站位的对手时,非发球和非接发球的球员的站位应该尽量靠近球网,以防对方站在网前的球员放小球。

(三) 澳式站位

澳式站位是发球时使用的一种站位。采取澳式站位的方法如下:发球前,同伴商量好发球以后移动的方向;发球时,底线的球员站在常规的发球位置发球,网前的球员蹲在球网至发球线中间的位置;发球后,蹲在网前的球员立即站起,在对方击球前和发球的球员一起,向发球前商量好的方向移动。澳式站位的最大特点也是它的最大优势在于,蹲在网前的球员,由于对方接发球的球员无法判断蹲在网前的球员会向哪个方向移动,一旦回球路线朝向网前的球员,对方网前的球员将很难进行防守。一旦发球的质量非常高,对手将很难回出高质量的接发球,再加上网前的球员是蹲在球场的中间,这样就使得对方底线球员的回球路线非常受限,发球方得分在所难免。

(四) 同边站位

同边站位实际上和澳式站位有些类似,只不过同边站位不需要在发球前商量好发球后的移动方向,而且网前的球员也不需要蹲在网前。采取同边站位时,网前的球员与发球的球员站在同一边,球员发球后迅速向另一边移动,而站在网前的球员也迅速向球场中线移动准备拦网。同边站位的优势在于:发球后双方即形成了一个底线直线的站位,这样的站位非常利于网前的球员进行抢网。而同边站位的劣势是一旦发球质量不高,对方接发球直接攻击直线将给发球的球员制造非常大的麻烦。所以较高的发球质量和发完球后的快速准备是同边站位时发球球员最需要注意的。

(五) 双上网站位

双上网站位有别于以上提到的所有站位,它并不是在每一分开始时就能采取的站位,而是一项战略性非常强的得分性站位。双上网站位可以分为发球双上网站位、接发球双上网站位以及随球双上网站位三种。

1. 发球双上网站位

发球双上网站位是发球上网战术中的一种站位,发球的球员在发完球以后随球上网,并在网前与同伴形成双上网站位。发球双上网站位是男子双打球员最常使用的一项发球上网站位,该站位不仅可以很好地发挥男子球员网前截击的优势,也能为球员带来更多的得分机会。

2. 接发球双上网站位

接发球双上网站位在双打比赛中并不常见,这是因为接发球方往往处于比较被动的防守状态,此时上网并不是理想的战术策略。一旦遇到发球质量较弱的二发时,接发球后可随球上网,这时接发球双上网站位便能发挥绝佳的得分优势。

3. 随球双上网站位

随球双上网站位也是双打比赛中常见的一种站位,这是因为双打比赛中,网前的得分机会比较多,所以双方球员都会想方设法在每一分的较量中争取上网的机会,从而形成随球上网的站位。

二、正、反手位的斜线相持

双打比赛和单打比赛一样,通常由一方发球开始一分的较量。但双打比赛不同于单打比赛的是,双打比赛在发球后通常会形成斜线的对抗,这是由双打的站位(一前一后的站位)所决定的。双方站在底线的选手在斜线相持的过程中都要尽可能地避免对方网前球员抢网,这样就对底线球员的斜线相持能力提出了非常高的要求。好的斜线相持要求球员不仅要避免对方网前球员抢网,还要在斜线相持的过程中,通过较高质量的回球压迫对方底线的球员回球质量下降,给站在网前的同伴制造抢网得分的机会。

三、抢网

抢网是双打比赛中非常重要的一项战术,凡是优秀的双打选手基本都具备较高水平的抢网能力。抢网不仅要求球员具备非常稳定的拦网截击技术,更重要的是要求球员在网前能够对场上比赛的节奏、攻守的转换都具有一定的掌控能力,并运用自己在网前的移动来干扰对手的回球。具体来说,抢网的种类可分为底线相持中的抢网、发球后的抢网和接发球后的抢网。

(一)底线相持中的抢网

底线相持中的抢网是所有抢网战术中对球员要求最高的一种抢网战术。站在网前的球员需要根据同伴的回球质量,对对方底线球员可能做出的回球路线进行判断,从而做出是否抢网的决定。通常,站在网前的球员看似比站在底线的球员的防守范围更小、击球次数更少、消耗的体力也相应更少。其实不然,站在网前的球员往往需要在每一个球的来回中反复不停地前后移动。同伴击球后向前移动,对手回球后向后移动,只有通过不断地前后移动,才可以在对手进攻时捕捉抢网得分的机会,还能在防守中守住最佳的防守位置。

(二)发球后的抢网

发球后的抢网对于底线相持中的抢网而言,是一种战术性更强的抢网战术,搭档通常在发球前就商量好这一分发球的路线和是否抢网。如果选择抢网,发球的路线则尽可能地选择追身或者是内角(这两个落点的发球使得对方的回球角度更窄),底线球员也会在发球后隐蔽移动到场地的另一边,以防范对方接发球回直线。这样的战术一旦成功,不仅可以为球员赢得一分,还能为球员在气势上赢得很大的优势,从而对对手的回球质量提出更高的要求,在这种情况下,对方球员往往会因为想要打出更高质量的球而主动失误。

（三）接发球后的抢网

接发球后的抢网通常是针对对方发球较弱,同伴可以接发球进攻的情况而制订的一项抢网战术。如果对方发球的质量很高,则不建议使用接发球后的抢网战术。

四、挑高球过顶

挑高球过顶是双打比赛中控制比赛节奏、调整攻防转换的一项基本战术。站在底线的球员通常可以在底线相持或接发球后采取挑高球过网前球员头顶的战术。

（一）底线相持中挑高球过顶

底线相持中挑高球过顶可以创造双上网的进攻机会。底线球员在相持中挑高球越过网前球员头顶后立即向网前移动,由于是挑高球,所以对方很难击出进攻性的回球,只能以挑高球回击来球,这样就为自己创造了一次高压球得分的好机会。

（二）接发球后挑高球过顶

底线球员在接发球后采用上旋或切削球将球挑过对方网前球员的头顶,由于对方发球的球员刚刚发完球,身体重心完全回位较慢,如果接发球后挑高球过顶的质量高,对方底线球员将很难移动到位接球,就算接到球也会是一个质量较差的回球,这时站在网前的同伴就可以抢网或高压进攻。

五、直线穿越

直线穿越战术是将对方网前球员牢牢钉在原地的一项双打战术。在一场双打比赛中,网前球员往往是比赛中最活跃的一员,这是因为他承担着在网前抢网得分的重要职责。一旦遇到抢网技术高超的对手时,底线球员往往不知道该如何是好。直线穿越战术便是对付这类网前高手的最佳战术。要想掌握直线穿越战术的精髓,首先我们要来分析一下对方网前球员的抢网动机。通常情况下,站在网前的球员会在同伴回出一记深而有力的底线球后寻找抢网得分的机会。而这时如果你毫无防备地回出一记轻而软的斜线球便正中对手下怀,送给对手一次绝佳的网前得分机会。但如果你在掌握了对方网前球员的这个心理后,回出一记并不需要太高质量的直线球便能打得对方网前球员猝不及防。另外,对方网前的球员通常会在底线相持2~3拍以后采取抢网攻击,所以底线相持的球员也可以尝试在相持2~3拍以后进行直线攻击,即使没有穿越得分,也一定会打得对方措手不及。

六、发球上网

发球上网战术是男子双打比赛中常见的一项双打基本战术。由于男子球员通常都具备较好的网前截击能力,而且男子球员由于身高的优势,很容易高压得分,因此在双打

比赛中通过发球上网战术来到网前是男子球员们最佳的进攻和防守站位。随着网球技术越来越重视底线技术,发球上网技术尽管已经缺少典型的代表球员,但仍然是双打中进攻的最佳方法。球场上,打法单一往往会导致对手容易预判你的举动,每次发完球后,你都会留在底线等对手的回球,久而久之对手就会像玩拼图游戏一样对你了如指掌。其实,在双打战术组合中加入发球上网,对球员拿下关键分还是大有帮助的。一般来说,双打中发球的落点有三种:外角、内角和追身。不同的意图会决定你选择什么样的发球落点:如果你频繁采用发球上网,就需要混合使用多种落点来创造机会;如果你只是为了偶尔改变击球的节奏,打对手措手不及才发球上网的话,最好能先将球发向对手的身体或者靠近内角——道理很简单,外角发球虽然能获得制胜得分的良机,但也会给跑动中的对手更多的穿越角度;如果发现对手的技术中存在薄弱环节时,也可以将球尽量发到他薄弱的那一边。最后要记住,发 ACE 球的确能极大地鼓舞士气,但双打中发球的根本任务还是要为上网截击制造良好机会。与其在一发成功率低于 40% 的时候希望发出 ACE,还不如争取 70% 的一发成功率,为站在网前截击的同伴创造更好的机会。

七、接发球上网

双打的接发球与单打接发球是完全不一样的。由于本身处于被动位置,加上对方网前又有一名队员进行封网,所以接发球的难度就更大,要求也就更高。在高水平的双打比赛中,若能打破对方的一个发球局,往往就能取得这一盘比赛的胜利。双打接发球的原则是:向前逼近,采取攻势,给对方发球者造成心理压力,为己方从被动转为主动并为上网截击创造有利条件。双打的接发球应达到如下要求。

(1)面对发球的球员要早做准备。双打时,接发球的球员要在接发球前站好位置,及早对对方的发球做出预判,对方二发的时候可以尝试向场内靠近,一旦对方发出轻球便随球上网向前迎击。接发球的时候动作一定要小而快,这样才能提高接球的成功率和质量,使发球方处于困难的境地。

(2)双打的接发球应有计划地向发球者进行回击,决不能轻易打给网前选手(除非是对方的发球很弱的时候,球员已经站在球场里面,这时可以尝试进攻站在网前的选手)。判断出对方发球上网后,应立即迎上击球,用低球回击至对方脚下,然后随接发球上网。

(3)双打的接发球要眼明手快。如果对方发球后网前非常活跃,同伴的抢网也很凶,那么接发球员要迎上去压着打且打得要凶;或者对方网前球员一动就立即回接直线球,给对手压力。双打中的接发球上网最重要的就是要采用迎上压着打的方法击球,如果对方的发球成功率很高,或者发球的威胁很大,则要通过挑高球过对方网前球员头顶的方式避免对方网前球员的抢网;如果对方发球上网,则要把球接至对方发球上网者的脚下,为站在网前的同伴抢网创造条件。

第五节　发球战术

高级网球的球员要求在掌握了发球的基本技术要领的基础上,进一步学习发球的分类和战术运用。前面已经了解到发球是唯一一项不受对方影响,而完全靠自己掌握的一项基本技术,发球技术发挥的好坏决定了球员在一场比赛中是否能够占据主动,并且发球不仅是单打和双打比赛中每一分的开始,也是赢得比赛的关键。发球种类一共分为三种:平击发球、侧旋发球和上旋发球。在不同的战术组合中运用不同种类的发球可以获得不一样的得分效果。

一、平击发球

(一)技术要点

平击发球的最大特点就是速度快、杀伤力大,一旦成功便很有可能是一记 ACE 球。著名男子网球选手罗迪克、菲利普西斯都曾经是炮弹式平击发球的代表,他们不仅凭借着平击发球巩固了自己在网坛的地位,也为自己的网球生涯开辟了一片天地。平击发球的抛球相对于其他几种发球而言,更靠近头顶的前方。这是因为平击发球的力量大多来源于身体,所以抛在头顶靠前的位置更能够有效地发挥出身体向前倾斜而带来的身体力量。具体来说,平击发球的抛球位置应该是在抛出以后落于体前50厘米的位置。击球时,拍面几乎垂直于地面,发球的时候将拍面放置于球的侧上方将球击过球网。发球时后引拍的动作是非常放松而缓慢的,一旦开始挥拍就必须用整条手臂挥动,一气呵成地加速挥拍,正因为有了如此快慢结合的节奏,拍头才可以获得较高的速度,此外,身体所储备的力量按照肩—肘—腕—球拍的顺序,传导至拍头。

(二)战术运用

平击发球在比赛中的运用非常广泛,但更多是运用于一发,因为即使一发失误了,还可以通过成功的二发来保证不丢分。另外,平击发球还可以运用于以下几种特殊的情况:首先,在每一局的局点时可以尝试平击发球,一旦成功便能拿下这一局;其次,可以运用在每一局大比分领先的时候,比如30∶0的时候,如果发球成功便能获得局点,即使发球失误也还有二发的机会,就算丢掉那一分也依然处于领先的地位;再次,可以运用于球员对自己的发球非常有把握、非常自信的时候,在球员对自己发球比较有自信的时候,往往都能发出成功率非常高的平击发球。

二、侧旋发球

(一)技术要点

侧旋发球,是指发球时切削球的右侧,使球从右向左旋转,落地后跳向对手右方的一种发球。侧旋发球的特点是旋转多、落地后角度大。发侧旋球应该采用大陆式握拍法。侧旋发球的抛球不同于上旋发球和平击发球,它并不靠近头顶前方,也不在头顶的正上方,而是靠近头顶的右侧,当抛球靠近身体的右侧时,挥拍的目标应该对准球的外侧,快速挥拍击球,手臂和手腕才有足够从右向左挥拍的空间从而给球制造足够的侧旋。侧旋发球时拍头朝向前方,拍面朝向身体从后向前、从右向左摩擦击打球的右侧给球制造从右向左的旋转。侧旋球与上旋球一样,由于旋转产生的稳定感,可以让发球者大胆果断地去挥拍。

(二)战术运用

侧旋发球落地后反弹不大但是向外侧滑行,可以将对手逼出场外接球。此外,侧旋球是没有必要大力击球的一种发球方法,因此适合力量较弱的女球员采用。侧旋发球的旋转多、攻击力小,所以通常也被用于二发。另外,侧旋发球也是一种战术性非常强的发球,这是因为侧旋发球落地以后弹跳的角度非常大,它既不像上旋发球向上弹跳,也不像平击发球向前弹跳,而是向对手的右侧弹跳。所以在一区发球时采用侧旋发球可以发出一记角度非常开阔的外角球将对手调动到场外,这时场内的另一侧便会空出很大的空当。如果是在二区采用侧旋发球可以发出一记向右旋转的内角,由于发内角所需的时间非常短,所以非常容易发出一记并不需要用太大力气的ACE球。

三、上旋发球

(一)技术要点

上旋发球,是指发球时让球从下往上旋转,落地后弹跳非常高的一种发球。上旋球的特点是旋转多、过网高,落地以后弹跳高,飞向对手的反手侧使得对方无法借力进攻。虽然上旋发球具有如此多的优势,但是想要很好地掌握上旋发球可不是件容易的事。由于上旋发球落地后有强大的反弹,对方很难发动进攻。发上旋球时,挥拍要从头后向斜上方回出,而后让球接触拍子的对角线上边,使球受到摩擦产生旋转。上旋发球的抛球不同于平击发球,并不需要太靠近于头顶的前方,而是在头顶正上方完成。这是因为上旋发球需要从下往上、从后往前给球制造旋转,如果抛得太前则不太容易给球制造旋转。上旋发球的拍面是所有发球种类中最复杂,也是最难掌握的。上旋发球的拍面在发球前是90度垂直于地面,接触球的时候要完成一次从左往右、从下往上包裹球的动作,发出球以后手腕还要完成一次内旋的动作,结束时的拍面应该朝向身体的右方。

(二)战术运用

上旋发球由于成功率高的特点,被球员们大范围应用于二发。另外,上旋发球还可以运用于以下几种情况。第一种情况是关键分。当比赛进入关键分的时候,如果球员能够发出一记成功的上旋球不仅可以保证球员不因双误而丢分,还很有可能帮球员获得这关键的一分。第二种情况是前一分已经发出了一记双误。要知道双误会给球员带来极大的负面影响,它不仅使球员丢掉了一分,还会挫伤球员对自己发球的自信心。所以当球员已经发出一记双误后,可以尝试在下一分使用上旋一发来确保一发的成功率,等发球成功率提高后再尝试运用平击发球。最后一种情况就是发球成功率非常低的时候。当发球成功率非常低的时候,应该通过上旋发球来提高发球成功率,从而为球员重塑发球的信心。要想快速掌握上旋发球,第一步是练习向头顶上方抛球,有准确的抛球才能够保证发好上旋球。当抛球稳定之后,可以用单膝跪地在底线上进行发球练习,这种方法对于体会发上旋球的感觉非常有效。因为在这种情况下,如果要发球过网,必须对球进行从下向上的搓击。发上旋球并不是特别困难的技术,只不过大部分球员都从比较容易的平击球和侧旋球学起,因此要学会上旋发球需要一定的时间。

第六节 心理战术

大多数人认为,掌握足够的战术方法,提高身体素质,反复进行技术练习,就一定能打好网球。他们在专注身体练习之外,却忽略了心理战术的练习。所谓心理战术,就是在打球过程中帮助你控制好心理活动和情绪的模式和方法。它不仅包括了良好的耐心和积极的肢体语言等浅层要求,还蕴涵着一个人的独特个性,比如自尊心和体育风度等。提升心理战术,虽然对很多人来说并不容易理解,但却是在每一次激烈竞争条件下,都要加以实现、练习、强化、修正和检验的内容。运动科学的研究结果表明,职业球员对心理战术的练习十分重视,诸多要领已经成为他们打球中必不可少的习惯。无论是何种水平的球员,成熟的心理素质都会帮助他们调整好动作、想法和感觉,有效地改善球技。

一、建立自信

当球员有机会赢得比赛的时候,往往会自然表露出自信,而越是自信就越有可能获取实际的胜利。对高水平网球运动员来说,能否实现简单而直接的目标才是他们建立自信的第一步。只要能对自己的比赛感觉良好,他们就有兴趣继续从事这项运动,并肯花精力去改进技巧,给自己设置短期目标,然后实现,这是提升自信既简单又有效的途径。可以就某一项击球技巧设定改进计划,每次打球的时候集中精力加以执行。拥有稳定且颇具威力的击球,将使你在球场上表现得更加自信。

二、集中注意力

网球比赛的时间往往比较长,而且比赛中间的间隔有很多,所以如何保持每一分都高度投入是赢得比赛的重要因素。费德勒是保持注意力的高手,相信看过费德勒比赛的人都会发现,只要一到关键分费德勒总能发出力量大、角度刁的大力 ACE 球。这说明每到关键分时,费德勒总会百分之百地集中注意力,这一点非常值得初、中级球员学习。

三、自我激励

最初打比赛的时候,很多人会对自己的击球斤斤计较,这种苛求的心态往往在丢掉一分的时候,会变得更为强烈。事实上,要想在比赛中发挥出自己应有的水平,就不要将注意力仅放在结果上,而该多关注自己在每一次击球中的发挥。自我激励最简单的途径就是监控那些自言自语的内容。如果你总在给自己打气,说些激励的话,就会不断有上佳的表现;若你总是在说些埋怨甚至诅咒的话,就距离崩溃不远了。改善自言自语内容的首要步骤就是在比赛进行中或结束后,整理自己出现的各种想法。打飞一记机会球、出现一次双误、失去领先态势或输掉了自己本该拿下的比赛,当这些情况发生的时候,也是情绪变化和想法最多的时候。第二步,就是当消极的想法彻底摧毁你的打球表现之前,及时将其扼杀。一旦察觉到自己正处于消极心理之中,就要跟自己说"打住",并将注意力重新集中到自己设定的目标上。在职业比赛中,我们经常会看到球员在关键时刻做深呼吸,或者整理拍弦。其实,球拍的弦床并没有什么问题,球员仅仅是想通过这种简单的活动来将自己的注意力集中在一件细小的事情上,以免过多地考虑让人紧张的结果。

四、学会控制情绪

控制情绪对于赢得一场比赛来说起着非常重要的作用,很多球员在比赛的过程中往往会因为情绪上的难以把握而丢掉本该赢得的比赛。因此,把握好什么时候应该宣泄情绪,什么时候应该保持冷静,让情绪在最恰当的时候成为你心理战术中非常重要的一个环节。初、中级选手在比赛的过程中一定不能因为一次失误而垂头丧气地诅咒自己,这样不仅会给自己带来很大的心理阴影,还会给对手增加赢得比赛的信心。

五、用习惯动作保持平稳的心态

双打比赛的每一球结束后,同伴之间或讨论一下下一个球的战术或相互鼓励,在两分之间会自然形成间隔,心情也随之稳定下来。而在单打比赛中,心情的调节只能靠自己来完成,特别需要重视"保持两分之间的间隔"。在局面不利于自己的情况下,选手往往容易产生急躁情绪,急切地想快点打下一个球,这样往往会加重自己的心理负担。做一些惯用的习惯动作可以保持球员在两分之间平稳的心态,职业选手亦是如此,莎拉波娃在发球前会习惯性地抚摸自己的头发,拍两次球,深呼吸,然后发球。下面向大家推荐三种"习惯动作"。

(1)动作类——调整球弦、整理球衣、理顺头发、向空中做挥拍等。
(2)深呼吸——通过深呼吸不仅可以调整心肺功能,还可以缓解过分急躁的情绪。
(3)语言类——通过自言自语来鼓励自己、提醒自己该怎么做等。

六、控制肢体语言

一个高水平的球员,最重要的是将自己的积极状态表现出来。如果出现主动失误,或是让对手打出一记意想不到的好球后,你的沮丧会通过肢体动作不经意间流露出来,向对手表明"我已经被你击败了"。不管在什么情况下,表现在外的若总是高昂的斗志,就会清楚地告诉对手比赛将会十分艰苦,从而给他的自信心以打击。你需要先在头脑中勾画出积极状态下的诸多外在表现,比如专注而冷静的眼神、自信有力的走动、昂起的头,等等。好球员会在竞争中运用成功的要领,来帮自己建立充足的自信,达成积极的肢体语言。比如,昂起头,挺起胸,走路充满自信;在一分的争夺之后,用非持拍手抓住球拍——好让持拍手臂得到休息和放松;习惯在比赛中微笑,享受比赛本身。分与分之间的调整活动至关重要,如果你正处于上风,那就要乘胜追击,尽可能保持高昂的状态;如果你处于劣势,频频犯错,就要放慢自己的节奏,深呼吸几下,好好筹划一下后面的球该如何打。在发球的时候,这些要领同样管用,拍打几下球之后再发出去,效果会更好。

七、避免领先时的畏手畏尾

当比赛来到5:2领先的关键分的时候,球员往往会因为"就差一分了""就差一局了""这一分一定要拿下""这一局一定要赢"的心态而使打球变得畏手畏尾,动作变得不如平常自然、流畅。每当这时,对手往往放得更开,一旦被其抓住这一弱点,被反超的可能性完全存在。为了解决这一问题,首先要告诉自己不要去想比分,而是关注于每一个球的处理,怎样能把这一个球打好才是应该注重的关键。其次,就是要将注意力放在脚下,通过积极地调整步法和移动来避免动作的畏手畏尾。最后要注意的是挥拍,畏手畏尾的挥拍通常速度都非常慢,快速的挥拍能避免动作的不自然和不流畅。

八、克服麻痹大意的心理

球员在领先优势很大的情况下,往往会因为领先的优势而产生"麻痹大意"的心态。本来打得非常扎实,却突然做一些冒险性的尝试,或者超出自己的能力范畴试图一击制胜,比如发球上网、凌空截击、底线高压等。这样做虽然有一定的攻击性,但丢分的概率同样也在上升,最可怕的是会打乱自己本来稳扎稳打的节奏。为了避免这一心理,最重要的是要克服过强的赢球欲望,既然已经领先了,就保持之前得分时的打法,不要轻易尝试自己没把握的击球而要选择自己擅长的击球,保持目前的节奏,杜绝反常的行为,保持小心谨慎的心态继续战斗。

第七节 网球技术组合练习

竞技网球运动属于制胜类项群的运动,相对于评分类项群运动(如跳水、体操等)只需要完成自己的技术动作而言,网球比赛往往需要在激烈的对抗中进行。网球运动员赢得比赛的方式也不像体操比赛那样仅需一套动作就能决定胜负,而是需要在多次数、强对抗中赢得比赛。这样就需要运动员不仅要确保自身技术水平的充分发挥,还要确保在和对方抗衡的情况下发挥水平。技术组合练习的目的,是一种考虑到了运动员在比赛中多次数对抗特征而形成的一种练习方法,通过技术组合练习,可以帮助运动员通过各种各样的练习方法,模拟比赛中的真实情境,从而帮助运动员在正式比赛中从容地打好每一分。

一、"8"字路线练习

球员1和球员2分别站在网球场两边的底线中点位置,球员1打出一记正手直线后,球落在了球员2的反手,球员2必须用反手回击斜线球,球员1判断来球为反手后继续用反手回直线球,也就是说,球员1始终回直线球,球员2始终回斜线球。在完成一定数量的练习后双方交换回球的线路。

二、"N"字路线练习

球员1和球员2分别站在网球场两边的底线中点位置,球员1发正手直线球,球员2回击反手斜线,球员1回反手直线,这样一个正"N"字就打出来了。在这个正"N"字中,双方球员始终是正手回击一次直线和一次斜线,然后反手回击一次直线。同样的还可以练习反"N"字,也就是用反手回击一次直线和一次斜线,然后用正手回击直线。

三、一点打两点练习

球员1和球员2分别站在网球场两边的底线中点位置,球员1始终用正手击出一次直线和一次斜线,球员2则左右移动,始终将球回击至球员1的正手。在完成一定数量的练习后双方交换回球的线路。同样的,还可以用反手进行同样的练习。

四、正、反手斜线变直线练习

在网球比赛中,斜线球是成功率最高,也是相持次数最多、最不容易丢分的一种击球线路。在网球比赛中,经常会形成斜线的对拉,在斜线对拉的对抗中,能否打出一记速度快、成功率高的直线球便成了球员们平时训练中的重点。

球员1和球员2分别站在网球场两边的1区进行正手斜线的对拉,首先由球员1主动寻找斜线变直线的机会,在球员1击出正手直线后,球员2即可任意回球,双方展开对抗练习。在完成一定数量的练习后换球员2主动寻找变直线的机会,同样的,也可以用反手进行同样的练习。

五、正、反手斜线击打标志物练习

球员 1 和球员 2 分别站在网球场两边的一区的底线,并在两边球场一区发球线至底线的中点放置一个标志物,要求双方在进行正手斜线对拉的过程中击中标志物,击中的次数视个人能力而定。该项练习不仅可以提高球员的控球能力和击球的精准度,还能提高球员斜线击球的成功率。对于在比赛中主动丢分较多的球员来说,这是一项非常有效地减少失误的练习方法。

六、一对二底线对底线练习

球员 1 和球员 2 分别站在同边场地的底线一区和二区,球员 3 单独站在场地另外一边的底线。站在同边的球员 1 和球员 2 可任意选择击球路线,而单独站在一边的球员 3 也可以任意选择回球的路线。该项技术组合练习可以提高球员 3 的防守能力,练习球员在多拍对抗中移动回球的能力。

七、一对二底线对网前练习

球员 1 和球员 2 分别站在场地一边的截击位置,球员 3 单独站在场地另外一边的底线中线位置。站在同边的球员 1 和球员 2 可任意选择击球路线,而单独站在一边的球员 3 也可以任意选择回球的路线。该项技术组合练习可以提高球员 3 的破网击球能力,另外,由于底线对拦网的对抗节奏较快,可以很大程度地锻炼底线球员的身体素质。

八、随球上网练习

球员 1 和球员 2 分别站在网球场两边的底线中点位置,首先球员 1 练习防守,球员 2 练习进攻。球员 2 在和球员 1 的底线对抗中试图寻找随球上网的机会,一旦发现机会便要随球上网,在网前和球员 1 进行对抗。在完成一定数量的练习后双方交换进攻和防守的角色。该项技术组合练习可以提高球员的随球上网能力和破网的能力。

九、发球上网练习

球员 1 首先发球,球员 2 站在一区接发球。球员 1 发球后迅速向网前移动,球员 2 可以任意破网攻击。该练习的目的是提高发球球员的发球上网能力和接发球球员的破网能力。练习时要求发球的球员尽可能地快速上网,而接发球的球员要尽可能地将球回到发球球员的脚下,从而加大发球上网回球的难度。完成一定数量的练习后双方交换发球和接发球的角色。

十、接发球上网练习

球员 1 站在一区接发球,接完发球后尽可能地迅速向前移动上网。该练习的目的是提高接发球球员的接发球进攻能力。练习时要求发球的球员按照正常的发球力量发球,而接发球的球员则要站在底线内 1 米的位置接发球。完成一定数量的练习后双方交换发球和接发球的角色。

第八节 网球战术组合练习

一场网球比赛由成千上万次战术组合而成,这些战术的组合有临场发挥的成分,但很大一部分的战术意识和组合都是通过平时的练习而逐渐形成的。网球高级学员通过练习这些比赛中的组合不仅可以了解最适合自己的战术打法,还能够培养自己在比赛中运用战术进攻的意识。接下来我们将分别对单打战术组合练习和双打战术组合练习进行介绍。

一、单打战术组合练习

(一)单打技战术

1. 发球技战术

单打发球的站位一般离中点较近,发球是不受对手干扰的击球,所以主动性强,球的落点、旋转变化多,发球的落点可以选择外角、追身、T点(发球中线与发球端线形成的内角点)等。在一区发外角时右手选手利用带切的侧旋发球,会加大对手的防守范围,在二区发外角用平击效果会更好,T点是距离发球者最近的落点,对手反应时间最短,所以不论在一区还是二区将球发向T点都会有很好的效果。如果对手是右手球员,一区的T点是对方的反手位,效果会更好。当对手全神贯注在猜测来球是外角还是内角时,突然地一个中路的追身球总会挤压到对手,起到出奇制胜的效果,左手球员发出的侧旋球这种效果更明显。当对方适应了快速的一发,改变发球的速度破坏对手的节奏,用强烈的上旋发球可以让对手无法借力,造成回球质量下降。总的来说,发球的战术要多变,要善于观察对手的弱点去进行攻击。当然,这些都需要有良好的发球作为基础。

2. 接发球战术

接发球是比较被动的环节,接发处理得当可以变被动为主动。接发的站位一般位于单打边线内侧,根据对手发球的特点选择距离底线的位置,接发球前的分腿垫步很重要,可以为接下来的积极上步击球做好准备。接发球战术包括防守反击和积极主动战术,当对手的发球质量高时尽量采用保守的回球方法,借力反弹或将球挑高这样的回球方式能够打消对方发球的气势。当然在回球时要注意落点的控制。对方的发球质量不高时可以采取积极主动的进攻方式,利用对方发球后重心未稳的时机,攻击对手的空当。如果对方喜欢发球上网,那么在回球时如果没有较好的空当穿越机会,就要尽量将球回到对手脚下。

3. 底线战术

(1)主动进攻型打法。

①压制对方反手,突击正手战术:对手如果反手较弱,那么连续攻击对手反手等待对手回球质量下降,再突击对方正手空当。在攻击对手反手时的击球落点要深,力量和旋转适当加大,从而增加对手回球难度。

②对角线战术:为了最大限度地调动对手,消耗其体力,制造回球难度,应设法让对手做对角线跑动。训练中可以在底线与边线交点内侧和发球区两侧外角放置标志点,回球时交替击打四个标志点。还可以进行底线大角度击球后放网前小球练习。

③看准时机上网战术:当对手回球较浅时一定要有上网的意识,提前做好准备。随

球上网的击球质量一定要高,不给对手打穿越球的机会。随球上网可以采用切削上网,也可以采用大角度抽球上网,还可以放小球上网。切球上网时要注意球的过网高度,回球的深度和球的旋转要强。大力抽球上网要注意抽球的落点,尽量让对手跑动击球或反手击球。放小球最好有假动作做掩护,一旦放小球质量不高或意图被对手识破都会给自己带来麻烦。

④闪身正手攻战术:良好的脚步移动能力、强力的正手击球和质量不高的来球是实施这项战术的前提。闪身正手攻球时动作的隐蔽性更强,回球线路选择更多。在训练中可以选择闪身正手攻直线、闪身正手攻斜线、闪身斜线放小球练习。

(2)防守型选手打法。

防守型选手的技战术特点是稳定的击球,良好的体能,快速的移动能力,对球的落点的控制,以及顽强的意志品质。

①切削球战术:切削球速度虽然较慢,但稳定性强,对手有充足的准备时间,同时自己也有足够的时间完成防守准备。慢节奏击球有时会让对手产生急切的心理,打乱对手的击球节奏。

②对角线战术:对角线回球线路最长,在调动对手的情况下让自己有更长的时间准备,而且回球从球网中间通过更安全。

③挑高球战术:在面对对手上网的情况下,用挑高球的方式让对手回到底线。虽然挑高球很容易给对手高压的机会,但还是要让对手顾忌上网的风险。成功的挑高球在得分的同时会打击对手的信心和气势。

(二)中场对拉的练习

在底线和发球线区域内一半的位置放置一个标志物,要求站在两边球场的球员必须连续将球打到标志物之后、底线之前的区域,连续打中 3 球后便可展开底线对抗。这项练习的目的是提高球员击打中场深球的控球能力。

(三)随球上网的练习

球员 1 和球员 2 分别站在球场两边底线中点的位置,首先由球员 1 配合球员 2 打出"一次正手、一次反手、一次中场球、一次截击和一次高压球"的随球上网组合练习。在完成一定数量的练习后,双方交换练习角色,由球员 2 配合球员 1 完成练习。这项练习的目的是培养球员随球上网的意识,从而在比赛中具有更多的进攻意识。

(四)击球线路变化的练习

球员 1 和球员 2 站在球场两边底线中点的位置,先打几分钟斜线球,再打几分钟直线球作为热身。球员 1 每次只回斜线球,球员 2 连打两次正拍斜线球后,改打一次直线球,球员 1 依然回斜线球,球员 2 还是连打两次正拍斜线球后,改打一次直线球。

(五)挑高球和高压的练习

球员 1 站在网前,球员 2 站在底线。练习时,双方先开始打来回球。几个回合以后,球员 2 主动打一记过顶高球,球员 1 高压并继续进行来回球。挑高球时拍面在触球前要低于击球点,不要指望通过挑高球直接得分,只要能打出合适的弧度,让对手无法直接高压即可。对于高压的一方也不要打出颇具暴力的高压球,关键是应该控制球的落点,打乱对方的防守才是关键。

（六）穿越的练习

球员 1 站在网前，球员 2 站在底线的中点。练习时，双方先打来回球。几个回合以后，球员 2 主动打一记穿越球，球员 1 截击并继续进行来回球练习。对于破网穿越的球员来说，应该主动寻找刁钻的进攻角度，如果进攻的角度并不理想，可以尝试先打出弧度并不高的过网急坠球，待机会出现以后再打穿越球。对于拦网截击的球员来说，脚底球是最不好处理的一种来球。

（七）左右调动对手的练习

球员 1 和球员 2 分别站在球场两边的底线，球员 1 的练习目标就是左右一边一拍调动球员 2 左右移动击球。在练习的过程中，球员 1 要尽量将球控制在场内 1 米的位置，从而避免主动失误，而球员 2 则将球回到球员 1 的反手位，每一次回击都要具有力量，要想象自己正在进行一次防守反击。完成一定数量的练习后，双方交换练习。

（八）回头球的练习

球员 1 和球员 2 分别站在球场两边的底线，球员 1 和球员 2 都不限定回球的位置，但两人都应该在相持的过程中尽可能多地击打回球，从而让对方难以判断自己的回球路线。回头球一定要打得出其不意，尽量在对方以为一定会打向另一边的时候再打回头球。

（九）侧身攻的练习

球员 1 和球员 2 分别站在球场的二区进行反手的斜线对拉，两名球员都应该在相持的过程中主动寻找采用正手侧身攻的机会。一旦某一方的球员首先进行侧身攻，他便可以随意选择击球的路线，双方便开始全场对抗。特别要注意的是，如果用侧身攻打直线，则要快速回位防守自己空出的一大片场地。

（十）发球后的攻击练习

(1) 在一区发球，发外角球后，进攻对方的反手区。
(2) 在一区发球，发外角球后，打对方的回头球。
(3) 在一区发球，发内角球后，进攻对方的脚下。
(4) 在二区发球，发外角球后，进攻对方的正手区。
(5) 在二区发球，发外角球后，打对方的回头球。
(6) 在二区发球，发内角球后，进攻对方的脚下。

（十一）接发球后的攻击练习

(1) 在一区接发球，用正手接一拍斜线球到对方正手区后，用正手侧身攻进攻对方的反手区。
(2) 在一区接发球，用正手接一拍球到对方脚边后，寻找正手侧身攻的机会。
(3) 在一区接发球，用正手突击一拍直线球到对方的反手区后，用正手侧身攻进攻对方的正手区。
(4) 在二区接发球，用反手接一拍斜线球到对方反手区后，用正手侧身攻进攻对方的正手区。
(5) 在二区接发球，用正手接一拍球到对方脚边后，寻找正手侧身攻的机会。
(6) 在二区接发球，用反手突击一拍直线球到对方的正手区后，用正手侧身攻进攻

对方的反手区。

二、双打战术组合练习

(一) 双打技战术

1. 发球技战术

(1) 传统站位战术:发球球员 A 的站位相对单打发球站位要靠外侧,预防对手攻击大斜线。发球前要与球员 B 商议发球线路,以便网前球员 B 做出相应准备。如 A 将球发向外角,B 应该防止 C 攻击直线。如 A 发内角 T 点,B 要做好向中路抢网的准备。传统站位如图所示。

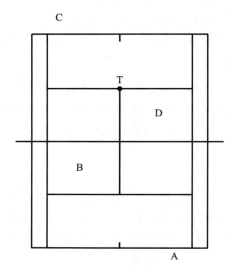

(2) 澳式站位战术:澳式站位很难让回球方看出发球方的战术意图,给回球方造成心理压力。但是澳式站位要有高质量的发球做基础,一般只在一发时采用澳式站位,同时要求队友间有良好的沟通和默契。澳式站位要求网前球员反应快、出击果断、移动迅速。发球前,网球球员应与发球球员沟通,根据发球落点选择出击方向,同时也要考虑对手接球的特点。相应的发球球员发球后要向另外一侧补位,防止对手攻击空当。

(3) 发球上网战术:在本方发球优势明显、网前技术好的前提下,可以多采用发球上网战术。发球上网时要注意上网的线路,在对方击球时一定做好分腿垫步,以更好地判断来球。注意保护斜线、脚下和挑高球。

2. 接发球战术

接发球方的站位在一盘中是固定不变的,所以接发球要考虑两人的技术特点站位。正手好的站一区,反手好的站二区,右手球员站一区,左手球员站二区,二区往往会产生局点等关键分,所以二区球员应该技术更全面,心理素质更好。在此前提下接发球有以下几种战术。

(1) 双底线战术:当对手发球很凶,接发质量不高时,另一位球员最好退到底线帮助防守。对手网前优势明显、屡屡成功时,也应退到底线改变战术。对方站位令网前球员感到很不适应时,也可以退回底线。双底线不是纯粹的防守,适当的时候要组织反击。

(2) 前后站位战术:双方水平相当时,传统的前后站位可以保证攻防平衡,这种站位可以快速转换为防守型站位或进攻型站位。网前的球员在接发时一般站在发球线靠近中路的位置,主要防守对手网前的回球线路。之后要根据场上的发展不断调整位置,在运动中寻找机会。

(3)接发上网战术:这是积极主动的战术,一般用在较弱的二发接球中。接发上网时要注意回球线路,避开网前球员,尽量将对手拉出场外,或用又深又重的回球将对手压在底线,为下一分做好铺垫。不要频繁使用又急又快的击球,快速的击球会使回球更快,影响自己上网的位置,使自己措手不及。

(二)斜线对攻寻找直线得分机会

一方底线的球员首先发球,当底线球员互相对拉斜线的时候,站在网前的球员可以寻找抢网得分的机会,而底线的球员则尽量不要让对方的球员抢网,并在斜线对拉相持的过程中寻找直线穿越的机会。

(三)斜线对攻寻找直线挑高球的机会

在双打中,底线球员选择直线挑高球过网前球员头顶是一项非常奏效的战术。过顶成功以后底线的球员可以选择双上网寻找高压得分的机会。练习时,底线球员在斜线对拉的过程中可以寻找直线挑高球过顶的机会,在成功过顶后必须来到网前,形成双上网的站位。

(四)发球以后直线穿越的练习

双打比赛中,发球方总是首先处于优先的位置。所以在一发成功以后选择立即进攻一拍直线也是一次不错的战术攻击。练习时,发球的球员只要一发成功就必须在下一拍打出直线穿越,而网前的球员也应该立即做出截击的准备。

(五)接发球攻击直线的练习

当对手发出一记软绵绵的二发时,球员应该立即采取攻击网前球员的战术进攻,这时接发球的速度快、力量足,一旦进攻成功可以给对方发球和站在网前的球员制造一定的压力。练习时,球员只能发二发,而站在网前的球员要想办法顶住对方的直线进攻。该项练习不仅可以提高球员二发强攻的能力,还可以提高网前球员的反应速度。

(六)随球上网的练习

双方底线球员在斜线对拉的过程中,要尽可能地打出更深的球,而逼迫对方回出一记浅球,如果对方回出浅球,应该毫不犹豫地上步做攻击性极强的一击,并顺势来到网前。这对那些不习惯打发球上网的球员来说是一项非常不错的练习。

(七)双上网站位对阵前后站位的练习

两名球员采用双上网的站位,而另外两名球员采用前后的站位。练习时,单独站在网前的球员为了防止被站在网前的球员打到,可以稍微向后退几步,站在发球线的位置准备截击。而双上网站位的球员则在找到机会以后便攻击站在网前的球员。完成一定数量的练习后,双方交换站位。

(八)双上网站位对阵双底线站位的练习

两名球员采用双上网的站位,而另外两名球员采用双底线的站位。练习时,采用双底线站位的球员要尽可能地打出过网急坠的球,因为这是拦网时最难处理的一种球,对手无法很好地进攻。另外,还要主动寻找挑高球过顶的机会。而采用双上网站位的球员

也应该主动寻找拦网和高压得分的机会。完成一定数量的练习后,双方交换站位。

(九)澳式站位的实战练习

两名球员采用澳式站位,而另外两名球员采用前后的站位。练习时,澳式站位的球员要和比赛时一样,在发球前先制订好发球以后的战术实施,然后再在实战中加以运用。要尽可能多地采取战术的变化,以打乱对方的节奏。采取前后站位的球员也要主动寻找对方澳式站位的破绽,并想办法攻击对方这一站位的缺陷。

(十)同侧站位的实战练习

两名球员采用同侧站位,而另外两名球员采用前后的站位。练习时,同侧站位的球员要和比赛时一样,在发球前先制定好发球以后的战术实施,然后再在实战中加以运用。要尽可能多地采取战术的变化,以打乱对方的节奏。而采取前后站位的球员也要主动寻找对方同侧站位的破绽,并想办法攻击对方这一站位的缺陷。

(十一)双上网站位对阵双上网站位的练习

双方球员同时站在网前形成四人网前对抗。练习时,每一名球员都只能用截击回球。由于双方都站在网前,所以击球的节奏将会变得非常快,所以球员在练习时一定要集中注意力,以加快判断来球的反应。

网球技术和
战术习题

网球技术和
战术答案

第九章

网球水平提高的综合内容

第一节 网球水平提高的因素

一、谁先发球

职业比赛时应先争取先发球权,但业余选手还是先挑接发球为好,这样你就有可能先破对方的发球局,即使接发球局输了,也为自己的第一个发球局做好了热身活动。

二、发球

在网球各项技术中,学有难易之分,应用发挥亦有难易之分,发球属于学很难,但在比赛中最容易发挥的技术。

由于种种因素的制约,很多情况下业余选手的技术永远无法达到顶级选手的水准。但有一项技术例外,那就是发球。练发球不需要陪练,只要领悟要领,多多练习,就一定能成功,且对提高比赛成绩有立竿见影的效果。加大发球力度的要领如下。

(1) 加大屈膝度并腾起击球。屈膝是在发球时向下并向后引拍时进行的。有的球员屈膝时两脚间距离保持不变,有的球员则后脚向前脚移动,这些都是可以的。

(2) 抛球稍向前,并尽可能在高一点的位置击球。

(3) 极大地扭转髋部和肩部。

(4) 充分利用手腕动作。

三、握拍

本教材将握拍方式分为东方式握拍、西方式握拍和大陆式握拍三种。初学者可先用东方式握拍法,这可以养成底线抽击时正反拍换握法的习惯。随着练习的增多,可以探索适合自己特点的握拍法(可选其中一种或混合使用)。注意,不管何种握拍,只有在击球瞬间,握拍手才加力握紧球拍,其他时候应非常轻松地握球拍,只要球拍不脱手就可以。

四、拍弦

松弛的拍弦可轻松地将球击出,但对球的控制能力差,击球时没有踏实感。绷紧的拍弦能提高控球能力,击球时感觉很踏实,但击球时要用较大的力,对肌肉力量要求较高。初学者使用较紧拍弦的球拍有利于形成完整的击球动作。

五、起动步法

较合理的起动是击球的第一步,也是非常关键的一步,网前各项技术的起动步法更是如此。步法在网球技术中占据着十分重要的位置,很多失败的击球都可归因于错误的步法。

六、底线抽击

在底线抽击中,球拍击球瞬间的位置对击出的球的质量有很大的影响,从高度方面看,击球位置偏低较为有利;从前后方面看,击球位置靠前较为有利。优秀选手的击球点位置固定,变化很小,因此底线抽击有力且稳定性好。业余选手击球点位置变化不定,因此击球质量差,这些可以通过对判断能力和步法的训练来改进。练习时最好养成击球位置上下前后相对固定的击球方式,以步伐来满足击球位置,不要因懒得跑动而让击球位置随不同的来球变化。

七、加快球速

击球时加手腕动作,能大大加快击出的球速。向后引拍时,将持拍手的手腕向球拍后撤方向扣,击球瞬间猛地回扣手腕,就将手腕的力加到球上了。使用这种击球方法应有较好的球感,否则球很容易失控。

加快球速的方法有很多,主要有以下几种。

①加一些手腕动作;
②加快持拍手小臂的甩击速度;
③大的转肩;
④转髋、转体;
⑤击球时重心前移压球;
⑥借助对手的球速或上升期击球等都能加快击球速度。

对截击球而言,③和④不适用。

八、正手网前截击

练习正手网前截击时,握拍手腕尽量向后扣,使球拍与小臂呈直角,拍面微开。大臂有意紧贴身体,使小臂与身体正面呈垂直状态(此为练习辅助动作,练成后就没有必要了)。网前截击的关键在于击球点应在击球者身体前方,应主动迎向飞来的网球,作稍微切削的推击球动作,就如用手将打开的抽屉迅速推着关上一般。

九、将高球作为一种赢球战术

习惯于挑出高质量高球的业余选手,常常能赢得比赛。

十、动作模式

网球运动的动作没有对错之分,也没有绝对的模式,只有合理与不合理的区别。每个人可根据自己的情况,创造适合自己的动作,这就是网球运动的创造性,也是这项运动的魅力所在。

要做出合理、漂亮的网球技术动作其实很容易，只要四肢不僵硬，动作完整且身体重心随着击球动作前移就可以了。

虽然每个人的技术动作千差万别，但有一点是相同的，那就是球拍作用于球的瞬间动作。对于初学者来说，打球的注意力应集中在击球瞬间，去领会击球的感觉，而不要过分追求引拍和收拍动作。

十一、身体素质训练

随着球龄的增长，球的速度越打越快，比赛越来越激烈，需要使用的技巧越来越丰富。但由于专项训练的缺失，导致身体素质达不到高技术的要求，于是各种伤痛就随之产生。因此，专项身体素质训练必不可少。

十二、场地的几何概念

网球的战术简单说来就是让对手击球困难，使自己击球容易。拥有良好的场地几何概念，有助于战术的应用。如果将击出的球在对方场地的落点分别与己方场地两个边线与底线的交点连成线，就能预测对手可能的回球范围。球击得越深，对手可回球的角度就越小，自己的回球就越轻松。

十三、比赛与练习的异同

初学网球的人一般都有这样的体会，平时练习可来回对打多次，比赛时却无法打出多拍来回，发挥似乎大打折扣。其原因在于，比赛时对手的调动导致你必须在移动中回球，而且来球快慢高低变化太多，你的击球准备动作仓促。为避免此类被动的情况，可在平时训练中多进行模拟比赛练习。比赛和练习相同的是，宁可将球击出界，也不要将球击下网。

十四、网球书籍

对于网球书籍上的同一段描述，随着球龄和技术的提高，会有不同的领悟和理解；而同一项技术，对不同球龄和技术的球员的要求也不尽相同。如：底线抽击中的附加手腕动作，对初学者来说是大忌，而对有多年球龄的球员来说则是提高击球速度的一种很好的方法；底线抽击，初学者宜用关闭式步法，而高水平球员采用开放式步法则更有利。又如：高水平球员双打比赛时应双上网，而一般水平的球员双上网则很难赢得比赛。因此球员不可不加分析生搬硬套书上的说法，也不必视书上的说法为金科玉律，应选择适合自己的合理的技术动作和战术。

小贴士 1：

香蕉的作用

在国际大赛的电视转播中，常见球星比赛前或休息时从球袋中取出香蕉食用。香蕉含有丰富的钾离子，食之能补充流汗造成的体内钾流失，防止由于体内的钠钾比例失衡造成的肌肉抽筋。

小贴士 2：

如何选择运动装备

击球时球拍的振动情况与球拍拍体的刚度和韧度是选择球拍应考虑的主要因素。以下介绍简单的判断方法。

振动情况：右手紧握球拍拍柄，抬起左脚，用拍面用力击打左脚跟，感觉球拍的振动情况，好的球拍振动小，差的球拍振动厉害并有难听的声响。

刚度和韧度：硬的球拍控球性能好，但击球费力；较软的球拍击球较省力，但控球性能差。左手抓住拍头的顶部，右手握于拍柄底部，用右膝顶住拍的中点，拍面与地面垂直，膝盖向外用力，双手向内用力（若是碳拍可用尽全力，不要担心拍子会被折断），观察拍子的变形情况，硬的拍体变形小，软的拍体变形大。

除了购买球拍，还需备好球鞋与服装。若资金有限，应先用于购买好的球鞋，好的球鞋可减少跑动时对关节造成的损害。服装选择透气、轻便，方便运动的即可。

第二节 网球技术运用的特点与要求

在前面的章节中，我们已经非常详细地阐述了网球的各项基本技术，但这些论述都是针对技术本身而进行的分析和讨论。对于这些基本技术的特点，以及它在比赛中的运用，并没有进行详细的论述。在这一节的内容里，我们就来具体阐述一下，网球的各项基本技术运用的特点以及其在实际比赛中的运用。

一、发球技术运用的特点与要求

（一）击球点的特点与要求

1. 击球点的特点

发球的击球点可以说是决定发球好坏的一个重要的环节，也是发球技术的特点之一。由于发球种类的不同，发球的击球点也有所不同。比如，上旋球需要将球抛到自己的头顶；侧旋球则需要将球抛在头顶的右侧；平击球，需要将球抛在身体靠前一些的位置。击球点的高低对于不同身高的球员而言也有不同的要求，身材高大的球员可能不必将球抛得太高就能获得较好的击球点，而身材矮小的球员，则需要通过将球抛得更高，来获取更高的击球点。根据发球种类的不同以及不同身体素质的球员需要抛球的位置的不同，球员们应该练习不同种类发球的抛球，同样还应该了解并固定自己习惯的击球点。

2. 击球点的要求

（1）身体应该呈一条直线，并在手臂能够伸到的最高点击球。

除了击球点准备以外，还必须保证在最高点击球，这是因为从上向下的击球才有利于击出速度更快的发球。弯腰、低头或者后仰都会降低击球点的高度，不但发不出速度还容易造成失误。使身体呈一条直线能够充分伸直手臂，这样便可以保证在最高点击球。此外，如果击球时身体向左或向右倾斜，力量也会流失从而使球速降低，并容易失误。

(2) 全身用力。

击球点掌握好了以后，还需要配合全身的力量进行发球。发球依靠的不仅仅是手臂的力量，而是需要腰腹、髋部和腿配合发力才能发出好球。如果刚开始练习发球时感觉全身用力有些困难，可以模仿扔棒球的动作来体会用力的感觉，把重心从右腿向左腿转移，并将下肢储备的爆发力传递到上肢将球投出。屈膝是为了储备力量，蹬伸动作则是将所储备的力量传递给上肢。但屈膝时没有必要过分深蹲，稍微下沉身体足矣，这样可以自然有效地将爆发力传递给击球动作。

（二）站位、抛球和拍面的特点与要求

1. 站位、抛球和拍面的特点

发球时站位、抛球和拍面的技术特点与要求似乎各不相同，但它们在发球的实际运用过程中，却起着相辅相成的作用。如在一场双打比赛中，球员站在一区发球，如果他想发出一记落地后向场外弹跳的侧旋外角球，他首先要做的就是调整自己的站位，从发球线到单打线中间的位置向单打线的位置移动，这是因为站得越靠近单打线，发外角球的角度就越大。对于抛球和拍面而言，如果选择使用侧旋发球，抛球一定要抛向头顶靠右侧的方向，拍面也必须呈关闭角度，切削球的右侧方。由此可见，一次成功的战术性发球，离不开站位、抛球和拍面的相互配合。

2. 站位、抛球和拍面的要求

（1）站位　通过调整站位可以发出不同种类的球。单打比赛中的站位相对于双打而言并没有太多的变化，这是因为在发完球以后需要快速回到场地中央准备下一次击球。但根据发球线路的不同，站位也应该做一些具体的变化。比如，如果球员站在一区想要发出一记成功的外角球，可以适当地离开场地的中线，这样不仅便于发出外角，同样也可以防止对方打出一记角度刁钻的小斜线。如果站在二区，同样可以将站位向单打线调整，以防止对方回出角度刁钻的斜线。

（2）抛球　抛球实际上是一项非常灵活的技术，通过改变抛球的位置不仅可以改变发球的种类，还能配合拍面改变击球的方向。在击球的瞬间改变拍面的朝向是不太可能的，所以要在抛球上有所改变，通过将球抛得比正常位置稍靠左或靠右都可以改变拍面击球的位置。但不要忘记，在抛球瞬间，对手可以通过抛球的位置判断出你的发球方向，因此思想上也要对对手的回球位置有所准备。

（3）拍面　要实现有角度的发球，击球时的拍面朝向非常重要。平击发球时，如果想要发到对手场地的中心线，拍面就要对准球的正后方直接击出。而想发有角度的球时，只需要稍微调整拍面的角度，瞄准球的侧后方挥击，并保持拍面角度朝向发球方向继续随挥。如果想要发上旋球，则需要击打球的右后方，并将球向上摩擦，摩擦完之后还需要完成一个内旋的动作。虽然上旋球操作起来要稍微复杂一些，但是通过长期的练习，就可以很好的掌握。

（三）二发的特点与要求

1. 二发的特点

二发是一发失误以后进行的第二次发球，如果二发继续失误，则算双误失分。所以二发相对于一发而言，需要更高的成功率以确保不发出双误。因此，二发相对于一发而言，便具有了旋转更多、速度更慢、力量更小、威胁性更弱但成功率更高的特点。

2. 二发的要求

（1）发切削球是最基本的方法　发球双误便会直接失分，但如果保守地进行二发，就等于拱手送给对手一个极好的进攻机会。因此，在保证二发不失误的前提下，必须掌握避免对手直接进攻的二发技术。对于初学者而言，最好先掌握发切削球的技术。与平击发球相比，切削球失误率低，而且力量不大的人也比较容易熟练掌握。此外，切削球落地之后反弹不高，使得接发球者没有机会在高点击球从而发动进攻。

（2）挥拍越彻底发球越稳定　二发时如果过分担心失误，往往只会用拍面对准球进行击球动作，而没有击完球后的挥拍动作，这样不仅不能保证发球成功，反而更加容易造成发球失误。发切削球彻底挥拍相当重要，如果挥拍不彻底，球很难产生旋转。所以，发切削球时一定不要害怕失误，越是大胆、彻底地挥拍，发球越稳定，攻击性也越强。

（3）以球拍送球的感觉向前挥拍　与平击球的击球点相比，切削球需要稍向右移，但也不要完全切击球的右侧，那样球拍触球太薄，球会因为过度旋转而丧失速度。所以应该有意识地使球与拍面接触的时间加长，用向前推送的感觉将球击出，这样就不会因为切得太薄而丧失球的速度。

（4）落点深的发球效果更佳　为了使对手难以发动进攻，二发可有意识地瞄准发球区深处发球，这样不仅能够避免由于发得过浅而造成下网，还能限制对手的二发强攻。为此，需要以网口上方约半米高的地方作为发球过网的标准，通常在这个高度过网的发球，都能落在发球线附近的深处。另外，一发失误后，不要急于开始二发。首先要将情绪稳定下来，然后在头脑中想象二发球的飞行轨迹，再准备做二发的动作，这样做可以有效避免因仓促二发而导致的双误。

二、接发球技术运用的特点与要求

（一）接发球技术运用的特点

在现代网球运动中，随着发球技术的不断修正与更新，接发球技术也成为决定球员在一场比赛中是否能够获得胜利的关键。接发球在所有网球的基本技术中是最单纯的一项技术，它不需要对付底线抽球，也不需要面对网前的截击，而是需要回击对方的发球。所以接发球是所有网球技术中唯一一项只需要面对一种技术的基本技术，这也是接发球的最大特点之一。另外，接发球需要在很短的时间内迅速做出回球反应，所以接发球也可以算得上是一项难度非常高的网球技术。除此之外，接发球还有一个非常大的特点，它并不限定使用的动作。接发球可以选择任何一种击球动作进行回击，包括正手和反手，如果对方是用下手发球，你甚至可以用高压接发都没问题。

（二）接发球技术运用的要求

1. 降低重心，做好接发球的准备

在所有的网球技术当中，只有发球和高压是从上向下击球的，因此，接发球在面对这样速度极快的击球时，必须掌握正确的技术动作，同时保持注意力的高度集中。能够接好快速的发球，关键要看反应的能力，而决定反应能力的是准备姿势，好的准备姿势有利于迅速、及时地做出所需要的反应动作。根据来球决定是用正手还是用反手接球之后，从准备姿势开始迅速地做出正手或者反手击球所需要的转体、转肩动作，迎击来球。总之，要有意识地降低自己的身体重心，做好随时向任何方向迅速移动的准备姿势。

2. 用截击来对付快速发球

面对大力快速的发球，多数人在接发球的时候会不自觉地加大引拍的幅度，希望回出力量更大的接发球。然而引拍的幅度越大，击球的时机就越晚，击球点就越容易后延。另外，由于发球速度快，球落地快速前冲，想要用正常的正手或者反手动作击球，难度很大。因此，可以采用截击动作的截挡方式来完成接发球。但要注意的是，用截击动作来完成接发球时，引拍动作一定要小，击球之后身体随球自然跟出，这样可以很好地利用对方的球速借力击球，同时回球也会具有一定的进攻性。

3. 二发时积极进攻

由于二发失误会直接丢分，所以发球者在二发时，通常心理压力都会比较大，二发的威力便自然小于一发，因此二发是接发球者发起反击的最好机会。在接二发时，接发球者可以尝试将站位向球网前移，一旦抓住机会就应该积极进攻，争取在高点完成击球。击球落点可以选择对方的脚底，也可以根据对方的站位，选择场地的空当。

4. 向前跨步，增强击球的爆发力

接发球时向斜前方跨步迈进非常重要，但跨步不必太大，有积极向前迎击来球的感觉足矣。如果没有向前跨步，就很难击出具有攻击性的回球。如果遇到对方发切削球或者上旋球，如果不向前跨步迎上去击球，由于球落地后飞行轨迹的改变则非常容易造成接发球失误。

三、正手技术运用的特点与要求

（一）正手技术运用的特点

正手击球是球员们开始学习打网球时最先学习的一项基本技术，也是网球比赛中使用频率最高的一项基本技术，正手技术稳定与否很大程度上决定了球员网球技术水平的高低。正手也是一项攻击力非常强的基本技术，无论是正手半场球、正手凌空球还是正手侧身攻，都能在许多情况下打出杀伤力极强的击球。通常，在一场双方实力相当的比赛中，我们经常能够看到球员们互相进行正手对拉的场景，如果这时能够通过正手变线来主动改变球的线路，从而获得场上的优势，再利用正手打出一记漂亮的制胜分。另外，正手击球同样具有非常强大的防守能力，跑动中的正手击球往往还能为球员制造防守反击的回球。所以说，正手技术无论是在防守还是在进攻中都能发挥出其自身的优势，帮助球员赢得比赛。

（二）正手技术运用的要求

1. 制胜分

（1）掌握技术要领　当正手的技术水平达到可以连续击球不失误的阶段时，球员们不应该满足于连续击打相持球，而应该在遇到机会球时，坚决地击球制胜。因此球员们一定要掌握正手一击制胜的技术动作，只有这样才不会错过得分的机会。

（2）挥拍轨迹　在力求不失误的情况下，如果从击球者的上方观看，其挥拍轨迹是椭圆形的，从充分引拍开始，击球时向前推送，击球后随挥彻底完成。但制胜一击的挥拍轨迹却几乎接近圆形，击球时，先扭转上身，然后利用回转之势抡圆手臂挥拍，这样可以加快拍头的速度，击球速度自然也会提高。

（3）击球的位置　如果球员想在高点击出有威力的球，就必须击打球的正后方，只有这样才能保证击球点在前，而且来球无论向任何方向弹起，都比较容易从容应对。但是，如果击打球的侧面，挥拍将变得比较紧迫，不利于给球施加爆发力，要打出制胜一击就比较困难。

（4）随挥动作　打出制胜分最重要的是挥拍动作一定要连贯而彻底，并保持身体的平衡，千万不可以在中途停止挥拍。

2. 侧身攻

（1）以正手击球为武器　大部分球员的正手击球能力都优于反手，所以在比赛中，要尽可能发挥正手的优势，通过各种方式来扩大正手击球的范围。比如，比赛中球员的正手击球与反手击球使用的比例是6∶4，如果能设法使之变为7∶3或更进一步8∶2，那么，由于正手击球稳定性更高，失误便会更少，比赛节奏就可以掌控在自己的手中。对于正手击球特别自信的球员来说，更应该在比赛中使用正手击球来代替反手击球。当球员想要扩大正手击球的范围时，可以将站位向反手侧移动，并空出更多正手侧的空间。当来球朝向场地中间的位置时，球员应该及早判断来到反手侧的球是否可以侧身用正手击球。当然，这一判断需在瞬间果断地决定，并迅速采取相应的行动。一旦决定用正手侧身攻击，就必须打出非常具有威胁性的击球，如果击球的质量不好，自己场地正手侧空出的一大片区域便成了对手下一球攻击的目标。

（2）线路的选择　当遇到反手球需要侧身用正手击球的时候，击球的线路可以选择反斜线，也可以选择直线，但前提是移动侧身的动作一定要到位，并做好可以向任何方向击球的准备姿势，而且还需要让对方看不出自己的进攻线路。如果对手是右手握拍，打反斜线更有利，因为回球至对手的反手侧，会增加对手的防守难度。而打直线虽然过网速度快，看似容易得分，但如果击球质量不高，对方又是正手回球，打一记正手斜线球就能轻易得分。所以，正手侧身攻的最佳击球线路还是反斜线，这是进攻威胁最大，也是最容易防守的击球线路。

（3）尽早转体　正手侧身攻如果不能做到充分的转体，一定打不出具有威胁性的反斜线球。判断延迟或者不果断，都会导致击球时来不及侧身，如果侧身不到位，击球点的距离则会离自己太近，导致挥拍不充分，使得打反斜线变得困难。这样就打不出具有威力的正手侧身攻，以侧身攻代替反手击球也就失去了应有的意义。所以在决定正手侧身攻后，必须快速做出相应的反应动作，并且果断地击球。

四、反手技术运用的特点与要求

（一）反手技术运用的特点

反手击球和正手击球一样，都是网球的基本技术中最常用的击球方法。反手的许多动作要领与正手相似，只是方向相反。但反手击球相对于正手而言，变化更多。首先，反手可以选择使用双手或者单手击球。双手反手击球的稳定性强，但防守范围小。单手反手击球虽然稳定性不强，但变化多端，既可以使用单反上旋，也可以使用单反手削球，要知道，无论是浅球、深球，还是离自己远的球，当身体平衡受到破坏时，反手削球依然可以取得较好的回球效果。由于削球能给球施加下旋，不但易于控制，而且球的飞行时间长，适合被动防守时采用。削球落地反弹低，可使对方不能在高点击球，也就难以进攻，并且通过调整挥拍还可以打出多种变化的削球。由此可见，反手技术是网球底线技术中最有特点的一种击球技术，尽管它的攻击性不如正手，但它在改变比赛节奏、限制对方进攻以及加强自身防守这几个方面,都有非常重要的作用。

（二）反手技术运用的要求

1. 反手削球

（1）握拍和击球动作　不论是单手还是双手,削球可以使球员的击球范围更加广泛。反手削球的握拍非常重要,球员应该熟练使用大陆式握拍法。因为无论是双手击球还是单手击球,大陆式握拍都非常适合。击球前,左手扶住拍柄,两肩平行,大幅度转体,击球时手腕必须固定,且不能改变固定的角度以免过分使用手腕动作。

（2）击球位置　由于削球引拍时拍面朝上,击球时像是切球一样,所以许多球员只看表象,往往只用切的感觉打球,这样便会切到球的后上部,球没有前送的力量。正确的方法应该是切球的后方,饱满地触球,扎实地从后往前进行切削。

（3）随挥动作　击球之后一定要做长距离的随挥动作,并保持身体的平衡。不过长距离随挥动作是针对击出深球要求的,浅球的随挥动作可以相应地缩短,比如放小球。如果向更高更上的方向挥拍,则可以挑出高球。所以,削球质量好不好,很大程度上要看随挥动作是否到位,随挥到位了,就既能打深又能打浅,还能挑出漂亮的高球。

2. 双手反手

（1）击球点　反手的双手击球与单手击球相比,技术要求的最大区别在于击球点。双手反手对击球点的要求并不严格,稍前稍后都可以击出好球。双手握拍时,即使击球点迟一些或者重心靠后也并无大碍,依然可以通过转体给球施加力量。而单手反手击球则只能在前脚的前面击球,稍晚一点挥拍动作便会受到影响而无法发力击球。

（2）随挥动作　双手反手击球的挥拍一定要彻底,它不但可以产生强大的爆发力,还有利于连接下一个击球的动作,否则将不能体现双手击球的优势。挥拍彻底的同时还要注意重心的前移,挥拍结束后身体应正对球场,接着立即放松身体,脚步后撤并自然前送球拍,调整身体的平衡,流畅地转入下一个准备动作。

（3）击球后　普通球员在击球后习惯性地将目光停留在球上,追随球飞行的路线到最后,往往不能尽快转入对下一拍的准备。而职业网球运动员在打完反手击球后十分清楚自己的击球线路和落点,所以他们只要在击球后的瞬间向对面扫一眼,便能判断出球的落点以及自己接下来的移动方向。

五、截击技术运用的特点与要求

（一）截击技术运用的特点

截击球在现代网球比赛中,是一项重要的得分手段。掌握好网前截击技术,对单打中的发球上网、随击球上网和双打中的上网,都有很大的帮助,同时也能使自己的技术水平提升到一个新的高度。

截击球技术包括中场截击、近网截击、低球截击和高球截击。由于网前截击球距离短、球速快,在实际比赛中,正、反手截击球要转换握拍是既困难又不切实际的,所以正、反手截击球的握拍方式应均为东方式反拍握拍或大陆式握拍。中场截击在网球训练及比赛中,通称为一拦,即第一次拦击。在实战中,发球上网或随球上网不可能直接冲至近网,上网途中在发球线附近有一短促的停顿和重心转换,然后迎球做中场截击。中场截击球的落点、速度、质量,会直接影响到网前得分,所以中场截击球在网前截击球技术中起着很重要的作用,中场截击站位一般在发球线中点附近。近网截击的站位比中场截击

的要靠前,位于发球线前1米左右的位置,它是在中场截击基础上的网前得分的主要手段。好的近网截击,击球果断、落点准确,能给对方致命一击。

(二) 截击技术运用的要求

1. 及早做好击球的准备

及早做好准备在截击技术中特别重要,预判可以说是截击成功的第一要素。预判时需要做的是观察对方的击球动作以及来球的路线,如果截击时没有进行预判,则会出现击球点靠后、控球困难,以及被对方穿越等问题。

2. 在向前移动中击球

截击技术中,击球动作与向前跨步动作的配合非常关键。要知道,截击球的力量大部分并不是来源于手臂,而是身体。所以在截击的过程中,身体力量运用的好坏决定了截击的高低。比如,正手截击时应该是左脚向前跨步,在重心从右腿向左腿转移的过程中截击,看上去就像是球附着在球拍上,用蹬腿前移的动作将球送出去。若等跨步和重心前移之后再击球,回球的力量将会被大大地削弱。

3. 恰当的击球点

无论是正手截击还是反手截击,都必须在最恰当的击球点上击球。截击的最佳击球点不能太靠近身体,也不能太靠前,根据每个球员的身体素质和条件不同,每个球员都应该有自己的最佳击球点,这需要在平时的练习中不断地摸索,并通过练习来找到最适合自己的、最容易打出好球的击球点。

六、高压技术运用的特点与要求

(一) 高压技术运用的特点

在网球场上,高压球是最能鼓舞士气的击球方式,也是一项绝对的强攻技术,一般来说打高压球就意味着得势、得分,如果没有这样的信念,那么掌握高压球技术也就失去了意义。在职业比赛中,高压球是一项必杀技,职业选手基本都能把握住难得的高压机会,给对手致命一击。高压球具有杀伤力大、得分率高、场面占优等特点。在一场紧张而激烈的比赛中,如果能击出高压球,便能掌握这一分的主动权。球员们在比赛中也要尽量多地为自己创造高压得分的机会,以扩大自己的领先优势。

(二) 高压技术运用的要求

1. 合理的步法移动

脚步移动是准确取位的关键,如果正面面对球网向后移动,既慢又不易保持身体平衡。正确的方法是立即侧身用肩对网,交叉步向底线后撤,同时用小碎步调整身体与球之间的距离。

2. 击球要领

高压球和发球的动作非常类似。跳起来打高压球,才能完全用上身体的力量,否则就只是单纯依靠手臂的力量完成击球,很多球员在打高压球的时候忽视了这一点。

3. 击球点

高压球的击球点位置与发球相同,都应该在跳起并将手臂伸直以后的最高点击球。在这个位置击打高压球,选择的线路更加开阔,也不容易因为击球点过低,离球网太远,而出现击球下网。另外,击球时还要尽快移动到球下落的地方,否则将无法找到最佳的击球点击球。

第三节　网球潜能的开发

比利时著名网球运动员海宁从最初接触网球,就被所谓的"专家"告知:你一点都不适合打网球。很多网球学校的老师对着她瘦弱的体格摇头,而她之后的成就证明了那些成见的狭隘。网球运动并不只属于身材高大、体格健硕的人,矮小瘦弱的人一样可以通过自己的努力获得一番成就。这一节将实例与实践结合,告诉大家如何在逆境中开发自己的网球潜能。

一、身材矮小的球员

郑洁是中国网球队中个子较小的一名球员,但她却拥有着快速的移动和稳定的击球。从小郑洁就不被教练看好,甚至因为个子小差一点没进专业队。当年的她因为身材矮小,发球时球拍经常会在随挥时砸到地面上。于是每次练习发球时,郑洁都将球抛得比别人更高,然后奋力向上跳起,凌空完成击球。现在这个动作也成了她的标志性动作。练习时,她将每一个来球都当作好球来打,不浪费任何一次练习快速移动的机会。最终,她刻苦训练、奋力拼搏的精神打动了所有质疑她的人,也用自己的实际行动证明了身材矮小的人也能在网坛获得自己的一片天地。下面我们就来具体分析一下身材矮小的球员如何通过练习克服自身条件的限制。

（一）发球

身材矮小球员的发球通常都是他们致命的弱点。发球的击球点越高,进入球场的角度就越开阔,这样发球的速度也就更快,角度更大。对于身材矮小的球员来说,想要获得更高的击球点,就必须在发球时跳得更高并伸直手臂争取更高的击球点。若想跳得更高,还要利用脚蹬地的反作用力,注意膝关节的屈伸。腿像棍子那样挺直既不能跳远也不能跳高,因此,没有下身的动作,发球是不可能具有爆发力的。在平时的练习中,要将发球视为练习的重点。

（二）移动能力

身材矮小的球员在移动时往往也要跑得比高个球员更多,所以快速的移动是矮个球员必须具备的能力之一。只有具备了快速移动的能力才能克服自身条件的劣势。在平时的练习中,要把出界球也当作好球去打,培养自己无论什么球都要奋力去追的习惯。除了打球时的移动外,还要在身体训练中加强自己的快速跑动和步法移动的练习。

（三）底线击球的能力

身材矮小的球员并不具备发球上网的优势,底线才是他们最舒适也是最安全的区域。所以,身材矮小的球员的底线击球能力也就决定了他们是否能够发挥自己的优势以克服自身条件的不足。实际上无论是郑洁还是海宁,她们都拥有世界顶尖的底线击球技术和防守能力,她们在平时底线击球的练习中付出了比别人更多的努力。所以底线击球的能力也是身材矮小球员需要针对性训练的重点之一。

二、身体瘦弱的球员

郑洁的双打搭档——晏紫,刚开始打球时常常因为感冒而不能出勤,又因为力量不足而不得不使用两只手握拍击球,但当时却没有成功的先例。有人劝教练让晏紫改用单手击球,晏紫也试了一阵子,结果却不太理想。别人在单手正拍击球时随挥可以很好地控制住球拍,不影响下一个击球动作。可瘦弱的晏紫用单手挥拍击球后,整个人也都挥出去了,想稳定住身体很难。为了避免受伤,晏紫不得不放弃了用单手握拍的想法,并将双手正拍的动作固定了下来。如今她的双手正拍不仅已经成为她犀利的进攻武器,还为她赢了众多比赛的胜利,并获得了澳网和温网的大满贯奖杯。下面我们就来具体阐述一下身体瘦弱球员克服自身条件劣势的方法。

(一)使用双手握拍

双手正手握拍相对于单手正手握拍而言防守可能会受到更多的限制。但对于力量不足的初学者或瘦弱的球员来说,如果使用双手握拍能打好正手也是不错的选择。由于双手正手握拍的防守能力非常有限,在移动过程中的击球还是要尽量使用单手正手。

(二)加强力量练习

身体瘦弱的球员在力量方面欠缺,他们的球通常绵软,回球没有攻击性,甚至难以抵挡对方的快速击球,所以力量的练习是瘦弱的球员提高网球水平的练习重点。上肢、下肢、手腕、腰腹力量都是他们需要加强练习的,练习强度可以逐渐增加。

(三)培养击球瞬间的爆发力

很多初学者会有这样的疑问,为什么职业球员打球时看起来好像根本就没有用力,打出去的球却又快又重的原因就在于击球瞬间的爆发力。其实在击球时,发力只是击球一瞬间的事情,随挥动作是自然完成的。击球时如果能做到动作放松,握紧球拍,盯准来球,用甜点击球,充分转体,利用腿、腰、臂等部位全身发力击球,这样就能打出速度快而有力的回球了。对于身体瘦弱的球员,只要掌握好了击球一瞬间的爆发力,并不需要太大的力气也能打出一记漂亮的回球。

三、移动速度慢的球员

说到移动速度慢的球员,莎拉波娃算是一个代表,她在大范围跑动时总是很难快速回位。但即使她移动速度再慢也是获得大满贯赛事冠军的球员,这不仅仅是因为她拥有赢得比赛的斗志、大力的正手、强有力的发球,还因为她掌握了良好的步法移动和精准的预判。下面我们就来具体讨论一下移动速度慢的球员如何通过练习克服自身的不足。

(一)预判的能力

网球比赛中步法移动的第一步非常重要,无论冲刺的速度有多快,如果第一步就迟了或者出错脚了,接下来的一分都将处于被动防守的状态。所以,即使跑得慢的人,如果第一步出脚快、方向对,也能抓住最好的击球时机。当然,第一步快与慢需要一定的下肢爆发力,但更重要的是预判能力,通过预判可以使球员迅速移动到位并从容击球,转防守为进攻也只是一瞬间的事情。预判的方法:首先,要根据对手的击球动作以及他所擅长的击球方式来判断;其次,可以根据自己击球的深度、速度、落点以及线路来判断对手可能的回球线路;最后,还可以根据自己和对手在场上的位置,预判对手的回球线路。

(二)移动步法

步法是网球的灵魂,它包括的内容有很多,前文中也曾提到过"打网球并不是靠手,而是靠脚"的概念。要想具备良好的移动能力,首先要做到的就是屈膝,并用前脚掌落地,保持良好的腿部弹性以便快速的启动,这样对各方来球都能迅速做出反应。根据不同的击球动作,第一步出哪个脚以及出脚的方向也是有讲究的。所以在平时练习的时候就要多加注重步法移动的练习,最好能将预判和移动结合起来练习。

四、心理素质差的球员

很多球员都有这样的困扰,平时训练的时候能够打出非常漂亮的击球,但一到比赛的时候却怎么都打不出来。而且比赛中似乎总是不能发挥出平时训练的水平。有的球员比赛开始的时候打得很好,一到关键分、关键局就跟变了一个人似的,原本的水平完全发挥不出来。这是心理上出现问题的表现,心理问题一旦形成便很难解决。有些球员容易紧张,这是因为他们把比赛的结果看得太重,太想赢、太怕丢分导致的,一紧张动作就变形,原来的水平就完全发挥不出来。要想解决比赛中的心理问题,得从以下几个方面进行纠正。

1. 不要太在乎输赢

要改变比赛是为了赢球的观念。比赛并不全是为了赢球,从另一个角度来看,比赛实际上是为了检验自己的训练水平。所以在比赛中应该把注意力放在自己的技术和战术水平的发挥上,尽量多地去考虑如何通过自己的技战术组合来获得一分的胜利。

2. 集中注意力

要将自己的注意力集中在一两件事情上:在上场比赛之前,要清楚自己的比赛计划是什么。只把注意力集中在一两件事情上,比如把球发好,及时处理好下一个击球等。要清楚自己在比赛中应该做什么,即使比赛刚开始时技术发挥不是很成功,也不要轻易放弃。

3. 放松身心

有时球员在比赛中会出现肌肉痉挛的现象,这同样是过于紧张的一种表现。要注意在分与分之间设法放松自己的全身,可采用一些简单易行的动作来达到放松身体的目的。另外还要注意呼吸,有时人越紧张,越会忘记正常的呼吸。有的人在一分进行中,连气都不喘一下,这时就要注意做好深呼吸,以此来降低心率并达到舒缓紧张情绪的目的。

4. 用旋转提高成功率

每到关键分的时候,球员都会害怕首先出现非受迫性失误。特别是发球的时候,最容易由于动作变形而发出双误。这时,通过快速挥拍来给球制造更多的旋转,不仅可以避免由于紧张所带来的动作变形,还能在一定程度上提高发球的成功率。

5. 保持积极的心态

在比赛中有紧张的情绪在所难免,尤其是在重要的比赛中,紧张的情绪总是挥之不去,这时球员必须要调整心态,寻找自己的得分点,并保持一种积极的进攻状态。同时也要清楚,对手其实也会紧张,如果你表现得越不紧张,对手则可能会越紧张。最后,就是要相信自己,相信自己所做的一切,并按照自己的比赛计划一分一分地去完成,胜利一定会属于你。

第四节　网球运动学习方式

球员应选择适合自己的学习方式,常见的网球运动学习方式主要有以下几种。

一、集体学习

集体学习是一种集低成本、高效率、有乐趣于一体的网球运动学习方式。高校体育课中的网球选修课、社会上常见的网球集体培训班等都属于集体学习形式，这种形式比较适合初学者。

集体学习的优点具体体现在以下几个方面。

1. 可以激发模仿欲望和建立动作认知

同班同学中打得好的自然会引起其他同学更多的关注，从而激发同学们的模仿欲望，这是个人自学不可能获得的。另外，对于别人常犯的错误，在教练的不断纠错中，其他同学也会逐渐加深对正确动作的认识，有效地避免了类似错误动作发生在自己身上。

2. 找到同伴

有调查显示，很多人在渡过了网球初学阶段的学习后，没有再次拿起球拍上球场打球的主要原因在于找不到合适的同伴。通过集体学习，可以找到共同学习的同伴，为今后能够继续打球提供了很好的机会。

3. 较为节约成本

如果一个人学习网球，所需要的场地费、器材的消耗费、教练费等都要由一人承担，而参加集体学习，从一定程度上可以分摊费用，节省支出。

由于是集体学习、统一授课，因此，授课时间和地点相对固定，不能因某人的意志而有所改变，这是集体学习的弊端之一。

二、单独学习

教练采取一对一的教学方式进行教学训练，称单独教学。网球运动入门较难，且被称为"贵族运动"，因此私人教练的授课形式普遍存在于我国的网球市场，尤以北京、上海、深圳、广州等经济发达的城市为多，比较适合具有高消费能力的人群。

私人教练方式的利与弊体现在以下几个方面。

（一）接触球的频率较高

对初学者而言，网球水平进步的快慢与球拍触球的次数成正比。私人教练授课的最大好处是可以集中地、高频率地接触球。

（二）能得到细致、全面的指导

由于是一对一授课，教练的注意力可以全部集中在学习者身上，因此，任何动作都会被教练看在眼里，错误动作可以及时地被纠正。

（三）满足个性需求

私人教练还能为学习者量身打造教学计划，能够对学习者希望掌握的网球技术和战术等进行专项训练。

（四）价格昂贵

所有费用如场地费、器材费、教练费等，全部都要由一个人支付，因此价格昂贵。在北京、上海这样的一线大城市，私人教练费用更高。

三、个人自学

专业教练的帮助在初级阶段是很重要的。对于从来没有打过网球的人而言，不提倡自学。在没有教练指导的情况下，个人很难判断、了解自己的学习掌握情况。如果不了解正确的技术动作，那就谈不上去控制和纠正动作。对于从未有过网球学习经验的初学者来讲，学习正确的动作很容易，养成错误的动作习惯更容易。下面将网球个人自学的利与弊进行分析，以让学习者做到心中有数。

（1）节约成本。

（2）时间、地点机动灵活。

只要自己有时间，可以想学就学、想练就练。地点也不受专业场地的限制，只要有一片空地和墙，都可以拎起网球拍做击球练习。

（3）无法得到正确的指导。

初学网球的人往往会有这样的感受，自己实际的打球动作与心中想象的优美姿势完全不一样，但却以为自己动作很正确、很优美，这样容易造成错误动作的定型。由于缺乏专业的指点，错误的动作将在很长一段时间陪伴着你，而自己却始终蒙在鼓里。同时，缺少与他人的沟通和相互鼓励，容易降低网球运动的乐趣。

适合个人自学的人群：一是自我学习能力强，即理解能力、抽象思维和模仿能力出众的人；二是受时间或场地限制的上班族；三是经济不宽裕的人；四是对以前学习过的某个技术动作需要巩固与提高进行加强练习的人。

第五节 控球与球感训练

很多初学者往往在打网球的过程中会产生这样的疑惑：为什么我用了很大的力气去打球，但是却总感觉力气没用在球上，打出去的球质量也不是很好？其实这个问题可以借助其他运动来回答。笔者初学游泳的时候也有过类似的疑惑：为什么我双手双脚用了很大的力气，但人却总是停滞不前？答案很简单，这是因为初学者往往缺乏对水的控制和良好的水感。对于打网球的初学者来说也是一样，缺乏基本的控球能力和良好的球感，即使使出浑身力气，也不一定可以打出一记高质量的击球。也就是说，初学者对网球的控制能力和球感与击球质量成正比。这也说明，在一名网球初学者向高手靠近的道路上，控球与球感的练习是初学者日常训练过程中非常关键的一项训练计划。

影响比赛心理的因素有主观因素和客观因素。主观因素由自身因素决定，如参赛目的、意志品质、技战术的发挥、个性特征、体能储备、自我暗示等。自身因素，又可分为先天性和后获性两大类。其中，先天性是运动员先天得到的，如运动员的个性特征（神经类型、气质特点等），先天性具有较强的稳定性，在运动员的一生中难以改变，同时，先天性因素对运动员的行为表现方式有直接和稳定的影响作用；后获性因素是运动员在成长过程中逐步获得和形成的认识、观念、态度、需要、评价等，这些因素具有可变性，容易在外部因素的作用下发生改变。对于易变的情绪状态而言，后获性因素是主要的影响因素。

日常训练中要注意心理素质的练习，心理素质的练习无法量化，只有靠教练的观察感知练习效果。

以下是笔者根据平日的教学实践总结出的一些控球与球感练习方法，这些方法可以在不同的场合进行练习，对初学者控球与球感的培养具有很大的作用。通过这些练习，你将会发现,其实学会网球并不是件很难的事。

一、单人徒手控球与球感练习

(一)单手向地面拍打球练习

把网球当作篮球进行单手拍球的练习,练习方法是始终使用惯用手向地面拍球,随着控制能力和球感的增加可以进一步做边走边拍的练习,首先尝试向前行走,之后可以尝试倒退行走。

辅助练习-
单手拍球

单手向地面拍打球练习

(二)双手向地面拍打球练习

把网球当作篮球进行左右手交换的双手拍球的练习,练习方法是先用右手拍球给左手,再用左手拍球给右手,这样不停交换,尽量不要让球在左右手交换的过程中停下来。随着控制能力和球感的增加可以进一步做边走边拍的练习,首先尝试向前行走,之后可以尝试倒退行走。

辅助练习-
双手拍球

双手向地面拍打球练习

(三)双手交换球练习

左、右手各拿一球,同时将左、右手的球交叉抛向地面,并在落地后使用双手同时接住来球。随着控制能力和球感的增加可以进一步做边走边拍的练习,首先尝试向前行走,之后可以尝试倒退行走。

辅助练习-
双手交叉拍球

双手交换球练习

（四）对墙接球练习

在完成了向地面拍球的练习后，初学者还可以尝试一些向墙面抛球的练习。具体的练习方法是，面对墙面站立，单手抛球撞击墙面，待球反弹回来落地后用双手接住来球。这项练习不仅可以提高初学者的控球能力，还能提高手眼配合、判断反应以及步法移动的能力。在熟练掌握双手接球的练习后，可分别使用左右手进行单手接球的练习。

（五）背对墙面转身接球练习

背对墙面站立，单手将球抛向身后的墙面，随后立即转身，待球反弹回来落地后用双手接住来球。很多初学者在这项练习的过程中往往会害怕被球砸到，此时可以尝试在一个不会被球砸到的范围内进行抛球，随着练习能力的提高再进一步缩小抛球的范围。在熟练掌握双手接球的练习后，可分别使用左右手进行单手接球的练习。

二、双人徒手控球与球感练习

（一）面对面接球练习

球员1与球员2面对面站立，球员1先抛球，并使球落地后飞向球员2，球员2待球落地弹起后用双手接住来球，并使用同样的方法将球抛回给球员1，球员1同样也要使用双球接球。两名球员可以在逐渐熟练后拉大两人之间的距离，并在熟练掌握双手接球的基础上，分别使用左右手进行单手接球的练习。

（二）面对墙面接球练习

球员1与球员2面对墙面重叠站立，球员2在前，球员1在后。球员1首先负责抛球，球员2负责接球。球员1在球员2身后向墙面抛球，球员2在看到球撞击墙面后做出接球准备，并待球落地后用双手接住来球。由于球员2是背对球员1，所以球员2只有在注意力非常集中的情况下才能在有效的时间内做出反应，并接住来球。完成一定数量的练习后，两人交换练习角色。并在熟练掌握双手接球的基础上，分别使用左右手进行单手接球的练习。

（三）猴子捞月接球练习

球员1与球员2面对面相隔半米站立，球员1首先负责扔球，球员2负责接球。球员1双手平举并各握一个球，球员2蹲在球员1面前，双手轻轻放在膝盖上，仰头紧盯球员1的动作并准备接球。球员1随机扔下双手中的一个球，球员2一定要在球落地之前试着接住球。完成一定数量的练习后,两人交换练习角色。这是一项非常具有趣味性的练习,初学者可以在轻松的氛围下提高自身的手眼协调能力和判断能力。

猴子捞月接球练习

（四）滚地接球练习

球员1与球员2面对面站立,球员1首先负责扔球,球员2负责接球。球员1将球滚地扔向球员2身体附近的位置,球员2调整步法向来球方向快速移动,并在接住球后迅速将球扔回给球员1,球员1也要在球员2扔回球的同时继续扔出下一个球,如此反复,在完成一定数量的练习后,两人交换练习角色。该练习不仅可以提高球员的控球能力和球感,最重要的是可以提高球员的步法移动能力和腿部力量。

辅助练习-地滚球 抛球　　辅助练习-地滚球 接球

准备

起动

正手接球

反手接球

滚地球接球练习

（五）小场地扔球对抗

球员1与球员2分别站在网球场两边发球线后1米的位置，球员1将球扔过球网，球员2必须在球落地两跳前接住球，并且将球扔回给球员1，球员1也必须在球落地两跳前接住球继续扔回给球员2，以"球网—单打线—发球线"为界，下网或者出界则丢分，先获得11分的球员赢得对抗。

辅助练习-对抛球

小场地扔球对抗准备姿势

小场地扔球对抗接球姿势

小场地扔球对抗抛球姿势

三、单人持拍控球与球感练习

（一）向地面拍打球练习

使用惯用手持拍，球拍平行于地面，拍面朝下，尝试连续不断地使用球拍拍球，随着控制能力和球感的增加可以进一步做边走边拍的练习。

辅助练习-拍球

向地面拍打球练习

（二）颠球练习

使用惯用手持拍，球拍平行于地面，拍面朝上，尝试连续不断地使用球拍朝向天空颠球，随着控制能力和球感的增加可以用球拍的正反面轮换颠球或者闭眼颠球以增加颠球的难度，随后还可以做边走边颠的练习。该练习对于初学者提高控球能力和球感可以起到非常显著的作用。

辅助练习-颠球

颠球练习

（三）对墙颠球练习

使用惯用手持拍和拦网截击的动作将球打向墙面，并在球落地之前凌空截击，并将球继续打向墙面，如此重复不断地进行凌空截击练习。在该项练习的过程中首先应注意的是动作要和拦网截击的动作保持一致，拍头一定要竖起来，而不要平躺着；其次，在击球的过程中，步法也要根据球和身体的距离不断地进行调整。

第九章 网球水平提高的综合内容

正手对墙颠球练习

对墙练习-正手截击

对墙练习-反手截击

反手对墙颠球练习

第十章

网球运动的训练工作

第一节　网球运动训练任务与内容

网球运动训练的任务应是在立足于实际的前提下科学训练，培养运动员运用网球基本技术、战术的能力，争取在各种比赛中发挥训练水平。通过网球运动的训练提高网球技能，在训练中检验训练方法的效果，根据不同个体制定适宜的训练计划，合理搭配练习内容。

网球训练的内容包括技战术的训练、体能训练、心理素质的训练，甚至语言的训练。只要在比赛中有可能发生的一切都要有一定的准备和练习，这样才能在比赛中应对各种情况的发生，才能从容面对对手、掌控比赛，将训练水平更好地发挥出来。

一、技战术的训练

技战术训练是网球训练中比重最大的一部分内容，一般每天的训练时间应不少于四小时。在比赛中技战术的运用是不断变化的，在贯彻实施自己的技战术的同时也要注意破坏对手技战术的实施。多变的技战术能打破对手节奏，占据比赛主动，并且赢得比赛，因此在训练中就要训练多种技战术方法为比赛做准备。技战术的训练分为单打技战术和双打技战术。同时在不同的场地上技战术也有不同。草地速度最快，适合上网技战术的运用，沙地速度最慢，比赛中需要更有耐心和韧性，底线相持的战术更有效，硬地因材质差别球速不一，要根据具体情况进行调整。在单打技战术中主要有发球战术、接发球战术和底线战术。发球战术中要注重发球的落点、旋转和节奏的变换，找到对手的弱点组织进攻。接发球战术的实施要根据对手的情况来定，对方的发球质量很高时要注意回球的落点，发球节奏适应以后可以适当接发抢攻，回球线路一般选择对手的反手会更有利。在底线战术中有积极进攻型和防守反击型打法，基本战术有压制对方反手战术、对角线战术、伺机上网战术、闪身正手攻战术、接发抢攻战术等。双打战术更加多变，而且更多依赖两人的配合，取长补短，发挥两人的最大优势。双打的站位有传统的前后站位、双底线站位和澳式站位，比赛开始后还可以双上网站位。站位的变化要应用不同的战术打法，战术打法要依据两人的技术特点而定。发球好的球员可以采取更主动的澳式站位，网前技术好的球员可以采取双上网战术，对方很强势的时候可以采取双底线战术来破坏对方节奏。

二、体能训练

网球运动结合了有氧和无氧的特点。在高水平比赛中，有时运动员拿下一分所跑动的距离会超过五十米,而一场比赛通常要进行两个小时或以上,所以体能训练至关重要,而且良好的体能可以减少伤病的出现。一些运动员有专门的体能教练,根据运动员的状况有针对性地进行练习,甚至还有专门进行体能补充和肌肉恢复的营养师和按摩师,等等。

体能的训练有体能的储备、体能的运用和体能的恢复几个阶段。根据运动员的比赛计划选择体能储备期,进行体能的专门练习,一般在比赛较少的冬季。在全年的比赛和训练中还要注意体能的补充练习,每天要有一定的体能训练,在赛前、赛中和赛后适当调整,合理调配体能。体能的恢复期主要是运动量的调整,当然,心理的调整也至关重要。

三、心理素质训练

网球运动员的心理素质在比赛中尤其重要,良好的心理素质可以更好地实施自己的技战术,如果容易被对手、比分、天气、观众等因素影响,那么比赛会打得非常郁闷,自己的竞技水平也会大打折扣。心理素质跟每个人的性格特征有一定联系,一般较内向的选手易被干扰,外向型选手适应性较强。当然通过相应的练习,心理素质也会提高。首先球员要建立足够的自信心,在训练中明确自身优势。在日常训练中培养球员顽强的斗志和不服输的意志品质,鼓励球员多参加比赛,有些压力只有站在赛场上才能感受到,比赛越多,比赛级别越高对心理素质的锻炼越有效。在比赛中,我们经常看到球员自言自语、大叫、注视亲友等举动都是心理调节的一种表现。

第二节 网球运动训练的原则

网球运动训练的原则包括动机激励原则、有效控制原则、系统训练原则、周期安排原则、适宜负荷原则、适时恢复原则、区别对待原则等。这些原则对网球运动训练有着重要的指导作用。

一、动机激励原则

动机激励原则是指通过多种方法和途径激发球员的主动性和积极性。成功的动机是激励球员主动训练的重要动力,在训练中要注意培养球员正确的价值观,强化训练目的性教育,激发球员参与训练和比赛的兴趣,突出球员在训练中的主导作用,适时地鼓励和表扬,还要注意榜样的作用。

二、有效控制原则

有效控制原则是指在训练中对训练效果进行有效调控,包括训练的强度、内容、目标的完成情况,训练中出现的变化如何调节等。对训练的有效控制必须以训练中的信息作为指导数据,根据这些信息了解训练情况,做出正确的监控和指导。

三、系统训练原则

系统训练原则是指持续地、循序渐进地进行练习,任何一项技术都是靠长期系统的练习才能熟练掌握的,任何的天才选手都是靠汗水取得成功的。比赛中每一次击球都是平日练习的体现,没有系统的训练是无法实现的。

四、周期安排原则

周期安排原则是指网球运动训练要有一定的周期性,其科学基础是物质运动发展的普遍规律和人体竞技能力变化的周期性特征。根据比赛的时间安排要有年度训练周期,大周期(10～30周),中周期(4～15周),小周期(1周左右)。不同的周期训练安排是有区别的。大周期和中周期一般涵盖基本训练周和赛前训练周及比赛周,基本训练周的主要目标是提高竞技能力,比赛周要在各方面调动运动员的状态。中周期会根据比赛的具体情况比如首轮淘汰还是进入决赛或者突发伤病等因素调整训练周和比赛周的内容。小周期一般指比赛周和恢复周,比赛周要在各方面调动运动员的最佳状态以应对比赛,恢复周要消除运动员身体和心理上的疲劳,促进恢复,为新的训练做好准备。

五、适宜负荷原则

适宜负荷原则是指不同的球员其身体机能和训练适应能力都有区别,不同性别、年龄的球员在训练中都要选择适宜的训练负荷。训练强度太小达不到理想的训练效果,训练强度太大会造成机体疲劳或损伤,所以适宜强度的训练非常重要。在训练中要掌握科学的训练方法和检测手段,教练也要在训练中观察每个球员的具体表现状况,通过表象找到球员的负荷临界值。适宜负荷原则与区别对待原则相适应。

六、适时恢复原则

适时恢复原则是指及时消除运动员在训练中产生的疲劳,并通过生物适应过程产生超量恢复,提高机体能力的训练原则。疲劳的表现可以通过以下四个方面检验出来:①自我感受;②外部观察,比如出现反应迟钝、技术动作表现差、精神不振的情况;③生理测试,利用心电测定、肌张力测定、呼吸肌耐力测定等手段进行仪器测试;④心理测试。当出现疲劳情况一定要注意恢复手段,合理减少训练负荷,安排好训练间歇与休息,改变训练环境。此外还要运用医学、心理学、生物学等恢复手段进行恢复,补充营养;按摩、淋浴、吸氧、电刺激、中草药、心理暗示等手段和方法都对体力恢复有着积极作用。

第三节 网球运动训练的组织

网球运动训练的组织经常会根据人数、年龄结构、性别等因素选择分组练习。要遵循的原则有:趣味性、多元性、渐进性、针对性、机动性和科学性。训练的组织要井然有序,确保训练任务的完成,达到预期目的。训练要以训练计划为指导,每次训练的内容略有不同,简单来讲训练的组成有以下几个部分。

一、热身阶段

热身活动的组织不需分组,时间不低于30分钟。活动内容灵活多变,注重趣味性和综合性,在热身的同时调动球员的兴趣,以提高球员的协调性和柔韧性为目的,培养集体荣誉感。

二、专项技战术练习阶段

这个阶段时间较长,一般为训练时间的70%～80%。根据球员的具体情况分组练习,并制定相应的训练内容。在强度训练时内容上要合理搭配,安排有序。可以安排强度逐渐增加的练习形式,也可以安排强度大小相间的练习形式。在统筹兼顾的前提下对重点球员要制定个性的训练内容。训练中要让练习的内容和强度接近和超过比赛要求。

三、身体素质训练

根据训练计划的安排,身体素质的练习不低于 30 分钟。练习内容和强度按计划实施。应注意小肌肉群的练习、步法练习和柔韧性练习等。

四、放松恢复阶段

训练后的放松过程很重要,它不仅可以缓解肌肉疲劳,还可以调节心理,保证肌肉良好的工作状态和积极的训练态度。放松的时间应在 15～30 分钟,可以多做肌肉牵拉练习,热水浴和按摩也是较好的方式。

五、课后巩固阶段

训练后写训练日记或小结,以及看比赛或训练录像等方式可以加强念动练习效果。这样的方式还可以开发球员心智,培养自我总结修复的能力,加强理解教练意图,做到用头脑打球。

总之,训练课的形式和内容一定要是球员喜欢的,训练课的气氛要积极活跃,形式要灵活多变,这样更能调动球员的新鲜感和训练欲。教练要善于观察总结,发挥创造性,使训练形式多样化。

第四节　网球训练计划的制定

教练会根据不同时期的特点制定出具体的阶段训练计划。训练计划的制定要从实际出发,目的要明确,针对性要强,要注重连续性,遵循科学性。一个高水平球员的训练计划常用的手段是采用阶段训练(周期训练),这个周期包括:过渡期、准备期、特别准备期、比赛前期和比赛期。根据这些周期,制定总体训练计划和阶段训练计划。

一、过渡期

过渡期通常是比赛期与准备期之间的休息和调整阶段,一般时间不长,有时它还可能是一个轻度休眠期,只维持少量的训练。球员经过比赛期以后,身体和心理都会处于疲劳期,这个阶段的训练计划以放松调整为主,运动量不宜过大,以球员较喜欢的方式为主,训练时间不宜过长,运动形式多选择轻松易于接受的方式。

二、准备期

准备期是指球员的体能和技术的训练时期。作为一名高水平的运动员,准备期是技术训练的最佳时期,这个时期不必因为比赛而做任何调整,可以大量进行新的技战术训练。这个阶段时间相对较长,训练计划主要针对球员的自身需要和练习目标制定长期和短期计划。计划中要融入单项技术的改进计划,战术素养提高计划,身体素质训练计划。准备期的训练强度要根据比赛期的时间做科学安排,可采用渐强式、阶梯式、波浪式强度变化,确保球员比赛期的状态处于最佳。

三、特别准备期

特别准备期是指为即将进行的比赛做具体的准备,这个时期的重点是收集信息,了解对手情况,适应场地条件或气候,一般为赛前一周至两周时间。这段时间的训练计划针对性要强,要让训练更接近比赛,要模拟对手的情况进行训练。

四、比赛前期

比赛前期可以根据球员近期的身体状况,技术需要,比赛信息的更新,以及天气的变化,对训练内容适当调整。比赛前期时间不长,但不可忽视。

五、比赛期

在比赛期,选手要把他们已经掌握的技术充分地发挥出来。也就是说,教练要把注意力放在球员技术的综合运用上。在制定训练计划时,要让球员的身体状态和心理状态处于波峰阶段,也就是最好的状态,从而能在比赛中将日常训练的技战术更好地发挥出来。比赛期,球员会更加疲劳,教练要调整训练量,还要注意放松手段及尺度。比赛期球员的心理变化比日常训练丰富得多,压力也是日常训练无法达到的,在这期间教练要根据球员的特点选择正确的方式为球员减压。

第五节 训 练 案 例

一般运动员在休赛期一天的训练内容如下。

训练时间上午8:00开始,下午17:00结束,中间休息2小时。4小时的技战术训练,3小时的身体练习。

(一)上午8:00—12:00练习内容

1. 热身运动:30分钟

①慢跑(5分钟);

②柔韧性活动(10分钟);

③趣味性球性练习(15分钟)。

2. 技战术练习

①移动中正手直线多球练习;

②移动中正手斜线多球练习;

③移动中反手直线多球练习;

④移动中反手斜线多球练习;

⑤截击球练习;

⑥高压球练习;

⑦半场浅球击打练习;

⑧组合击球练习;

⑨发球练习;

⑩接发练习。

3．放松练习

肌肉牵拉 10 分钟。

（二）下午 14:00—17:00 练习内容

1．准备活动

①慢跑；

②柔韧性活动。

2．技战术练习

针对薄弱环节加强练习，如移动中的反手击球、半场高球等。

3．身体素质练习

①脚步练习：将球放在球场上，按一定距离排成直线，用碎步和侧滑步绕过每一个球。

②跳绳练习：1 分钟×5 组。

③健身房练习：深蹲 5 个×3 组；卧推 7 个×3 组；仰卧起坐 20 个×3 组；背卧起 10 个×3 组。

思考题

1．网球训练包括哪些方面？

2．网球运动训练原则有哪些？

3．网球素质训练包括哪些方面？有哪些战术打法？

4．一节训练课应该有哪些环节？

5．训练计划有哪些不同的周期计划？

6．如何组织一次训练课计划？

第十一章

网球运动的指导工作

第一节　网球运动指导工作的意义

培养一个优秀的运动员大概需要 10 年时间，这么长的人生历程要面对很多的问题，如网球技术、战术、心理特点、体能状况和人生观、价值观的培养等，没有良好的指导工作，对于球员的成长是不利的。在每天的训练中，教练与球员交流的时间为三小时左右，在这个过程中教练要培养球员的技战术能力，对其进行指导，还要对球员的生活、性情等进行正确的引导，使其在今后的生活（即使不从事网球运动）中受益。所以日常的网球指导工作不单单是技战术层面上的指导，应该是以育人为目的的指导。

指导工作非常重要，需要贯穿整个训练过程，而且在比赛中同样也起到重要作用。网球的指导工作分为赛前的准备、赛中的发挥和赛后的总结几个阶段。任何一个阶段的指导对比赛都会有直接的影响。指导工作为比赛指明方向，提出比赛要用的技战术打法，只有正确的、符合实际的指导才能起到积极的作用，否则运动员将会在比赛中不知所措。

第二节　网球比赛前的准备

网球的赛前准备非常重要，一般需要提前四周开始准备，随着赛期的临近逐渐完成准备工作。赛前的准备需要调整好和改善好运动员的心理状态，让运动员明确比赛任务，激发比赛的欲望，增强运动员的信心，缓解紧张情绪，达到最佳竞技状态。赛前准备包括信息收集、战术决策和实施指导几个阶段。

一、信息收集

毛泽东曾在《中国革命战争的战略问题》一文中说过："指挥员的正确的部署来源于正确的决心，正确的决心来源于正确的判断，正确的判断来源于周到的和必要的侦察，和对于各种侦察材料的联贯起来的思索。"这段话充分说明了收集信息对于做出正确的判断、树立必胜的信心及做出合理的部署的重要性。

（一）收集信息的方法

收集信息的关键在于全面和准确。所以，教练必须在赛前通过各种途径了解一切与比赛有关的信息，信息获取的方法通常有如下几种：

（1）赛前观看对手比赛的录像；

(2) 访问知情者；
(3) 查阅平时建立的对手档案；
(4) 在与人交流中了解对手的信息。

（二）收集信息的内容

只要与比赛有关的内容都应列入收集范围。因各种各样的原因，不是所有信息收集的方法都可行。因此，收集信息方式要实际有效、随机应变，下列内容是一定要了解并熟知的。

(1) 首先要"知己"：自身的身体状况如何，如有伤病要及时医治；
(2) 要"知彼"：了解对手的身体状况，如心理特点、技术特点、主要打法、习惯球路、优势技术、弱点、跑动能力和意志品质，等等；
(3) 要了解周围环境的信息：主要了解赛场特点，是属于快速球场还是慢速球场，关注比赛天气特点。

总之，教练掌握的信息越全面、越准确、越细致，做出的准备越适当，而且在与运动员的交流中要向运动员传递相关信息，让其心中有数，才能在比赛中发挥最佳水平。

二、战术决策

决策过程是考验教练水平的一个复杂的思维过程，它要求教练把收集到的各方面的信息加以处理，找到对比赛影响最大的因素，加以分析，从而做出正确的决策方案。

（一）教练的决策程序

决策的过程有以下几个环节。

(1) 信息分析与决策目标　这个过程中教练要看到重点信息，明确次要信息、有利信息、不利信息。梳理出哪些是应该与球员共享的信息，哪些是应该保留的信息。
(2) 拟订方案　教练根据自身经验水平制定相应的比赛策略和心理调节方案。
(3) 分析评估方案　教练对双方球员进行综合分析，也要考虑对方教练的特点和习惯做法，以便做出更符合比赛的评估。
(4) 决定方案　比赛方案有时决定着比赛的结果，最终方案的确定要经过深思熟虑，但是比赛总是有不可预测的情况，所以应该做好备选方案，防止特殊情况发生。

（二）对教练决策时的要求

主教练就是一名指挥者，他要调动教练组团队，群策群力，同心同德地指挥好决策前的一切准备，在这个过程中要注意以下几个原则。

(1) 民主与集中的原则，即大家可以发表自己的想法，但教练一旦决定了决策方案就要坚决执行。
(2) 因人而异地进行心理调节和战术部署。
(3) 在战术部署决策时，注意发挥自身优势攻击对方弱点的原则。
(4) 战术部署还要注意随机应变。

三、赛前实施指导

经过前两个阶段后，教练就要把决策后的意见贯彻到运动员身上去实施指导。

（一）赛前指导的形式

赛前指导的形式：①召开集体准备会；②分组准备会；③个别谈话。

（二）赛前指导的内容

（1）让运动员详细了解对手的特点，包括擅长的球路、习惯打法、制胜技术、薄弱环节和身体状况等信息。

（2）在了解对手的情况下，我方应根据对方采取的打法、对方的薄弱环节、限制对方的制胜技术的发挥来制定对策。

（3）做好预料之外的思想准备和采取的战术变化。

（4）做好对风向、场地、噪音、反光、裁判等的适应措施。

（5）心理调控。调整活动内容，消除运动员的紧张情绪。强调自身需要克服的问题。

总之，赛前指导的任务和目的就是要让运动员对战术任务、具体打法，以及对方的特点有较充分的了解，做到知己知彼，心中有数，才能在贯彻执行中灵活机动，实际有效。在心理调控方面要调动球员的比赛欲望，并且要有赢球的渴望，建立发挥最佳水平的信心。一旦发现球员有心理障碍必须最大限度地帮助排除。

第三节　网球比赛中的临场发挥

在赛前的准备阶段对比赛的部署都是在一种主观预测和推理状态下完成的，有时会与比赛实际情况差别很大，在实际比赛中球员的水平总会被一些因素影响，这些因素有外部的也有自身的，外部的因素包括对手的原因、场地的原因、裁判的原因和天气的原因等；内部的因素包括心理素质的原因、战术部署的原因和身体状态的原因等。运动员在比赛时能发挥出训练水平的70%就很不容易了，因此比赛的临场发挥往往体现了运动员自身的技战术素养是否全面和多变，心理素质是否优秀，是否可以快速适应场上变化，从而调整心态从容面对。那么在日常训练中技战术和心理训练都要涉及相关的应变练习。在比赛中提高临场发挥的几点建议如下。

一、做好心理准备

心理准备没有做好很容易让球员在比赛中陷入慌乱，影响技战术的发挥是必然的。当出现意外情况时可以用深呼吸、自我提示、集中注意力等方法自我调节，面对变化不要慌乱。只要有良好充分的准备就应该有信心面对各种问题。

二、比赛初始阶段注意观察总结

观察总结的内容如下：对手在比赛当天的身体状况、心理状态和技术发挥情况跟赛前分析是否相符；哪些环节有了变化；在比赛的前几局，尤其是面对不了解的对手时不要急于进攻；在比赛中观察对手，用分与分之间的空隙分析对手；利用局间休息思考战术部署，哪里需要调整，后面的比赛要做哪些调整；对手的弱点与信息是否相符，应采取什么手段进攻对方的弱点。

三、注意力集中

比赛中不是只有选手两个人，比赛中还有观众、场地、裁判和天气等众多事物，这些事物中的任何一项都有可能对比赛造成干扰。千万不要被这些场外因素干扰，应专注于比赛,专注于对对手的分析才可以在比赛中发现有用的信息,才能更好地发挥自己的技战术水平。不要受比分的干扰,落后不着急,领先不骄傲,把注意力放在每一个球上。注意力不容易集中时可以用自我暗示提醒自己,呼吸应与击球有效配合。

四、技战术贯彻要坚决

在比赛中不管遇到什么样的对手,都要记住一个原则,以己之长克彼之短。这一点在赛前的战术制定时一定要有所体现,并且在比赛中坚定地贯彻,即使丢分也要坚持。如果在这种状态下自己还不能达到战术目的,说明对手确实强于自己。如果比赛中用自己不熟练的技术,不但效果有限,还容易让自己在比赛中失去信心。

五、保持足够的兴奋度

人在兴奋状态下身体更加灵活,思维也更加敏捷,技战术实施才能达到最佳效果。每一次打出好球,取得关键分都要大声鼓励自己,要让对手感受到自己取胜的信心和良好的状态,使对手感到有压力。每分打完后做原地的小跳,可以让身体保持弹性,更容易兴奋。

六、发掘潜能

比赛实际上是最好的训练,比赛中会出现很多训练中无法出现的情况,这种情况不是靠训练的模式可以完成的,此时球员的潜能可以把训练水平进一步提高,达到新的高度。有时在训练中没有达到的高标准、高要求,在比赛压力下达到了,这对信心的建立很有帮助。

七、利用比赛规则调整状态

比赛局间有休息,有医疗暂停,有去卫生间的时间,还有与教练交流的时间等,这些机会在必要时要加以利用,不要在比赛结束后才有如梦初醒的感觉。

总之比赛是检验训练水平的具体时刻,临场出现的问题要足够重视,做好比赛总结,为今后的训练方向做出正确的指导。

第四节 网球教练在比赛中对规则的运用

教练在比赛中一般不能进行指导(团体赛交换场地时可以进行指导),教练在比赛中如何运用规则就要看教练与球员的默契了。教练的语言和手势指导都会受到裁判的警告。那么在比赛中球员与教练的交流多以眼神为主,在长期的训练中球员可以通过教练的眼神领会教练的意图,知道教练是在鼓励还是暗示要做调整。比赛中教练就像是球员的灯塔,当球员在看教练时总会找到心理的寄托和希望,使自己找到比赛的信心。

在允许比赛指导的情况下教练要利用局间短暂的一分钟休息时间对战术部署进行强调、调整,对运动员的心理进行疏导和鼓舞。针对对手可能出现的变化做好相应的准备和预防。

第五节　网球比赛后的总结

网球比赛后的总结对于今后的训练有着重要的指导作用,比赛中出现的各种情况在训练中都要进行针对性练习,做到防患于未然。赛后的总结要从以下几方面入手。

一、技战术的不足之处

比赛中体现最明显的就是技战术的差别,技战术训练系统又全面的球员在比赛中总能占据主动,使对手处于被动状态。如果比赛中有明显的漏洞,就会很快被对手抓住,成为对手攻击的目标。在比赛中做好技术统计,包括主动得分、非受迫性失误、一发成功率、上网次数及成功率,等等。找到自身弱点制订训练计划,弥补技战术的不足之处。

二、身体状态是否良好

比赛期的球员身体状态是否良好,是否有伤病,是否处于兴奋期,可通过比赛进行观察。如果球员出现伤病一定要采取措施,如果球员身体在比赛期没有出现良好状态,要对训练计划、训练手段方法进行调整,确保球员的身体在比赛期处于最佳状态。

三、赛前部署是否完备

通过比赛检查赛前的准备工作是否到位,在今后的准备工作中要注意哪些地方,完善准备工作。

四、比赛心理状况

心理状况决定比赛发挥水平。要总结球员在比分领先时的状况、比分落后时的状况、焦灼时的状况、有外界干扰时的状况,根据球员的心理特征制定相应的练习方法。

五、比赛应变能力

比赛瞬息万变,要根据场上的变化做及时相应的调整,做好案例记录,在赛后可以找出来进行分析,提示球员为什么要变、怎样变和变化后可能出现的情况。通过这种方式对球员进行应变能力练习,达到训练效果。

思考题

1. 网球指导工作分为哪些阶段?
2. 赛前准备有哪些工作?
3. 临场指导时队员斗志不高应如何调整?
4. 比赛中教练有多长时间的指导时间?
5. 赛后总结应从哪几个方面入手?

第十二章 网球运动的训练方法

第一节 网球运动的身体素质训练

良好的身体素质是网球运动的基础,是学习和掌握网球运动技战术,充分发挥稳定技能的保证,因此,全面发展身体素质是网球运动学习和训练必不可少的组成部分。网球运动员的身体素质主要包括:力量——爆发力好,启动速度快,击球、发球有力,从底线的击球能够发挥强大的爆发力,并且能够自如地控制底线球;速度——反应速度和移动速度快;耐力——能够长时间保持较好的体能,并在后期的比赛中也能够稳定发挥;柔韧性和灵敏度——肌肉和关节能够协调运用,以减少伤害的可能性,并能够准确地击打高、中、低球。

一、力量素质训练

(一)力量素质的基本概念

力量素质是人体或身体部位的某一部分肌肉(收缩和舒张)克服内外阻力的能力。外部阻力是指物体的重量、支撑反作用力、摩擦力、空气阻力、水阻力等。内部阻力包括肌肉的黏滞力、关节的加固力及各肌肉间的对抗力等。力量素质训练的目的是提高人体克服外部阻力的能力,发展自身的力量素质。

(二)力量素质的分类

1. 按肌肉收缩形式划分

(1)动力性力量。动力性力量是指肌肉收缩或拉长时,使身体或身体某一部分产生位移或推动别的物体产生运动的力量。

(2)静力性力量。静力性力量是指肌肉收缩时产生的力量,可以完成某些静止不动的用力动作,或在整个动作中肢体不产生明显位移的力量。

2. 按体重与力量的关系划分

(1)绝对力量。绝对力量是不考虑运动员的体重因素,人体或人体某部分用最大力量所能克服最大阻力的能力。

(2)相对力量。相对力量是每千克体重所表现出来的力量,它主要反映运动员的绝对力量与体重之间的关系。

3. 按力量表现形式划分

(1)最大力量。最大力量是指运动员的最大肌肉力量和最大意志力收缩在对抗一种刚好能克服的阻力时所发挥的最高力值。

（2）速度力量。速度力量是指运动员在特定的负荷条件下所表现出来的最大动作速度。

（3）力量耐力。力量耐力是指运动员在克服一定外部阻力时,能坚持尽可能长的时间或重复可能多的次数的能力。

（三）网球运动中力量素质的特点

从运动项目来讲,网球是属于技能主导类项目,技术是网球运动的关键环节。但是随着现代网球运动的发展,战术变化更加多样,体能的作用更加明显。力量是网球运动员最重要的素质,在不同时间段对运动员身体强度的要求是不同的,对不同的位置、球的不同高度,其力量要求也不同,所以在网球运动中,运动员的力量有自身的特点,最需要提高的是爆发性力量,也就是速度力量。重点是如何在最短时间内发挥出最大的肌肉力量与速度。

从视觉的角度来看,网球运动是通过球的运动来充分地表现力量的,球的运动主要通过旋转和速度两大因素表现。换句话说,在网球运动中最直接表现出力量作用的,就是球的旋转和球的速度,所以网球运动力量的特点是以动力性力量为主;从表现形式来看是一种以速度力量为主,以最大力量和力量耐力为基础的一种综合性力量。

（四）网球运动中力量训练的方法

1. 上肢力量

（1）手腕:手持器械,固定前臂,以手腕为轴做伸、屈两种练习。

（2）上臂:手持负重器械,以肘为轴做向胸内侧拉伸运动,主要练习肱二头肌和肱三头肌的力量。

（3）大臂:手拿负重物,两手侧平举再放下,主要练习大臂和三角肌及肩关节的力量。

2. 躯干力量

（1）背肌:①双手屈体持实心球投掷;②单手持球（网球）投掷;③持哑铃推举、直举、前上举、体前屈平举等。

（2）腹肌:平躺仰卧起坐、单侧收腿异侧方向仰卧起坐、仰卧两头起。

3. 下肢力量

（1）大腿:深蹲、半蹲快速起。

（2）小腿:利用健身器材,同一侧拉伸训练。

（3）脚踝:负重提踵,单脚跳。

（五）提高网球运动员力量的具体手段

1. 投实心球练习

两腿平行站立,与肩同宽,双手持一个5千克的实心球。尽量放低身体,下蹲,后背保持平直,膝盖在脚尖正上方。双手在大腿之间托住球,开始向上抛。脚踝绷紧,身体尽可能长时间保持拉伸姿势。一旦腿和臂肌肉伸展充分,尽可能将球抛得越高越好。每5次一组,共3组。

2. 水平扶墙练习

右脚支地,左手撑住墙面,身体和地面成60度角,抬起左脚,大腿平行地面,大小腿成直角,脚尖翘起,脚心尽量平行地面,保持重心稳定,尽量收腹,身体保持直立。然后换方向。左脚落地,右腿抬起至大腿平行地面,步骤同前。每条腿各 6～10 次为一组,做四组。

3. 单脚健身操

选择一对适合自己的哑铃,举至肩部,双腿与肩同宽站立。练习时,先向后撤一条腿至一个比较舒服的位置呈弓步站立,保持膝盖对直脚尖。挺胸,直背,目视前方。前面那只脚的脚跟着地,撑起身体。后面那条腿抬起至体前,抬膝直到与腰持平,停住一秒钟,反复做,越流畅越好。每组每条腿抬 8～10 次,做三组。

4. 拉橡皮筋

将一根力量训练的橡皮筋绑在一个固定物上,首先面对固定物,双手抓住橡皮筋向身体方向拉伸做屈臂、翻腕、提拉的动作,然后分别用左侧对、右侧对和背对固定物做同样的练习。每个动作 10 次为一组,做 5 组。

二、速度素质训练

(一)速度素质的基本概念

速度素质可概括为是人体快速完成动作的能力和动作反应时间,也可以简单地理解为人体(或身体的某部分)进行快速运动的能力。速度是运动员的基本素质之一。

(二)速度素质的分类

速度素质按表现形式可以分为反应速度、动作速度、位移速度三个部分。

1. 反应速度　是指人体或器官对各种刺激发生反应的快慢,如短跑运动员从听到发令到起动的时间。反应的快慢主要取决于兴奋信号通过反射弧所需要的时间的长短,这仰仗于中枢神经系统的机能状态和运动条件反射的巩固程度。

2. 动作速度　是指完成单个动作的时间的长短,如网球运动中击球时的挥臂速度。动作速度主要是由肌肉力量、肌肉组织的兴奋性和运动条件反射的巩固程度等因素决定的。

3. 位移速度　指周期性运动中人体在单位时间内通过的距离。以跑为例,周期性运动的位移速度主要取决于步长和步频两个变量,而步长和步频又受多种生物学因素的制约。

(三)网球运动中速度素质的特点

网球运动的反应速度主要指判断来球的反应速度;动作速度是指打出一个好球的击球速度,具体地说是挥拍速度;位移速度是指脚的移动速度。

网球运动的速度取决于力量和爆发力。不同于投掷和举重的瞬间爆发,网球运动的爆发力主要体现在有能力控制自己的肢体,尤其是快速移动和运动手臂的能力,这更有利于提高击球速度。特别强调速度素质对提高神经系统兴奋与抑制过程中的强度有帮助,对于发展速度也是有利的。所以在训练中应采用正确的方法来训练下肢、躯干、上肢、前臂内旋等肌群快速工作的能力。

(四)网球运动中速度训练的方法

由于网球运动的速度素质需要反应、动作、位移三个方面的综合能力,而这三个方面既有联系,又有区别,所以应采用多种提高速度素质能力的训练方法。

1. 反应速度的训练方法

（1）移动目标训练：网球是一个移动的目标，对其运动的反应一般都要经历四个阶段：第一，看清来球的方向；第二，判断球的速度、旋转和高度；第三，做好准备并选择合适的击球位置；第四，完成动作后立即回原位。

（2）动作选择训练：根据对手的动作变化做出相应的动作反应是人体反应和特殊动作紧密结合的一种形式。动作选择训练需要高度的专业化，其专项效果非常明显。动作训练包括两个部分：一是在专项训练中面对需要选择的复杂情况进行联系；二是训练运动员合理利用对手可能做出的变化来做好预判。

2. 动作速度的训练

动作速度寓于具体的动作之中，它和动作技术的完善程度紧密联系。此外，运动速度直接受力量、柔韧性、灵敏度等制约，因此它和其他素质的发展关系密切。动作速度的培养，必须建立在技术水平的提高与稳定，以及相关身体素质的发展基础上才能实现。

（1）完善技术动作：首先，动作速度的提升与技术动作的完善程度有很大的关系，因为动作幅度、运动距离、运动时间、运动方向、运动角度以及运动部位等因素都会对运动速度产生明显的影响。其次，在技术训练中，人的协调能力能够得到改善，有助于运动速度的发展，最大限度地减少人体的运动阻力，从而达到提高运动速度的目的。

（2）动作负荷加压训练：在动作速度训练中利用外部自然条件和人为因素的阻力来发展运动的速度。网球训练中更注重人为因素的运用。人为阻力是一种直接作用于运动员运动方向的力量，可以帮助运动员提高运动速度或完成某项技术的动作速度。

3. 位移速度训练

位移速度可以看作是人体运动能力的一种具体表现形式。运动技术水平可以决定位移的速度，而力量、柔韧性、速度耐力和协调性的发展对速度也有着很大的影响。从另一个角度来看，位移速度也可以被看作是运动速度、速度耐力和意志力的结合。位移速度训练主要采用以下方法。

（1）力量训练。力量水平特别是爆发力水平的提高对位移速度的提高具有相当重要的意义。力量训练是提高位移速度的基本方法之一。常用的训练方法有负重杠铃，各种单双足跳、多级跳和跳深。

（2）重复训练。指以一定的速度，多次重复一定距离的训练。这种方法对提高人体在快速移动中克服各种内外阻力以及速度耐力有十分重要的作用。

（3）比赛法、游戏法。比赛法是指通过和其他运动员比拼速度、技术、成绩，激发运动员的情绪，促使其最大速度的增加。在比赛的状态下，往往能比平时更快做出反应，完成快速运动。游戏法与比赛法作用相同。由于游戏会引起动作的各种变化，因此还可以防止因经常安排大速度训练而引起的"速度障碍"。

（五）提高网球运动员速度的方法

网球运动员的专项速度主要是指动作速度、移动速度和反应速度三种，采用以下几种练习方法可较快提高网球运动员的专项速度。

（1）前冲跑与后退跑：站在网球场端线前冲跑，跑到网前后立即后退跑。

（2）交叉步跑：在一侧球场的中间，面对球网，前后、左右交叉步跑。

（3）并步移动：在一侧球场中间，面对球网，左右并步移动。

（4）四角回心跑：在一侧球场的中间，面对球网，看老师的手势依次向场地四角跑，手触角线后立即返回中心。

(5) 垫步跑:在一侧球场的中间,面对球网前后、左右垫步跑。

(6) 碰线移动:此练习要求练习者快速移动,同时改变前后移动方向。在网球场地上,从双打边线外3米处开始向前跑,用手碰双打边线、单打边线、发球中线、另一单打边线、另一双打边线、单打边线、双打边线。此练习可两人分别站在自己半场同时比赛,通过计时来看谁的成绩更好。

(7) 急起急停跑动练习。

(8) 20～30米短距离加速跑。

(9) 根据信号反应练习:根据同伴发出的口令、哨音或手势,向前后左右各个方向做快速移动,以提高反应速度。

(10) 5球移动练习:此练习要求练习者在快速移动中变换方向,在双打边线外2.5米处放5个球,练习者站在该处,先不拿球,当老师发出口令后立即拿一个球快速冲到最近的边线,把球放在线上,然后快速返回拿第二个球,冲刺到下一条边线,把球放在该边线上,重复同样的动作,直至把5个球都放在不同的边线上。也可以把所有球都放在线上后,再依次捡回放在起点处。该练习需计时完成。

(11) 高频率练习:跟随老师击掌的节奏,做高频率的小碎步练习和高抬腿练习,跟随节奏由慢至快或快慢交替进行。

(12) 快速挥臂练习:做徒手快速挥臂鞭打动作(发球的挥拍动作)。用鞭打动作投掷轻器械(如网球、羽毛球、乒乓球等)练习,以提高发球时的挥臂速度。练习时可两人对掷或单人投掷,然后丈量成绩。

三、耐力素质训练

(一) 耐力素质的基本概念

耐力素质是指长时间活动或抵御神经、肌肉疲劳的能力,是网球运动重要的基本素质之一。从生物学的角度看,影响耐力素质发展的主要因素有神经过程的稳定性、快慢肌纤维的比例、肌糖原的储备量、最大摄氧量水平、人体负氧债能力和意志品质等因素。从训练学的角度看,影响耐力素质发展的主要因素有训练方法、训练手段、负荷性质、负荷强度、练习次数、训练频率和恢复方法等因素。

(二) 耐力素质的分类

耐力的表现与许多因素有关,其中与机体能量供应的能力关系最为突出。因此,我们可以根据耐力所从属的不同功能性质来对耐力进行定义,即有氧耐力与无氧耐力。

1. 有氧耐力 是指人体长时间依靠糖、脂肪等进行有氧供能的工作能力。有氧供能的先决条件和关键是供氧充足。而运动中氧的供应受多种因素制约。

(1) 心肺功能。肺的通气与换气机能是影响人体吸氧能力的因素之一。优秀的耐力运动员的肺容积、肺活量普遍大于非耐力运动员和无运动训练者,其肺的通气机能和弥散能力也大于一般人。心肺功能的改善为运动时氧的供给提供了先决条件。

(2) 骨骼肌特点。当血流经组织细胞毛细血管时,肌组织从血液中摄取和利用氧的能力与有氧耐力密切相关。肌组织利用氧的能力,一般用氧的利用率(即每100 mL动脉血流经组织时组织利用氧的百分率)来衡量。

(3) 神经调节能力。长期坚持耐力训练不仅能够提高大脑皮质神经反射过程的稳

定性,而且能够改善和促进中枢神经系统的协调,具体表现在肌肉的收缩与舒张更加协调,各肌群(主动肌、对抗肌、协同肌)之间的配合更趋完善,运动中枢的兴奋与抑制过程更加集中,内脏器官的活动能更好地与肌肉活动相适应。神经调节能力的改善可提高肌肉活动的机械效率从而减少能量消耗,保证肌肉的长时间活动。

(4)能量供应特点。耐力性项目往往强度相对较低,而运动持续时间较长,绝大部分能量由有氧代谢供给。所以,机体的有氧代谢能力与有氧耐力素质密切相关。长期进行系统的耐力训练,可以提高肌肉有氧氧化过程的效率和各种氧化酶的活性,以及机体利用脂肪供能的能力;经过长时间的耐力练习,随着运动时间的延长,脂肪供能的比例逐渐增大,从而节省糖原的利用。人体利用脂肪供能的能力,可以从血浆中自由脂肪酸的含量来判断。

2. 无氧耐力 是指机体在供氧不足的情况下较长时间进行肌肉活动的能力。在长时间缺氧情况下,机体主要依靠糖类的无氧酵解来提供能量。因此无氧耐力的水平主要取决于肌肉无氧酵解供能的能力、缓冲乳酸的能力以及脑细胞对血液 pH 值变化的耐受力。

(1)肌肉无氧酵解供能的能力。肌肉无氧酵解供能的能力,主要取决于肌糖原的含量及其无氧酵解酶的活性。柯斯蒂尔等(1976)发现,优秀赛跑运动员腿肌中乳酸脱氢酶的酶活性和磷酸化酶活性,长跑者最低,中跑者居中而短跑运动员最高。这表明肌肉无氧酵解能力与无氧耐力素质密切相关。

(2)缓冲乳酸的能力。肌肉无氧酵解过程产生的乳酸进入血液后,将对血液 pH 值造成影响。但由于缓冲系统的缓冲作用,使血液 pH 值不至于突然发生太大的变化。机体缓冲乳酸能力的强弱主要取决于血液中碳酸氢钠的含量及碳酸酐酶的活性,其中前者应占到主导地位,但后者起决定性作用。一些研究表明,经常进行无氧耐力训练,可以提高碳酸酐酶的活性。

(3)脑细胞对血液 pH 值变化的耐受力。尽管机体的缓冲物质能中和和消解一部分进入血液的乳酸,但由于进入血液的乳酸量往往较大,故血液 pH 值无疑还会向酸性方向发展,加上因长期运动引起的供氧不足而导致代谢产物堆积都将会影响脑细胞的工作能力,从而使得运动员感觉到疲劳。因此,脑细胞对这些不利因素的耐受能力的高低也是影响无氧耐力的重要因素。经常进行无氧耐力训练的运动员,脑细胞对血液中代谢产物堆积的耐受力都会得到显著的提高。

(三)网球运动中耐力供能的特点

网球运动是一种由连续的短时间的爆发性动作组成的比赛项目,因其动作间歇不规则,有短兵相接,也有持续对攻,因此,其能量系统的供能特点是混合供能,70%为磷酸肌酸;20%为无氧糖酵解;10%为有氧系统供能。如向前冲刺接网前球、跳起扣高压球或发球强攻等简短而激烈的动作,是无氧无乳酸供能;而底线相持,多拍对攻时,是无氧糖酵解供能;每一分间隔和交换场地时有较长的休息时间,又是有氧系统供能。

(四)网球运动中耐力训练的方法

网球运动耐力训练的方式是否与网球比赛的特点相吻合直接影响到耐力训练的成效。一个好的田径运动员一般会有很好的耐力,但如果他参加网球比赛其耐力就不一定能胜过一个优秀的网球运动员了。

1. 有氧耐力的训练

有氧耐力的常用训练方法有持续训练法、间歇训练法及高原训练等。

(1) 持续训练法是一种连续、非间歇、低强度、长时间的训练方法。在长跑和游泳训练中,常采用长距离的持续性匀速练习,主要用于锻炼心肺功能和有氧耐力的发展。长时间的持续训练,可以提高大脑皮质神经过程的均衡性和机能稳定性,提高呼吸和循环系统的机能及最大摄氧量($VO_{2,max}$),并能引起选择性的慢肌纤维肥大以及肌红蛋白的增加。尤其是青少年儿童及训练水平较低者应以低强度的匀速、持续性训练为主。

(2) 间歇训练法是指在练习中要有适当的间歇时间,但有时间歇期仍会进行强度较低的练习,而不是完全的休息。间歇训练对练习的距离、强度及每次练习的间歇时间有严格的规定,往往不等身体机能完全恢复就要开始下一次练习。因此,间歇训练法对身体机能的训练需求更高,所以更容易引起身体结构、功能和生物化学反应的深刻变化。

(3) 随着运动水平的不断提高,人们在加大运动负荷的同时,开始注重提高训练难度,给身体更强烈的刺激,以调动人体的最大潜能。高原训练是在这一思想基础上发展的一种训练模式。在高原训练中,人要承受高原缺氧和运动缺氧两种负荷,对机体造成的缺氧刺激远远大于平原,能极大地调动机体的潜能,从而使人体产生复杂的生理效应和训练效果。研究表明,高原训练能使人体内的红细胞和血红蛋白量、血容量上升,呼吸循环系统的能力显著增强,从而提高有氧耐力,同时还可以挖掘无氧耐力的极限。

2. 无氧耐力的训练

(1) 间歇训练是培养无氧耐力较常用的方法。在利用间歇训练方式提高无氧耐力的过程中,要对运动强度、训练时间和间隔时间的组合匹配进行考虑,要以运动中能产生高浓度的乳酸为依据。因此,间歇训练运动强度和密度大,间歇时间短,通常运动时间应大于 30 秒,以 1～2 分钟为宜。在这样的运动强度、运动时间和间隔时间的组合,可以最大限度地提高糖酵解系统供能的能力,从而有效提高无氧耐力。

(2) 缺氧训练是指在憋气或减少吸气的条件下进行练习的方法,其目的是造成体内缺氧,以提高无氧耐力。缺氧训练不仅可以在高原自然环境中进行,而且在平原特定环境条件下模拟高原训练,同样可以获得一定的训练效果,如利用低压舱或减压舱等。

期望得到更好的耐力训练水平,除了需要依靠技术和战术等因素外,还在于所进行的耐力训练的不同方式。这是因为运动员在任何专项运动训练活动中,通过怎样的方式获得运动技能或身体素质,就必须通过相同的方式来体现这种训练的有效性。网球运动耐力训练的水平主要体现在训练中要完成大量的不同方向的底线抽击运动,而不同距离、不同速度交错的奔跑,没有固定方向的击球能力,是训练水平的具体体现。因此,网球运动耐力训练应尽可能使用一些适合网球身体活动方式特点的训练方式,从而使运动员在耐力训练过程中更接近于实际应战。它不仅可以使网球运动耐力素质获得良好的发展,也有利于运动员在比赛中有效发挥和充分体现,从而促进竞技能力的不断提高。以耐力训练形式配合各种球类技术、战术练习以及对抗性练习是值得实践和提倡的。

在有氧耐力的专项训练过程中,应根据训练对象的年龄层次和水平,适当配合一些无氧耐力训练的内容和方法,以提高有氧耐力训练运动负荷,这有利于更有效地提高最大摄氧量,从而达到更好的有氧耐力训练效果。在一定程度的有氧耐力训练的基础上,或是在进行有氧耐力训练的基础上,建立无氧耐力训练是比较提倡的。因此,即使在无氧耐力训练的发展阶段,也应在无氧耐力训练的同时继续保持和提高有氧耐力训练水平,以保证无氧耐力的稳步提升,实现耐力的快速发展和提高。

（五）提高网球运动员耐力的方法

网球运动员在比赛中长时间的连续移动、连续挥拍、相持迂回等都需要有较好的耐力。下面这 7 项训练内容不仅可以很好地提高人的耐力素质,还能提高手臂和手腕力量、腰腹力量以及爆发力和全身的协调性,经常练习能够达到事半功倍的效果。这 7 项练习是一个循环,分为 5 个级别,在循环的过程中,不同能力练习者可根据自己的级别进行相应的练习,耐力练习水平表如表所示。

耐力练习水平表

水平等级	耐力练习内容
1 级水平	先测定在 30 秒内能够完成练习的最多次数,然后在 30 秒内按照标准动作进行最多次数的 50% 的练习。完成一项练习之后最多可以休息 30 秒,就必须进入下一个项目的练习。共进行 3 个循环的练习
2 级水平	完成上一级所测最多次数的 80%,按照标准动作进行练习。完成一项练习之后,休息时间控制在 30 秒之内,就必须进入下一个项目的练习。共进行 3 个循环的练习
3 级水平	先测定在 15 秒内能够完成练习的最多次数,然后按照这个最高次数完成每项练习,每项练习之间休息约 20 秒。在进行第 2 个循环练习时,要求每个项目的练习次数要比第 1 个循环多,第 3 个循环的练习次数要比第 2 个循环多
4 级水平	先测定在 20 秒内能够完成练习的最多次数,然后按照这个最高次数依次完成每项练习,每项练习之间休息 15~20 秒。在进行第 2 个循环练习时,要求每个项目的练习次数要比第 1 个循环多,第 3 个循环的练习次数要比第 2 个循环多
5 级水平	尽最大努力进行 15 秒主要项目(比如俯卧撑)的练习后,立即再选一项(比如跳绳、踢腿等)在 15 秒内尽最大努力完成

1. 俯卧撑

身体呈一条直线,肘关节弯曲 90°,然后再还原到起始姿势,继续做下一个俯卧撑。如果有能力,可以做到鼻子贴近地面,还可以在撑起时尝试双手离地击掌。

2. 双脚原地跳

全身协调力量,双脚向上跳起,双腿屈膝向上尽量贴近胸部。落地要轻柔。如果落地毫无控制,会使膝关节及脚踝负担过重,容易受伤。

3. 仰卧两头起

仰卧,双臂与双腿同时向上举起在腹前相碰。注意背部挺直,双腿膝关节不要弯曲,身体平衡。

4. 屈体剪式脚

全力向上跳起,同时两腿伸直向两侧分开,双手触碰到两足尖,注意上体不可向前倾斜。每个人的柔韧性不同,两腿分开的程度不相同,膝关节也可能有些弯曲,这都没有关系,但一定要跳起来分开两腿,手尽量摸到脚尖,并按自己的级别水平跳到足够的次数。

5. 腰髋转动综合练习

首先从俯卧撑的开始姿势做起,两臂撑直,一条腿不弯曲放于撑地两手的一侧;另一条腿在原地伸直。以这样的姿势为准备姿势,从准备姿势开始,快速交换两腿的位置,即一腿摆动到撑地手的侧面,另一腿快速回到原位,如此重复交换进行练习。

6. 快速弓箭步

以两腿大幅度前后分开的弓箭步姿势开始,然后在保持上体平行的前提下,让弓箭步的前后脚交换位置。注意两脚跨步的步幅不可窄小(即前后脚的距离不能太近)。

7. 跳绳

在跳绳中加入各种动作,如高抬腿跳、后踢腿跳等,中途不可失误,以此来培养集中注意力的能力。

四、柔韧素质训练

对于网球运动员来说,提高柔韧性主要有四个好处:首先,良好的柔韧性可增加运动时关节的活动幅度;其次,良好的柔韧性可以让支配身体各部分的能力增强;再次,还可以提高运动效率;最后,在一定程度上降低了运动损伤的可能性。克里斯特尔斯如果没有良好的下肢柔韧性,要想做出高难度的劈叉击球是完全不可能的。可见,良好的柔韧性是取胜的砝码之一。

柔韧性训练通常可分为静态拉伸、动态拉伸和本体感受神经肌肉性促进法(简称为PNF拉伸法)三种。而针对不同部位可采用不同的练习方法。

静态拉伸:这种方法是利用固定的肌肉张力来提升柔韧性,如做肩关节柔韧性训练时,每个动作需要维持6～10秒,每组动作重复5～10次。

动态拉伸:此法是利用反复的动作,增加伸展反射的能力。这种伸展有助于肌肉的舒展,避免肌肉紧绷或肌纤维撕裂的运动损伤。建议先做静态拉伸,再做动态拉伸。

(一)腕部拉伸

1. 桡侧腕屈肌伸展

伸直右手手臂,放在身前与地面平行,掌心向下,左手向下握住右手背顺着关节拉右手手掌,保持一段时间后松开,换手操作。

2. 尺侧腕伸肌伸展

伸直右手手臂,放在身前与地面平行,掌心朝上,左手向下握住右手手掌逆关节牵拉右手手掌,保持一段时间后松开,换手操作。

(二)肩部拉伸

1. 肩部前内转(三头肌及肩三角肌伸展)

右手臂呈水平伸直,左手将手肘内拉放在身前,采用静态拉伸。

2. 肩部侧转(肩三角肌伸展)

手臂伸直放在身后靠在墙上做身体的侧转动作,采用静态拉伸。

3. 肩部向上侧伸(肩三角肌伸展)

将手肘抬起,前臂置于头后,左手将手肘向左拉,采用静态拉伸。

4. 双臂向后伸展

将双臂伸直,两手交握放在身后进行伸展,采用静态拉伸。

5. 跪姿手前伸展

跪在地上,左手伸直,右手屈肘放在胸前,像小猫伸懒腰一样趴在地上进行静态拉伸。这个动作可以单手牵拉,也可以双手牵拉。

(三)腿部拉伸

1. 坐姿体前屈

放松地坐在一块平地上,双腿伸直并拢置于身前,拉伸时上半身下压,尽量用头触碰膝盖,双手拉住脚尖。这个动作有助于后腿肌、臀大肌及下背肌的伸展,练习者可在同伴的协作下进行 PNF 拉伸训练。

2. 坐姿体侧屈

放松地坐在一块平地上,双腿伸直呈"八"字形放在身体的两侧,拉伸时上半身向侧面下压,尽量用头触碰右腿的膝盖,双手拉住右腿脚尖。这个动作有助于后腿肌、臀大肌及下背肌的伸展,练习者可在同伴的协作下进行 PNF 拉伸训练,并换腿操作。

3. 仰卧抬腿

放松地躺在一块平地上,双手抱头放在脑后,双腿自然伸直。拉伸时,同伴将练习者的右腿抬起,向其上半身下压,腿保持伸直。这个动作有助于髋部的伸展,练习者可在同伴的协作下进行 PNF 拉伸训练,并换腿操作。

(四)踝部拉伸

放松地坐在一块平地上,双腿伸直并拢放在身前,双手放在身后撑地。同伴将手放在练习者的脚背上向下压。这个动作可以增加踝部的柔韧性,练习者可在同伴的协助下进行 PNF 拉伸训练。

(五)膝部拉伸

1. 立姿单腿屈膝

双脚与肩同宽站立,左手向后抓住右脚弯曲向后拉伸,练习时为了保持平衡,可以扶住墙面进行练习。该动作采用的是静态拉伸。

2. 前推后弓

呈弓步站立,拉伸大腿的内侧肌。练习时要尽可能伸展大腿及小腿,注意不要反复做下压动作,这样容易拉伤韧带,应该采用静态拉伸的练习方法。

3. 小腿的拉伸

呈弓步站立,但不要蹲得太低。双手扶住墙面,将重心放在后腿,拉伸后腿的小腿肌肉。这个动作采用的是静态拉伸的练习方法,可以促进四肢肌肉的伸展。

五、灵敏素质训练

(一)灵敏素质的基本概念

灵敏素质是指在各种环境突变的条件下,人体迅速、准确、协调、灵活、敏捷地完成动作的能力。它是人们活动技能和各种身体素质在活动过程中的综合表现。灵敏素质包括三层含义:掌握复杂动作的协调能力、迅速学会和完善动作技巧的能力、根据变化情况迅速准确地变化技巧的能力。

灵敏素质在体育训练以及日常生活、工作中有很大的意义。球类运动项目经常要求训练者做出各种起动、急停、变向动作;跳水、体操等项目则要求运动员经常改变身体的位置和方向。敏捷地躲避突发危险、快速处理紧急事件等,都要求人体具有调节身体方位的高度的灵活性。这一切都说明,灵敏素质是掌握和完善动作的重要前提。

(二)灵敏素质的分类

灵敏素质可分为一般灵敏素质和专项灵敏素质两种。一般灵敏素质主要表现在运动过程中的身体方位、动作变化及其适应能力,如变向、躲闪等;而专项灵敏素质为各种运动项目技术上的变化能力,如网球比赛中的急停、变向、转身、后退,足球运动员的躲闪、晃动,体操选手的快速转身、翻腾等。专项灵敏素质与运动成绩有着密切的关系,而各个运动项目间的灵敏素质不可相互代替。比如有人面对球类项目得心应手,而在做体操动作时未必那么灵活。因此,灵敏素质的训练应根据实际需要,因人而异。

(三)影响灵敏素质的因素

灵敏素质在人的身体素质中占有特殊的地位,它以多种方式与其他身体素质发生联系,并且与动作的熟练程度密切相关。影响灵敏素质的因素有很多,主要有以下四个方面。

1. 大脑皮层神经活动的灵活性

灵敏素质首先是由大脑皮层神经过程的灵活性所决定的。人的大脑皮层神经过程灵活性高,对肌肉的指挥能力强,就能使肌肉缩放及时,使各肌群工作协调一致。经常参加体育锻炼,尤其是各种灵敏性训练,可以改善大脑皮层神经过程的灵活性,提高大脑皮层对肌肉的指挥能力,提高各种感官的灵敏度,保证各种应答动作准确迅速。

2. 身体素质的发展水平

灵敏素质的发展有赖于其他素质的发展。特别是反应速度、动作速度、柔韧性、爆发力等,都与灵敏素质有密切关系。良好的反应速度和动作速度直接影响到动作的灵活程度,而力量则是快速完成动作的基础,良好的柔韧素质可以将复杂的动作准确自如地表现出来。其他素质发展了,就能相应地促进灵敏素质的提高。因此训练时要注意把灵敏素质和其他素质的练习结合起来。

3. 掌握技能的数量与熟练程度

运动员在学习新的动作时,总有一部分是依据已经学过的动作有机地串联起来的,它们与所要学习动作的新要素一起构成特殊的联系,组成新的技能。这就说明,运动器官的训练越精细、越准确、越多样,条件反射联系的储备越丰富,所掌握的技能就越多、越熟练,对于新动作的形成就越适应,做动作时就能表现出更高的灵敏性。网球运动中,攻防对抗条件不断变化,需要快速准确地做出应答动作,这些动作的展现与已经掌握的技能数量和熟练程度直接相关。

4. 生理、心理状态

良好的心理状态对灵敏素质的发挥能起到积极的影响。只有坚毅、果断才能快速、协调地完成动作,更能表现出动作的灵敏性。遇事犹豫不决,就会使肌肉和神经都处于迟钝状态,影响到灵敏素质的发挥。另外,身体脂肪过多、体重过大、过度疲劳等不良生理状态,也会对灵敏素质产生直接影响。

(四)发展灵敏素质的原则

发展灵敏素质,除了必须遵循身体素质练习的一般规律以外,还应该注意遵循如下几点原则。

1. 掌握时机,持之以恒

灵敏素质的发展与时间有关,一般来说青少年7~13岁是发展灵敏素质的最佳时期,但在20岁左右灵敏素质的发展仍有一定的潜力。只要安排得当、持之以恒,灵敏素质必然会提高。

2. 综合训练，全面发展

灵敏素质是人的活动技能和各种身体素质在活动过程中的综合表现，有赖于其他素质的发展水平。因此，在选择训练内容、采用练习手段时，要充分体现这一特性，把灵敏素质与其他身体素质（尤其是速度、力量等素质）结合在一起练习。

3. 区别对待，因人而异

不同的运动项目对灵敏素质有不同的要求和表现方式。训练中，应根据活动内容和运动项目的需要，采用与其相一致的手段和方法。如球类运动员多采用躲闪跑、"Z"字形跑、急停急起等手段提高灵敏性。当然，对于一般锻炼者而言，也应重视提高日常基本活动所需的灵敏性。

（五）发展灵敏素质的手段与方法

发展灵敏素质应从培养各种能力入手，如掌握动作的能力、反应能力、观察判断能力、节奏感等。应注意每次练习的时间不宜过长，练习的重复次数不宜过多，每组练习之间应有足够的休息时间，但以不影响神经系统的兴奋性为度，一般练习与休息的时间比例控制在1∶3左右。另外，要合理安排训练顺序，一般来说发展灵敏素质的练习应安排在整体练习的前半部分，这时的人体力充沛、精神饱满、注意力集中，有利于灵敏素质的提高。发展灵敏素质应采用多种练习手段。

1. 活动性游戏及球类项目练习

经常做活动性游戏和球类项目训练，以及各种类型的障碍跑、变向跑、侧身跑、后退跑练习，让练习者在跑跳中迅速、准确、协调地做出各种动作。如快速改变方向、各种躲闪、突然起动、急停、迅速转体，对视觉、听觉、触觉器官接收到的信号做出快速应答动作等。

2. 不断改变练习条件

提高灵敏性必须创造多变的、非传统性的、新的联系。例如改变动作的节奏和速度；改变完成动作的空间范围，缩小练习场地；改变完成动作的方法，如向后跳远，用相反的姿势完成动作；增加或减小阻力的练习；设置不同类型的对手，等等。

3. 调整身体方位

训练者可以经常利用体操器械做各种倒立、翻滚、摆荡、转体、腾跃动作，这些练习可以有效地发展人体的本体感受能力、平衡能力和判断能力，从而发展灵敏素质。

4. 不断更新学习内容

如果一个人较长时间忽视学习新动作，那么学习能力就会逐渐消退。按照新的、即刻决定的规定做出动作是发展灵敏素质的先决条件。因此，练习内容要多种多样，不断变化和更新。

第二节　网球运动的心理素质训练

在高水平网球比赛中，运动员的身体素质和技术、战术水平差距日渐缩小，竞赛的胜败在很大程度上体现了运动员心理素质的较量。因此，网球运动的心理素质训练是现代网球训练的重要组成部分，它同身体训练、技术训练和战术训练一起构成了现代网球运动的完整体系。

一、心理定位

作为初学者要知道,个人对网球的初级水平的认识,控制能力的范围都不能产生超越初级阶段的想法,要明白学习和提高都需要一个过程,根据技术的要求要有先后训练的重点。有些球员在学习中容易出现紧张的心理状况,上场后会出现注意力过分关注击球的结果,没有关心击球的过程等问题,所以心理定位就是要告诉球员,初级阶段只能这样想,上场也只能这样做了,只要这样做了,很快就能体会到网球的快乐,从而产生兴趣,积极投入到训练中来。初级阶段要做到以下心理定位。

(1) 网球是游戏,不是竞技,在工作、学习之余锻炼身体,享受网球带来的快乐。

(2) 网球强调动作的观赏性,首先考虑的是动作标准,其次才是比赛输赢的问题,这是为了以后技术的提高打下坚实的基础。

(3) 把动作完整、标准地做完以后,要关注击球的过程,要求做到眼睛看球,控制挥拍的速度。

二、心理误区

球员即使做了心理定位,上场以后,当看见来球时依然会产生各种不同的想法。在这种情况下,球员会根据个人想法打球,心理定位做了也没用。一开始的训练难以改变球员这种错误的想法,只是大多数情况下他们没有意识到自己在想什么,只会关心球是否能打过网去,这个"唯一标准"占据着他们打球时的全部想法,无法解脱,而无意识活动就更难认识到问题所在了。不管球员在打球的过程中有任何想法,只要出现问题就应该做深入分析,才能走出心理误区造成的心理障碍。训练时,将出现的各种想法记录下来并对照心理流程表检查,看看自己的心理出现了什么问题,意识到问题的存在,从而彻底消除心理问题。

(1) 很多球员一开始学习网球,就想象职业选手那样大力击球,而职业选手的击球是通过一个长期艰苦的训练过程完成的。一开始学习网球就想达到职业选手的水平可能吗?一旦实际击球效果没有达到预期,学习网球的兴趣大大降低。而这种潜意识的心理活动是初学者无法自我意识到的,所以我们才要做心理定位。

(2) 训练中,球员总是下意识地想要把网球打过网去,而下网球的出现,会使这种想法更加强烈。这种时候球员会不自觉地加力击球,会将注意力集中到击球的结果上,越打不过网力量越大,就越无法控制球,预想的结果与击球的结果完全不一样,就会进入一种恶性循环的怪圈。其实训练中只要关心击球过程中的技术要领,网球学起来就会很轻松。

(3) 随着训练时间的增加,教练的反复提醒,球员会慢慢关注击球过程,但眼睛盯球和动作做完往往不能同时兼顾,成功率依然难以提高,可能进入心理误区。只有提高球员的自我察觉意识,才能有效避免进入心理误区的情况发生。

三、启动自我觉察意识心理障碍

初级训练中失误增加以后,球员会用自己的想法开始调整,这时候他们的认识也处在初级阶段,往往会导致越调整越差,开始形成心理障碍,导致球员在击球过程中出现"怕"的想法,或出现"我就不信打不过网"的固执想法。这时教练的指导起着重要作用。

教练应了解球员的想法，引导球员认识学习的过程是关注击球的过程，有了球员的积极配合，才能帮助球员克服心理障碍，尽快提高网球水平。

四、唤醒自我察觉的意识

教练的反复提醒就是让球员把注意力集中到击球过程上去：想着技术要领、眼睛看球、控制挥拍速度、动作做完。每一个击球动作都有一个标准，训练中常常达不到这些标准，教练可指导球员用以下方法分析原因，从而对第二次击球做出调整。

五、心理对抗

当教练提醒球员动作没有做完、眼睛没有看球、没有控制住挥拍速度等时，球员却不理解，并依然用自己的想法训练，这样就形成了与教练的心理对抗。部分球员在学球过程中可能存在心理对抗。如果球员不能理解技术要领，击球后不分析、总结，就会在无意识的情况下进入心理对抗当中，对技术水平的提高会起到严重的阻碍作用。消除心理对抗，对球员技术水平的提高有着重要作用。球员在打球前首先应经过思考想出正确的方法，再到球场上去打球，出现不足或错误之处，在教练提醒后，在第二次击球时有意识地改正，进而消除心理对抗，提高技术水平。

六、心理控制

当球员有意识地思考技术要领，场上能轻松自如地击球，这时信心也就培养出来了，但是要做到心理控制依然很难。球场内外的因素，击球的成功率，都影响着球员的心理活动。控制心理活动的能力不强，与训练无关的问题就会时常出现。自我检查能使球员察觉自己的心理活动是否正常。击球时，心理活动失控导致的状态欠佳，球员应马上调整自己的注意力，启动击球程序，使自己进入心理控制中，这样成长的速度会变得非常快。

七、冥想训练

冥想训练是网球教学的一个重要单元。首先对学员的心理建立一个正确的概念，同时不断巩固和强化这个正确的概念，使学员尽快地进入状态。其次，"想与打"是同等重要的，学员冥想正确的技术要领，进而加深理解技术要领。在击球的过程中，不是每一次击球都能用到正确的技术要领，而冥想训练可以在没有球的情况下，给予球员充分的想象空间，加深动作的印象，而且不受时间和空间限制。每天利用 5~10 分钟的休息时间来做冥想训练，坚持一段时间一定会进入快速成长周期。

思考题

1. 在网球运动中力量和耐力的训练方法有哪些？
2. 在初学网球时如何调整自己的心态？

第十三章

网球运动损伤及其防治

网球运动因为没有身体接触的对抗,受到的伤害程度也许不如拳击、足球等那么严重。但无论是从小得不起眼却很麻烦的水泡,还是严重扭伤,都不同程度地影响球员的健康并给生活带来不便。球员应重视运动损伤的预防,把运动损伤的发生降到最低。大家在电视上经常可以看到职业运动员在比赛中接受治疗。

理疗师正在为运动员德约科维奇进行现场救治

第一节　网球运动损伤治疗原则

球类运动中,网球运动的强度仅次于篮球和足球,奔跑多且体能消耗大。国家体育总局体育科学研究所任玉衡教授等对国家队及各省市14支专业队的107名网球运动员(男球员55名、女球员52名,平均年龄19岁),进行了为期两年的运动损伤的流行病学研究,得出的结论是:网球运动员的损伤患病率为50.47%。其中急性损伤占14.86%,而慢性损伤及急性转慢性损伤则占85.14%。专业球员的运动损伤中,常见的多发损伤是肌肉、筋膜、腱鞘等,约占损伤总量的56.76%,损伤原因多是专项训练过多所致。而在网球爱好者中,常见小腿、肘部和膝部的损伤多是因动作不规范、准备活动不足、疲劳等原因所致。因此,防治运动损伤是持续这一运动并提高运动水平的重要环节。

一、急性损伤的治疗

治疗的目的主要是止血、止痛、消肿,控制炎症反应,恢复正常关节活动范围,进行柔韧性、肌肉力量、耐力、平衡和协调性的练习,最终最大限度地恢复其功能并能无痛地进行所有的活动。但在治疗中,要注意急性损伤的时限,伤后24小时内应对受伤的组织进行以下处理。

（1）限制并减少活动，使受损的组织适度恢复，以免加重症状。

（2）用冷疗方法进行处理（对于有心血管疾病及肢体循环不好的病人慎用），目的是加速血管收缩，减少出血，镇痛及缓解肌肉痉挛。

冷疗方法有以下几种。

①冰擦：将冰块用纱布包裹或直接用冰块擦拭损伤部位及周围组织，每次5～10分钟，4～5小时擦一次，第2天5～6小时擦一次。

②将损伤部位置于冰水混合液中30秒后（皮肤潮红）取出，待感觉恢复正常后再放进去，3～4次为1组，每日5～6组。

③冰袋敷于伤处，每次20～30分钟，3～5小时重复一次。

④加冰水的冷毛巾敷，20～30秒更换一次，开始1～2小时重复一次，而后4～5小时重复一次。

⑤凉水冲泡不少于5分钟。

（3）加压包扎（内敷新伤1号药膏效果更佳）可减少肿胀及出血，用高弹性自粘绷带或其他适宜的装置来保护损伤部位，缠绕时要从远到近，睡眠时可去除（伤后24小时内最好不要去除）。

（4）若四肢损伤，为减少体液的淤积，应适度抬高患处。

伤后24～48小时进行以下处理。

①封闭疗法；

②温热水疗法、中药熏洗、淡盐水浸泡；

③理疗如超声波、超短波治疗等；

④按摩推拿；

⑤针灸疗法；

⑥扶他林等外用药涂擦等。

二、慢性损伤的治疗

对慢性损伤，需要经过专业医生诊断后再根据具体情况给予不同的处理。在训练时应动作规范，避免形成不良运动姿势和习惯。重复练习某一动作（如发球）时，不宜持续过长时间。避免单一训练形式，加强预防是每位体育锻炼者必须注意的问题。

（1）重视并做好锻炼前的准备活动，牵拉肌肉、韧带要充分。

（2）训练要遵循由少量开始、循序渐进的原则，用力适度，开始阶段的运动时间不宜过长。不要带伤继续运动。

（3）要重视基本体能训练。提高肌肉的力量及柔韧性，使自己能够适应网球运动的强度。

（4）加强易伤部位的防护，佩戴适宜的护具。坚持使用支持带，如护肘、护腕、护膝、护踝、护腿等。物理康复治疗对于运动损伤治疗有不可替代的作用。

（5）抓紧急性损伤的治疗，伤后要注意休息，减少急性损伤变成慢性损伤的可能。在发生运动损伤时，遵循急性损伤治疗原则（休息，冰敷，加压包扎，抬高患肢），应用抗炎止痛类药物。

（6）重视运动前的"热身"和运动后的"冷身"。做好训练后的整理活动，使肌肉充分放松。

第二节 网球运动常见损伤及治疗

一、网球肘

1. 网球肘损伤原因及症状

网球肘又称肱骨外上髁炎,是骨科的一种常见疾病。网球肘疾病的本质是肱骨外上髁部伸肌总腱的慢性损伤性肌筋膜炎。腕部持重或活动过度与发病有直接关系。多数情况下是由于小的损伤积累而逐渐出现的,也有一次性损伤所致的。网球运动中多是动作不正确或是球拍过重、多次重复单一动作造成的前臂肌肉紧张过度。症状是肘部痛,从而转化为整个手臂疼。

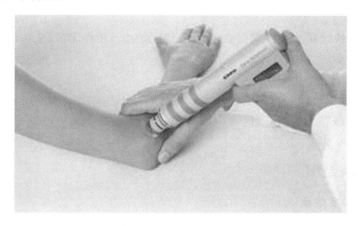

网球肘因常见于网球运动员而得名

网球肘的临床特点是,活动时做某一动作时肘部外侧自觉疼痛,多数没有明显的外伤史,症状逐渐加重,疼痛变为持续性,甚至夜间肘部疼痛而影响睡眠,也可出现手臂无力。

2. 治疗方案

常见治疗措施是停止运动,按摩,固定肘关节,进行必要的休息。预防方法是增加臂力练习、纠正错误动作、选择合适重量的球拍等。

(1) 早期,可在活动时减量或休息,待不痛后再活动,也可用扶他林等外用药擦拭(注意药物应用之前先用温热水浸泡肘关节几分钟,再将2~3毫升药物涂到患处,用手指稍加用力擦拭效果更好)。

(2) 可采用按摩治疗、封闭疗法等。

(3) 活动时带护肘或用弹力绷带缠绕前臂。

(4) 手术治疗。对于久治不愈而严重影响生活者,可行关节镜下手术或切开手术。

3. 康复锻炼

预防网球肘,可进行如下练习。

(1) 肘关节屈曲90度,腕关节尽力做掌屈前旋练习,每日50~100次,可分2~3组练习。

(2) 拍打伸肌群,以有酸痛感为度,每组50次左右,每日2~3组。

（3）自我按摩伸肌群，以压、揉、拿、捏为主，有酸痛感为度，每次10～15分钟，每日1次。

二、跟腱断裂

1. 损伤原因及症状

跟腱断裂是一种常见的运动伤病，又称跖肌腱断裂，因多见于网球运动员，故名"网球腿"。跖肌是肌腹短小而肌腱细长的一种退化的肌肉，它的受伤往往发生在膝关节伸直时足突然用力提踵起跳的瞬间。伤势轻则影响运动，重则当即可听到断裂声或感到小腿后侧有被球"击中或中弹"的痛感，受伤后行走困难，疼痛剧烈，肿胀，皮下淤血，关节活动明显受限。其受伤原因多是突然发力或剧烈运动时急停、变向，跟腱韧带劳累过度等造成。症状可表现为足部表面无异常现象但有剧烈撕裂疼痛。

2. 治疗方案

紧急措施是快速用冰块冷敷受伤部位，固定踝关节，抬高患肢，去医院就诊。预防是充分做好热身活动。

3. 康复锻炼

预防网球腿，要加强小腿肌肉的力量和柔韧性训练，每次运动前特别是天气寒冷和阴雨天时要充分做好准备活动，运动中可用护腿或弹力绷带保护，运动后应进行踝关节背伸练习50～100次。

三、膝关节损伤

1. 损伤原因及症状

膝关节损伤是一种常见的运动损伤，原因非常复杂。可能是膝关节韧带紧张过度，先天膝关节脆弱等造成，也可能是在比赛中由于需要快速变向以及脚着地时地面对膝关节所造成的冲击力造成的。症状是紧张、剧烈运动或负荷过重时疼痛，伴有水肿。最常见的损伤是髌腱炎、膝关节韧带和软骨损伤以及半月板撕裂。

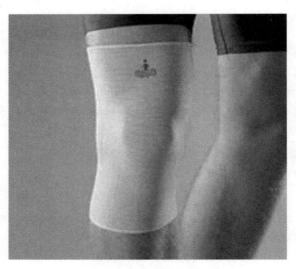

膝关节疼痛是网球爱好者常遇到的问题

(1) 髌腱炎。髌腱炎又称跳者膝,表现为髌骨下缘压痛。常见于需要反复弯曲膝关节、经常跳起的运动,如网球、篮球、排球和跳远等。髌骨肌腱在膝关节的运动中起着极其重要的作用,并承受很大的压力,连续地跳跃和剧烈冲击会导致髌腱受损。髌腱炎的症状为髌骨周围局部疼痛和肿胀,在伸膝时症状加重。

(2) 半月板撕裂。半月板位于膝关节外侧和内侧,大腿骨(股骨)和小腿骨(胫骨)之间。在体育运动时,半月板起到支持、保护和缓冲的作用,但某些动作可能会挤压半月板,一旦超出其承受极限,就有可能发生半月板的撕裂。

①半月板撕裂的原因。半月板撕裂需要两个前提条件,即股骨和胫骨间的挤压和旋转。在网球比赛中,如果选手的身体旋转去接球,而双足仍然固定在原地时就非常容易发生半月板撕裂。

②半月板撕裂的症状。症状通常包括严重的局部疼痛、肿胀和活动受限,同时还会出现"打软腿"、弹响、绞锁等症状。

2. 治疗方案

膝盖损伤国内一般采用恢复性的保守治疗。国外手术治疗比较多,主要是膝盖方面的劳损性的治疗。一般可先去医院拍 X 线片,若 X 线片查找不出原因应进一步做 CT 检查半月板有没有问题。排除这些后,可能就是膝盖韧带损伤,可找个正规推拿医师帮助推拿复位。

(1) 髌腱炎的治疗。髌腱炎最常用的治疗方法包括休息、冰敷以及用消炎止痛类药物,物理康复治疗也有帮助。

(2) 半月板撕裂的治疗。范围很小的半月板撕裂有可能自行愈合,不过需要很长的时间(约 6 周)。在此期间应该尽可能休息,使用拐杖,避免患肢负重。涉及较大范围的半月板撕裂则需要手术治疗。根据撕裂的不同部位、形态和程度,可以进行半月板缝合或者半月板部分切除。

无论是保守治疗还是手术治疗,后期都需要物理康复师的参与以恢复膝关节的活动范围和肌肉力量。

3. 康复锻炼

预防和治疗包括做好充分准备活动,加强关节力量练习,做到技术动作正确,少做变向跑,选合适的鞋子、戴护膝等。膝关节损伤的预防,应在专业教练指导下练习。运动前后,充分的热身和冷身(慢节奏运动)。佩戴适当的膝关节支具(护膝)、提踵及其他小腿肌肉训练。下面介绍两个康复方法。

(1) 靠墙静蹲 背靠墙站立,双足前移一小步,屈膝下蹲使身体重心下降,直至大腿与地面平行。如果下蹲出现疼痛,可控制在疼痛点出现前停止,保持半蹲位。尽可能维持最长时间,或每次 20～30 秒为一组,完成 3～5 组。靠墙静蹲可以很好地帮助运动员增加膝关节的稳定性,康复和预防膝关节损伤。

(2) 单腿平衡 单腿支撑,保持身体呈直立,尽量保持最长时间,或者每次 20～30 秒为一组,完成 3～5 组。还可以闭眼完成练习,或使身体重心上下移动,即支撑腿适度进行屈伸活动的同时保持身体平衡。由此帮助提高身体平衡能力,以及踝、膝关节、躯干的稳定控制能力,对预防、康复下肢和腰部损伤很有作用。

四、肌肉拉伤

1. 损伤原因及症状

肌肉拉伤的原因是在运动过程中,肌肉急剧地收缩或者过度牵拉所引起的伤痛,会发生这种情况通常有以下原因:准备运动做得不充分,肌肉的生理机能不能适应运动状态;平时训练不足,肌肉的力量和弹性不足;运动过量致使肌肉疲劳、过度负荷,令肌肉的力量减弱、协调性降低,整体机能下降;在动作完成时,肌肉过度收缩或者被过度拉长超过了肌肉的负担能力。在发球、高压球及正反手击球时都有可能造成肌肉拉伤。网球活动时腿部及手臂肌肉是容易拉伤的部位。肌肉拉伤后,拉伤部位剧痛,用手可摸到肌肉紧张形成的索条状硬块,触痛明显,局部肿胀或皮下出血,活动明显受到限制。

2. 治疗方案

肌肉拉伤后,要立即进行冷处理——用冷水冲局部或用毛巾包裹冰块冷敷,然后用绷带适当用力包裹损伤部位,防止肿胀。要放松损伤部位肌肉并抬高伤肢,可服用一些止疼、止血类药物。受伤24小时后,根据伤情可外贴活血和消除肿胀的膏药,可适当热敷或用较轻的手法对损伤局部进行按摩。拉伤治疗步骤如下。

(1)韧带和肌肉拉伤之初,受伤部位会出现红肿、充血的症状,此时要马上停止运动,尽量不让受伤腿承重,避免伤势加重。

(2)用冰块袋进行冷敷处理,以缓解疼痛和肿胀症状,每次冷敷15分钟左右,每天3次。

(3)可以用透气性好的绷带对伤处进行包扎,这可以缓解淤血症状。绷带的松紧度要适中,同时抬高病患处,避免淤血,伤后一周内不要跑跳。可以做幅度较小的伸展运动。

(4)伤情得到有效控制后,建议到医院进行检查处理,采用按摩、针灸、外用药膏的治疗方式。

3. 康复锻炼

第一,重视热身运动。专业运动员对热身运动都是非常重视的,相反是初学者对热身运动不太重视。一般来讲,热身运动应该是10~20分钟,通过放松肌肉、牵拉运动、轻度的活动"提醒"肌肉马上就要进行大运动量的活动了。

第二,运动量要讲究循序渐进。运动量主要包括运动时间和运动负荷,很多人平时的运动量是半小时,突然增加到1~2小时;或者平时负重15 kg,突然增加到30~40 kg,这样容易造成运动损伤。

第三,加强运动理论的学习。学习运动理论至关重要。很多技巧性的运动项目,如果姿势不正确,或者动作不规范,都很容易造成运动损伤。业余爱好者更是应该加强运动理论的学习,掌握正确的运动方法。

第四,加强局部保护。比如佩戴护具,加强局部组织的保护。

第五,运动前适当补充能量和电解质。

五、踝关节扭伤

1. 损伤原因及症状

由于网球运动的脚步动作包含很多侧向移动,踝关节扭伤就成为常见的损伤。一般而言,当关节受到压力作用时会产生扭伤,但如果其力度超过关节移动范围时还会伤及韧带。踝关节内翻是网球运动中较常见的现象。损伤的原因往往是足尖向内过度内翻旋转,同时足外侧着地,相对薄弱的踝关节外侧副韧带容易受到损伤。造成损伤的原因可能是急速变向、场地湿滑摔倒、脚踩到球等。表现为踝关节内侧疼痛、肿胀、活动受限、行动困难。重者足内翻或外翻畸形,足背与踝部有皮下瘀斑,局部压痛明显。而踝关节内侧副韧带损伤相对少见,仅占踝关节扭伤的5%～10%。根据受损程度不同,韧带可能受到过度张力而引起撕裂的程度会不同,从而导致踝关节不稳定。

2. 治疗方案

踝关节扭伤是网球运动中常见的损伤。多数情况下,严重的扭伤可引起踝关节外侧关节囊撕裂、踝部骨折。踝关节扭伤后48小时内尽早实施以下措施。

(1)限制(制动)。停止活动,避免患侧下肢负重。

(2)冷敷肿痛部位(用冰块、冰袋、冷制品等)10～15分钟,每天数次,每次20分钟。不要让冰块直接接触皮肤,可用毛巾隔离,避免冻伤皮肤。

(3)立即使用弹力绷带加压,可以预防踝关节肿胀。踝关节在肿胀消退前不建议使用粘胶支持带包扎固定。

(4)尽量将小腿和踝关节抬起高过心脏水平(比如,躺下并在腿下放置几个枕头)。

及时而有效的急救措施对于加快扭伤恢复十分重要。严重扭伤患者应及时到医院就诊,排除是否存在骨折,并根据伤情配置拐杖或者石膏支具。

3. 康复锻炼

(1)踝关节训练:坐于平地,把毛巾铺在前面的地板上。将患足放在毛巾上,足跟和足趾都要着地,使患足带着毛巾向前(伸直膝关节)向后(弯曲膝关节)交替滑动。注意要始终保持足跟和足趾贴地。

(2)单腿平衡训练:患足单腿站立,张开双臂保持平衡。再闭上眼睛,试着保持平衡。

(3)踝关节外侧肌力训练:双脚着地坐在椅子上,将弹力绳一端系在椅子或健侧腿上,另一端系在患足中部。屈膝90度,向外抗阻活动踝关节,抵抗弹力绳的阻力,尽量保持足背外侧面向上(踝关节外翻位),以训练踝关节外侧肌肉力量。重复10～20次,训练中保持膝关节和大腿固定,主要由踝关节摆动进行。

(4)加强训练:当能够完成以上训练且步行无痛时,便可进行加强训练。弹跳训练是锻炼踝关节和小腿肌力的好方法。要注意循序渐进,从每天1分钟开始,逐渐过渡到每天10～15分钟。在软地(如草地或毛毯)上进行时,可穿网球鞋或跑步鞋。上述练习完成后,可以开始慢跑。从热身活动开始,进行直线跑,然后加入起跑和刹停训练。

(5)重返球场:从训练墙和小赛场开始,逐渐增加活动范围至球场底线区域,根据球的位置小步幅移位。1～2周后,进行低截球训练并开始进行长距离底线的网球练习,接着进行发球。在此期间,重点在增加踝关节的负荷量,避免剧烈运动,当用力跳跃无疼痛时,可进行正常练习。

(6)降低踝关节扭伤风险应注意以下几点。①训练和比赛前后做好充分的热身运动和整理活动,时间10～15分钟。②重视肌肉拉伸训练,特别是腓肠肌。③加强训练应逐步进行,以使机体适应额外负荷。④穿着合适的、稳定性好的网球鞋,并注意鞋带的系法。理想的网球鞋要有好的避震效果、侧方支撑,抓地力强并且舒适。⑤移开球场上的球以防绊倒。⑥通过跑步、骑脚踏车提高体能。大多数损伤发生在人体疲劳时,常在比赛的最后阶段,或一天运动的最后阶段。体能越好,损伤发生率越小。⑦通过协同训练或平衡训练提高踝关节周围肌肉的本体感觉和力量。单腿站立是常用方法,可以用平衡板提高难度。⑧绷带、踝关节护具或高帮鞋可以保护踝关节内外侧副韧带。特别是损伤后最初的三个月使用,可明显降低再损伤率,而不会减小踝关节力量。

六、肩关节损伤

1. 损伤原因及症状

肩关节损伤分为很多种,这里介绍肩袖损伤。这种损伤是由于受到意外创伤或极大的外力造成的,受伤后要及时治疗,如果受伤后不及时治疗可能留下后遗症。肩关节的肌肉、韧带、关节囊等负荷过大,多是由于发球、高压球用力过猛造成的。症状是肩关节在发球、抽球、高压球等时出现疼痛。保护措施是停止运动,短时间内固定肩关节。预防手段是加强肩部肌肉的练习,做好准备活动,完善发球、击球、高压球的技术动作。临床表现为肩痛反复发作,严重者夜间痛至影响睡眠,不能向患侧躺卧;疼痛主要位于肩部前上方,沿上肢外侧向三角肌止点放射;肌肉力量下降,特别是试图举起上臂时力量减弱;关节活动度可受到不同程度的限制。

2. 治疗方案

疾病诊断:除病史、临床症状外,X线片可显示肩袖损伤的间接征象,包括钩型肩峰,肩袖止点的变化,肱骨头位置上移等。B超或MRI检查诊断正确率达95%。治疗:肩袖损伤后自身无法愈合,部分损伤或症状轻微的小撕裂可行保守治疗,给予非甾体抗炎药、理疗、肩峰下局部封闭等以缓解肩部疼痛。部分损伤保守治疗6个月无效时,可采用手术治疗,保守治疗期间及术后早期,避免肩关节过度活动,避免撕裂程度加重。

3. 康复锻炼

(1) 充分做好准备活动。全身活动5～15分钟,如跑步,徒手操,有针对性的专门练习:做几节活动上体和上肢的哑铃操(如扩胸、侧平举、肩关节绕环等),或用轻器械做2～3组卧推、臂弯举等练习,使肌肉、韧带等组织达到一定的"热度",让关节的运转灵活起来。有人把伸展活动当作准备活动,这样不行。因为它不能有效地"加热"身体,应与其他活动并用,或在准备活动后采用,才能达到目的。

(2) 动作幅度不宜过大。众所周知,深蹲幅度过大易使膝关节受伤。同理,肩关节运动幅度过大,用力过猛,也会使关节周围组织受伤。比如,做仰卧飞鸟时,手臂不宜低于躯干;做卧推,为减缓肩部的压力、张力,推起时不应"锁肩",屈肘时肩胛骨前伸,要尽量依靠胸大肌、背阔肌的收缩来完成动作。

(3) 不要锻炼过度。锻炼中肩关节用力频繁、负荷较重,故锻炼安排要力求合理。比如,胸大肌和背阔肌练完后,就不宜再对肩部进行较大强度的训练;练三角肌时要考虑到肩部的承受力,以免局部肌肉和关节负担过重。

(4) 全面发展。要制定科学的锻炼计划,并严格执行,以使全身各部位的肌肉得到均衡发展。这是防止运动损伤的有效保证。

七、手腕损伤

1. 损伤原因及症状

网球运动常见的腕伤主要有两种:一种是过度运动所致的损伤;另一种是由错误动

作引起的腕部扭伤。两种损伤都会引起疼痛和腕关节活动障碍。由于手腕关节结构复杂,功能灵活,保护装置弱,打球时前臂反复旋前、屈腕和背伸尺侧偏,使约束下尺桡关节的背侧韧带和腕三角软骨盘不断受到牵拉、碾磨和挤压,而引起组织劳损变形。另外,有人在打球时为了加强正手击球的进攻性,常在正手挥拍时,利用手腕的快速提拉和抖动来增加球的旋转性;拍弦过紧也可能导致腕关节损伤。

2. 治疗方案

治疗:外敷活血散、接骨散是最佳的选择。内服舒筋活血汤可舒筋通络,行气活血。急性手腕扭伤应立刻找冰块冷敷加压(加压的意思就是稍微紧一些,但是一定随时注意观察手指尖的皮肤颜色,跟正常的手指尖颜色对比,颜色不同时,立刻解除包扎)包扎。在康复期间,避免手臂负重,以防止再次受伤。每天可以适当活动一下手掌、手腕,也可以做些护理或理疗。

3. 康复锻炼

加强手腕关节的功能锻炼,可以手握哑铃或者采取其他阻力进行屈伸、收展、旋转运动,锻炼时注意循序渐进。

八、腰部损伤

1. 损伤原因及症状

"腰肌劳损"是引发腰部病痛的主要原因之一,但医学上并没有"腰肌劳损"这一名称,它其实是腰背部纤维炎、腰背筋膜疼痛综合征、第三腰椎横突综合征、腰骶韧带损伤等一些肌肉韧带损伤的统称。腰肌劳损发生的原因:脊柱负荷过重,腰部肌肉紧张过度,脊柱出现畸形或椎间盘突出。症状是腰部僵直、有刺痛感,时常感到腰部酸胀、疼痛又无力。站久了、走远了甚至坐多了,又或者受潮、受寒、受风的时候,疼痛感就会翻倍。损伤原因多数是长期不良姿势(如久坐、久站、搬抬重物等)致腰部负担过重,腰肌长期处于高张力牵拉状态。

2. 治疗方案

对于腰部损伤,最有效的治疗措施是停止运动,热敷及按摩疼痛部位,去医院治疗。预防方法是经常加强肌肉锻炼,增强腹部和背部的肌肉力量,建立身体肌肉平衡。适当休息以缓解症状,定时改变姿势;避免弯腰拾物;必要时可在打球中使用护腰。

3. 康复锻炼

适当进行体育锻炼也会对腰部的恢复有所帮助。由于腰骶关节是承受身体重量的大关节,是腰部活动的枢纽,因此,有目的地加强腰背部肌肉的锻炼,如做一些前屈、后伸、侧弯、回旋以及仰卧坐起的动作,使腰部肌肉发达有力,韧带坚强,关节灵活,可增加未受损肌肉的代偿能力,同时也是预防慢性损伤发生的关键性措施。下面为大家介绍一些有效的体育锻炼方式。

(1)使用伸腰训练器,可锻炼腰腹肌肉,增强腰部柔韧性。方法:双手抓住伸腰训练器的两侧把手,腰部向后靠在其弯曲板上,身体尽量向后做伸展运动。

(2)使用仰卧起坐平台,可增强腰腹肌力量和下肢柔韧性。方法:仰卧于架上,踝关节置于横杆下,双手交叉贴于脑后,起坐身体向前弯,双肘触膝,然后返回原位。

(3)平板支撑。以双足尖和双肘支撑,腹部朝下,身体成一直线,保持30～90秒一组,完成3～5组。这个练习对于肩部、躯干、腹部肌肉有很好的锻炼作用,可以预防腰部

的损伤。

九、肌肉痉挛

肌肉痉挛是指肌肉突然或不自主的强直收缩的现象,会造成肌肉僵硬、疼痛难忍。造成肌肉痉挛的原因可能是体力不支、天气太冷而引起的肌肉僵直,或者天气太热、出汗过多而使盐分损失过多所致。症状是痉挛部位的肌肉突然伴有疼痛和无法控制的僵硬感。紧急治疗措施是通常向相反的方向牵引痉挛的肌肉,使之拉长,一般疼痛都可以得到缓解。处理时要注意保暖,牵引用力要均匀,切忌暴力,以免造成肌肉的拉伤。肌肉痉挛的预防是要加强身体的锻炼,提高耐力为主的身体素质;运动前,必须认真做好准备活动,对容易发生痉挛的肌肉可先做适当的按摩,不可突然进行用力动作;在高温或进行长时间剧烈运动时,应及时补充电解质,身体疲劳时应注意休息。

1. 损伤原因及症状

腿部肌肉痉挛大多是缺钙、受凉、局部神经血管受压引起。平时可适量补钙,多晒太阳,注意局部保暖,也要注意体位的变化,如坐姿、睡姿,避免神经血管受压。也可做局部肌肉的热敷、按摩,加强局部血液循环,如果仍无改善,就应到医院检查治疗。下列几种情况较易引起肌肉痉挛的发生:①经过长时间运动而形成肌肉疲劳时,仍持续运动;②局部血液循环不良,水分和盐分流失过多;③严重腹泻、呕吐和饮食中的矿物质(如镁、钙)含量不足;④环境温度突然改变;⑤肌肉或肌腱损伤;⑥情绪过度紧张;⑦以不适当的姿势从事运动或肌肉协调不良等。

2. 治疗方案

(1)急剧运动时腓肠肌突然觉得疼痛、收缩时,要马上抓紧拇趾,慢慢地伸直腿部,待疼痛消失时进行按摩。小腿或脚趾肌肉痉挛:用痉挛小腿对侧的手,握住抽筋腿的脚趾,用力向上拉,同时用同侧的手掌压在痉挛小腿的膝盖上,帮助小腿伸直。

(2)手指、手掌痉挛:将手握成拳头,然后用力张开,又迅速握拳,如此反复进行,并用力向手背侧摆动手掌。

(3)上臂肌肉痉挛:将手握成拳头并尽量屈肘,然后再用力张开,如此反复进行。

(4)大腿肌肉痉挛:弯曲痉挛的大腿,与身体成直角,并弯曲膝关节,然后用两手抱着小腿,用力使它贴在大腿上做震荡动作,随即向前伸直,如此反复进行。急性期的处理(也就是痉挛发生时的处理)为:患者需即刻休息,对痉挛的部位轻轻按摩,并将痉挛部位的肌肉轻轻拉长。因为当肌肉拉长时,会使肌腱的张力增加,当张力达到某一强度时,大脑为了避免肌腱受伤会释放信息放松痉挛的肌肉。拉长肌肉时不可用力过猛,以免拉伤肌肉造成二次损伤。

3. 康复锻炼注意事项

(1)避免在通风不良或密闭的空间做长时间或激烈的运动。

(2)长时间运动之前、中、后,应保证足够的水分和电解质的补充。

(3)在日常饮食中摄取足够的矿物质(如钙、镁)和电解质(如钾、钠)。矿物质的摄取可从牛奶、酸奶、蔬菜等食物中摄取,电解质可从香蕉、柳橙、芹菜等天然食物或一些低糖的饮料中获得。

(4)不穿太紧或太厚重的衣服从事运动或工作,运动前检查保护性的贴扎、护套、鞋袜是否太紧。

(5) 运动前做充足的准备运动和伸展，不做过度的练习，以放松的心态从事运动。

(6) 冷天运动后须做适当的保温，如游泳后应立即把泳衣换掉，穿上保暖的衣物。

(7) 运动前对易痉挛的肌肉做适当的按摩。在睡觉前需做一些伸展，尤其是易痉挛部位的伸展。

十、中暑

1. 损伤原因及症状

中暑是由于人体因高温发生的急性疾病。根据其主要发病机制和临床表现，中暑常分为三种类型：①热射病，受日光直接暴晒的热射病，又称日射病，是因高温引起体温调节功能失调，内热过度蓄积，临床以高热、意识障碍、无汗为主要症状。②热痉挛，又称中暑痉挛，是由于失水、失电解质引起的肌肉痉挛。③热衰竭，又称中暑衰竭，主要因对高温环境不适应，引起虚脱或短暂晕厥，此类昏厥又称热昏厥。

一般在35 ℃以上的高温环境中，人们极易中暑。轻微的中暑，会导致头痛、头昏、恶心乏力，若不采取保护措施，病情继续发展，就会大量脱水，症状会进一步加重，导致极度乏力、反应迟钝、萎靡不振，更严重的还会出现脑水肿、昏迷、全身痉挛、抽风，直至死亡。在高温条件下进行体力活动或非体力活动都可能引发严重中暑，如得不到及时妥善的救治，死亡率可高达50%。

2. 治疗方案

治疗时迅速将病人抬到通风阴凉处，取仰卧，头高位，安静休息，解开衣服；用凉水擦浴，通风，头部和心前区放置冰袋等；清醒者可补充电解质，静脉滴注葡萄糖生理盐水；可服十滴水、人丹等防治中暑的药品。如果出现心力衰竭、呼吸困难、皮下出血、全身皮肤发黄、昏迷应送医院急救，切勿耽误病情。

3. 康复锻炼预防

预防方法是避免在高温下长时间运动，注意休息并定时补充水分。如果感觉身体发热，可用藿香正气水、风油精等擦拭，蒸发散热。进行网球运动时，应戴遮阳帽、太阳镜、涂抹防晒用品，准备充足的饮料等。

第三节　网球场上的安全保护

一、球场上容易发生的意外事故

相对于许多其他体育项目，网球运动是一个比较安全的运动项目，但在网球场上依然常常会发生一些意外，简要叙述如下。

1. 捡球时被球击中

切记，当他人还未停止击球练习时，一定不要跑进场地捡球，这不仅是出于礼貌，更重要的是保护自己以免被球击中。

2. 击球时被自己的球拍击中

由于挥拍动作不正确，正手击球时造成拍头击到自己眉骨、鼻梁等部位，发球随挥时击到膝盖等。因此，要特别注意挥拍动作的完整、规范。

3. 踩在球上

脚踩在球上会导致脚踝扭伤。所以一定要保证在你击球的场地周围没有球。

4. 跑动时撞到场地边的硬物或他人

积极跑动时一定要看清楚周围的环境，避免撞到球场边的硬物或他人。

二、大学生网球损伤的预防方法

（1）挑选合适的球拍拍柄，并适当减少球拍穿弦磅数，以减少因拍线过硬在击球时产生的震动；充分做好准备活动。

（2）加强对易受伤部位的训练和保护。在网球运动中，易受伤部位有腕、肘、肩、腰、膝和踝等，对这些部位加强训练和保护，可以有效地预防损伤。

（3）正确地运用技术动作。参与某项运动时，其技术动作的好坏是决定着是否会引起损伤的主要原因之一。对于初学者而言，请教练进行指导，改变原有不正确的动作，可以最大限度地避免因错误的技术动作而引起的损伤。

（4）强化自我保护意识。自我保护是大学生网球运动中防止损伤的重要措施之一，运动过程中必须随时注意自我保护，如跳起击球落地时要屈膝缓冲，以防挫伤膝关节；以手触地时一定不能直臂撑地，以防骨折或脱臼。

思考题

1. 什么是网球肘？如何预防？
2. 什么是肌肉拉伤？如何处理？
3. 如何预防中暑？

第十四章
网球运动的营养补充

第一节　网球运动与营养素补充

　　网球运动有助于改进身体形态和机能,有助于培养人的灵敏性和协调性。网球运动是一项对速度、力量和灵敏等素质要求较高的运动,同时也要求有充沛的体能储备。鉴于网球运动的专项特征,同学们在参加网球运动时,除了积极地投入训练,合理的营养补充也是消除疲劳、促进生长发育及改善运动能力的重要物质基础。

　　一位优秀的网球运动员必须经常接受高强度的体能和技术训练,才能保持高水平的竞技状态,须时刻预防在训练或比赛时的运动伤害。营养与体能状况以及运动伤害之间有着密切的关系,但却常被运动员所忽视。饮食均衡、营养全面是必须遵守的原则,偏食或营养不良会影响运动员的体能表现,甚至造成运动伤害。

　　营养是健康的根本,食物是营养的来源。人的身体需要食物中的营养素来维持生命,这些营养素包括糖类、蛋白质、脂肪、维生素和矿物质。糖类和脂肪产生的热量是日常活动的体力来源,蛋白质是人体生长发育与新陈代谢所必需的原料,维生素和矿物质则可调节生理机能。食物的种类繁多,怎样才能获得均衡的营养呢?

　　营养学家将食物分成六大类,即主食类、奶类、蛋豆鱼肉类、蔬菜类、水果类和油脂类。运动员可依据自己的身体条件和活动量,每日摄取主食3～6碗,奶类1～2杯,蛋豆鱼肉类4份,蔬菜类3份,水果类2份及油脂类2～3汤匙。而运动员应了解自己每日的热量需求,从这六大类食物中均衡摄取足够的热量,总热量的分配以糖类占63%(容许范围58%～68%),蛋白质占12%(容许范围10%～14%),脂肪占25%(容许范围20%～30%)。除了要补充主食类的食物外,也应增加蔬菜类和水果类的摄取。下面介绍各营养素与运动体能表现的关系。

一、糖类

　　糖类即碳水化合物,是人体最主要的能量来源。有研究显示,网球运动员每天至少50%的能量消耗是碳水化合物。机体运动时,由于肌肉的大量参与,肌肉摄糖量为安静时的20倍以上,体内糖原储备会减少;糖也是大脑的主要能源物质,它在大脑执行对机体的命令时提供能量。所以只有体内糖原储备充足和血糖水平正常才能保证大脑和身体的功能正常。如果运动员出现疲乏无力感等低血糖症状,会使神经肌肉传导受到影响,运动速度减慢,全身协调能力遭到破坏,影响运动成绩。糖供能是高强度训练的基础,在运动员的饮食中加入一些高糖的食物是非常重要的,如谷类、蔬菜、水果中提供的碳水化合物是网球运动中最基本的食物补充。

二、蛋白质

对于运动员来,其对蛋白质的需求量超过普通人。蛋白质的主要功能不在于提供热量,它是机体组织建造更新和修复的物质基础。据资料得证:蛋白质的组成中有八种氨基酸是人体不能合成的,必须从食物中获得,即必需氨基酸。一种蛋白质生理价值的高低取决于其中所含必需氨基酸是否齐全、含量比例是否适当。食物中蛋白质生理价值最高的是鸡蛋,其次是牛奶。网球活动引起蛋白质代谢的改变,这些改变包括运动时尿氮排泄量增多,氮的丢失上升。在摄取正常膳食蛋白质时,除少数需要发达肌肉的场合要增加少量蛋白质外,一般肌肉活动不需要增加蛋白质。因此,在平时膳食与训练时,对蛋白质的摄取应科学定量,过低或过高都会对网球运动员的运动成绩有影响。一般普通成年人蛋白质的推荐摄入量是每天每千克体重 0.8 克,参加网球运动则需要摄入每天每千克体重 1.2~1.5 克的蛋白质。对蛋白质的摄取主要是通过肉类、鸡蛋、牛奶等,而每个蛋黄里含有 215 毫克胆固醇,营养专家建议,每日摄取的胆固醇量在 300 毫克以下,因此每日吃 2~3 个鸡蛋为宜,可以不吃蛋黄。蛋白质是维持人体生长发育、构成及修补细胞、组织的主要物质;它也是形成荷尔蒙、酶素和抗体的成分。一般认为摄取较多的蛋白质有利于成绩的表现,因为肌肉是由蛋白质构成,摄取较多的蛋白质可增加肌肉的力量。

由于蛋白质在代谢过程中会产生含氮废物,须由肾脏排泄掉。如果每日摄取过量的蛋白质,则会增加肾脏及肝脏的负荷。此外,为了排泄这些含氮废物,尿液及水分的排泄也必须增加,而体内一些矿物质如钾、镁、钙等也会随之流失。故摄取过多的蛋白质会造成脱水和矿物质的流失,进而影响运动员的表现。但若蛋白质摄取不足,则体内蛋白质会被分解,进而导致贫血,影响运动员的体能。因此,摄取适量的蛋白质对网球运动而言是非常重要的课题。当然,每日蛋白质需要量与训练强度和时间,以及个人生理条件等因素均相关。

三、脂肪

网球运动时另外一个主要能量供应物质是脂肪,长时间的网球活动主要是有氧运动。因此,脂肪供能占有重要的地位,在运动中合理的补充脂肪对运动时能量的供应起着主导作用。脂肪在体内的贮存量很大,正常人的体脂占体重的 15%~20%,每克脂肪氧化可释放能量 9.3 千卡,比糖多一倍多,因而运动时脂肪供能量几乎可不受限制。脂肪被利用时,水解成脂肪酸和甘油,脂肪酸是脂肪供能的主要成分。在运动中脂肪不但具有提供能量的作用还具有很多其他的功能。在剧烈运动中,肌肉内的脂肪可以起到缓冲作用,对内脏的器官具有减少压力和撞击力的保护作用。在长时间运动中,当氧的供应能满足人体氧的需要时,运动所需的 ATP 主要由脂肪和糖的有氧氧化来提供。但脂肪氧化时耗氧量高,在负有氧债的运动时,不能被有效地利用,会增加体内的酸性代谢产物——乳酸的含量,致使运动员产生疲劳。所以,合理地限制饮食中脂肪的含量,使脂肪含量不要超过膳食总能量的 30%。在膳食中应该大部分是不饱和脂肪酸。饱和脂肪和动物脂肪的摄入应该低于或等于膳食总能量的 10%。有研究表明饱和脂肪和动物脂肪可以刺激肌肉蛋白质合成,促进骨骼肌葡萄糖的摄取。不饱和脂肪酸主要来自植物油料作物和鱼类,脂肪摄入最好食用植物油、奶油和鱼油,因为它们容易消化吸收,并富含维生素。还有研究表明,麦芽油有增强运动耐力的作用。

与蛋白质一样,摄取过多的脂肪,会降低运动员的体力与耐力。一般而言,运动员的脂肪摄取量最好占总热量的25%,以不超过30%为限。

四、维生素

绝大部分的维生素不能在体内合成,需由食物中摄取。虽然维生素的需要量很少,但对维持人体健康与正常发育是绝对必要的。其主要的功能是调节身体的新陈代谢,它不能产生热量,它是维持机体生命及代谢过程不可缺少的物质,对于网球运动参与者来说具有特殊的作用。运动时由于机体物质代谢旺盛,肌肉活动加速维生素代谢,使得维生素需要量增加,而且运动时大量出汗,会使许多水溶性维生素丢失。在运动后不注意饮食调整和及时补充维生素,很容易造成维生素的缺乏。维生素不足时,机体表现为活动能力减弱、抵抗能力下降、代谢紊乱、酶活力降低、运动的效率降低,严重时会出现四肢无力、食欲下降、头痛、注意力不集中等症状。长时期维生素缺乏,能直接影响人的正常生长发育,对运动员来说会影响运动成绩。以下针对与运动员密切相关的维生素加以探讨。

（一）B族维生素

由于B族维生素与蛋白质、能量的代谢有关,缺乏B族维生素,肌肉生长就会减缓或受阻。因此网球运动员应摄入富含B族维生素的食物,例如动物肝脏、蛋类、豆类等。尤其是维生素B_2和维生素B_6,它们在蛋白质和氨基酸的代谢中发挥重要,也参与着血红蛋白的合成。肌肉在运动和代谢过程中需要更多氧气和营养物质,血红蛋白便是载氧的运输工具,它有助于骨骼肌的代谢。维生素B_2的主要摄取来源是瘦肉、肝、蛋黄、糙米;维生素B_6的食物来源广泛,动植物性食物中均含有,维生素B_6的需要量随蛋白质摄入量的增加而增加,当维生素B_6与蛋白质摄入量保持适宜的比值,就能够维持维生素B_6适宜的营养状态。B群维生素对运动员体能和成绩表现的影响可分两方面,一方面与热量代谢有关,这些维生素包括B_1、B_2等。由于运动需要消耗较多的热量,因此要补充较多的维生素B_1、B_2以应对所需。维生素B_1调节神经组织能量供应,神经组织的能量来源主要是糖的有氧氧化。当糖的有氧氧化不足时,丙酮酸不能完全氧化,这时丙酮酸和乳酸产生堆积,致使能量供应减少,影响神经组织的传递功能,妨碍神经传导作用,致使运动员的敏感性下降,从而影响运动成绩。富含维生素B_1的食物有胚芽米、米糠、肝脏、瘦肉、酵母、豆类、蛋黄等。富含维生素B_2的食物有酵母、内脏类、牛奶、蛋类、花生、豆类等。

还需要说明的是,维生素B群与形成红细胞有关,如:维生素B_6、B_{12}和叶酸。维生素B_6缺乏会使血红素的形成减少,而缺乏维生素B_{12}和叶酸会导致恶性贫血。贫血会降低运动员体内氧气的输送,进而影响其体力和成绩的表现。因此,运动员应摄取足够的维生素B_6、B_{12}和叶酸。

（二）维生素C

维生素C是细胞间质的主要构成物质,使细胞保持良好状况,加速伤口愈合,并且增加对疾病的抵抗力。运动员若缺乏维生素C,可能会有肌肉裂伤或韧带裂伤等运动伤害;因为维生素C是强化血管、肌肉、韧带和肌腱的重要营养素。此外,维生素C可帮助铁质的吸收,女性运动员缺铁时,也会消耗较多的维生素C。还有当面对比赛或竞争产生较大的压力时,也会消耗较多的维生素 C,因此要酌量增加摄取。富含维生素 C 的食物有:深绿及黄红色的蔬菜和水果,如青椒、石榴、柑橘、番茄、柠檬等。

(三)维生素 A

维生素 A 是抗眼干燥症的主要元素,当它缺乏时,眼睛对弱光和月光敏感性下降。由于网球比赛经常在晚上进行,如果眼睛不能很好地感受光线,就不会很好地判断来球,从而影响比赛发挥,最终影响比赛成绩。

自从 1956 年 Harman 在分子生物学的基础上提出自由基学说以来,经过多年研究,已证明运动疲劳与自由基代谢有关。高强度运动时自由基生成会显著增多,自由基会使多不饱和脂肪酸的过氧化作用速率加快,致使生物膜结构被破坏,细胞的功能紊乱,红细胞运输氧气的功能下降,线粒体内氧化磷酸化的速度减慢,ATP 合成量减少,导致机体产生疲劳。研究表明维生素 E、维生素 C 和 β-胡萝卜素等可以直接或间接消除自由基,推迟或减轻疲劳发生、加快疲劳恢复,对提高有氧运动能力具有一定的作用。维生素 C 还可以促进蛋白质合成,提高肌肉质量。维生素 E 也可以促进蛋白质合成,还可提高肌肉耐力的作用,改善肌肉供应血液的营养。专家建议一般网球运动员每日补充维生素 A 约 2 mg、维生素 B_2 约 4 mg、维生素 B_1 6~10 mg、维生素 C 100~300 mg、维生素 E 约 10 mg。其中富含维生素 A 的食物有奶类、鸡蛋和肝脏等动物性食物。维生素 B_1 主要存在于主食中,特别是面包,由于使用了发酵粉,面包中含有较多的维生素 B_1。维生素 B_2 主要在瘦肉、肝脏及花生、核桃中含量丰富。维生素 C 的主要来源是新鲜水果和蔬菜。

五、矿物质的补充

矿物质对于网球运动来说也是非常重要的。它在人体内不仅参与机体的组织构成,还具有调节人体生理功能的作用。钙是骨骼发育的重要物质,对于大学生来说骨骼发育良好,能为将来的力量的增长等打下良好的基础,还能防止后期发生骨质疏松。锌的减少将影响中枢神经系统的活动,使灵敏性和反应能力下降,还会影响乳酸脱氢酶的活性。铁是造血的重要原料,如供应不足,可引起贫血,铁营养不良及运动所致的铁代谢应是缺铁的主要原因。铁的吸收率低,且网球运动中汗的排出会带出大量的铁,所以在铁的补充方面应加强。在大量流汗时机体中的钠、钾元素也会大量的流失,出现肌肉无力、食饮不佳,甚至有头晕、恶心和肌肉痉挛等症状,从而会使糖的利用受限,ATP 合成与氧化磷酸化过程受干扰,肌肉的血流量减少、心律失常等。大量的矿物质随汗液丢失,若不及时补充,就会引起机体不良反应,影响运动能力的提高,因此维持机体内矿物质的平衡是一个必须重视的问题。

充足的膳食能量是维持身体健康和促进生长发育的基础,也是良好运动能力的保证。碳水化合物是最佳的能量来源,最好占总能量的 60% 左右。为满足生长发育的需要,注意蛋白质供给的质和量,每天多摄取 10~20 g 蛋白质,同时注意动物蛋白和植物蛋白的互补作用。优质蛋白质(动物蛋白和大豆蛋白)摄入量占蛋白质摄入总量的 50% 左右,有助于提供丰富的必需氨基酸以满足需要。如每天提供鱼类、禽类、肉类和蛋类 200~300 g,奶类不少于 300 mL/d。选择摄取含单不饱和脂肪酸较多的植物油和含磷脂丰富的食物,可以促进神经系统的发育和细胞膜的修复。

大学生正处于生长旺盛时期,矿物质和维生素要充足,特别要注意钙、铁、锌、碘和维生素 A、维生素 D 和 B 族维生素的供给。鼓励增加奶制品,以补充钙的不足;选择富含血红素铁的食物如动物精肉、肝脏等,并补充含维生素 C 丰富的食物以促进铁的吸收,选择含锌、碘和硒丰富的海产品、瘦肉和坚果,以促进体格发育、提高抗氧化机能。选择含维生素 B_1 丰富的粗粮、瘦肉、内脏、花生、核桃、芝麻、豆制品等食物;含维生素 B_2 的丰富的瘦肉、肝、蛋黄及绿叶蔬菜(如雪里蕻、油菜、菠菜、青蒜等)。考虑到网球运动过程中视力活动紧张,还应保证充足的维生素 A 的供给,如肝脏、鱼肝油等,或者进食一些含胡萝卜素较多的有色蔬菜,如胡萝卜、青菜、菠菜等。

第二节 网球运动者身体机能与营养补充

一、网球运动过程中能量代谢特点与营养补充

网球运动是有氧运动与无氧运动的混合体,是有氧供能和无氧供能兼而有之的运动项目。网球运动既需要瞬间的爆发力(ATP 供能)和较短时间(乳酸供能)的对抗能力,又需要长时间持续运动(有氧供能)的能力。就网球比赛而言,整场比赛时间具有不确定性,有时不到 1 小时就结束比赛,而有时势均力敌的对抗会持续 3~4 h。因此,具有超强的有氧能量系统的能力对一名网球运动员来说是很重要的。但比赛中每一分的争夺却异常激烈,各种方向相关的短距离移动,大部分都在 0.91~4.55 米以内,平均每分球的连续对抗的时间约为 10.2 s,击球时间与非击球时间的比例为 1∶1.7。此时完成每一技术的动作是短时间爆发的能量供应,并不是有氧代谢,这就是网球具有的独特的能量代谢要求。

网球运动是非连续性、非周期性、强度不断变化的运动。一般来说,在整场比赛中,运动员的跑动距离不少于 5000 米。整个过程中,运动员要做出急转、急停、快速起动等动作,还包括了发球、高压球等大量的过顶击球,都需要全身肌肉的参与。在网球运动中,人体的三大基本能量系统:ATP-CP 系统、糖酵解系统和糖的有氧氧化系统参与供能。前两者是无氧代谢的能量系统,后者是有氧代谢的能量系统。网球运动的供能特征是 ATP-CP 供能为主,在实力相当时的相持阶段,糖酵解系统参与供能,而休息间歇则是有氧氧化系统发挥作用。因此,网球运动的供能特征可以说是混合性的供能。

二、运动营养品的补充

当前职业网球运动员们都会选择一些运动营养品来帮助自己保持身体机能状态从而提高比赛成绩。运动营养品是日常膳食的一种补充,有些种类也可以作为伤病的辅助治疗用品,运动营养品的优点也正被人们逐渐认识到。

1. 运动营养品的主要类型

健康型营养品:维持及增进健康的关键,如大豆异黄酮、海豹油、蜂王浆、蜂胶、螺旋藻、灵芝、芦荟、角鲨烯、沙棘、枸杞等。这些营养品跟全身机能调整有关,是维持及增进人体健康的营养成分。摄取时应以基本型营养品来调整人体的代谢机能,再依个人喜好,并配合体质,选择有实效的健康型营养品。

治疗性营养品:或称有天然治疗效果的营养品,以改善健康和天然疗治为目的,如纳豆、苦荞、松茸、虫草、奶蓟草、锯棕榈等,主要是一些草本植物或药草类,其中某些成分在

国外也有医师拿来当作药品使用。

补充型营养品:主要补充人体欠缺及损失的营养成分,如维生素、矿物质、纤维、乳酸菌、蛋白质、卵磷脂、EPA、DHA、胶原蛋白、软骨素等。这些成分是人体的构成要素,是保持身体健康不可或缺的营养素,但现代人却很容易缺乏,所以要从保健食品中补充。

2. 常见运动营养品

蛋白粉:蛋白粉最早应用于健美领域。健美运动员通过摄入超出常人数倍的蛋白质来增长和维持肌肉。如今,蛋白粉的应用领域逐步扩展,几乎所有类型的运动都能从中获益。而在普通生活中,蛋白粉也成了家喻户晓的保健食品。著名网球明星阿加西的常用运动营养品中就包括蛋白粉,许多其他网球运动员也是如此。

运动的过程是一种分解的过程,肌纤维在这个过程中不断被分解。在结束运动后,分解过程终止转而进行合成。这时你需要足够的营养来恢复自己,其中有种很重要的营养素就是蛋白质。蛋白质是组成人体的实质性原料。当蛋白质摄入不足时就会造成人体恢复缓慢,表现为乏力、精神不振等。只有摄入足够量的蛋白质才能使恢复过程正常进行。而适当增加蛋白质的摄入量有助于加快恢复。恢复对于职业网球选手很重要,因为他们的比赛日程很紧张。可能今天比完明天又要比,或是一天两场比赛。这时使用蛋白粉来使身体尽快恢复显得尤其重要。

蛋白粉是从牛奶中提炼出来的,是牛奶中的精华。它的生物利用率(BV)接近100%(生物利用率越高,人体越容易利用这些营养物质),而日常食品中的肉类、鱼类这些高蛋白食品的生物利用率却只有50%左右。补充蛋白粉可以充分满足网球运动以力量、速度素质为主要特点的要求。

微量元素补剂:这也是很常用的一种营养品。它包含人体必需的矿物质与维生素。在运动后体内的矿物质与维生素随汗水流失。内分泌系统会由于缺乏足够的微量元素而受影响从而影响代谢。有时运动后精神不振、食欲低下就是因为微量元素过度流失造成的。根据国际营养组织的推荐,在每天合理饮食的基础上额外增加一些微量元素的补充,例如一片微量元素片剂,会对你的健康大有好处。

能量补充类:能量补充的主角是碳水化合物。对于一名网球运动员来说,有时的能量消耗会很大,在运动前或运动中补充能量是很必要的。较常见的能量补充类营养品是能量条,一般一条能提供300卡左右的能量,在运动中使用效果很好。

软骨素:软骨素是从牛支气管或鲨鱼软骨中粹取而来,软骨素是结缔组织的主要成分。软骨素可以刺激软骨细胞修补,也会与某些酵素结合以免这些酵素破坏关节组织。常见的扭伤、拉伤都属于软组织伤害,一旦发生应当及时补充软骨素。

第三节 网球比赛前、中、后营养的补充

一、网球运动员赛前的营养补充

赛前必须要提高或保持运动员的专项运动能力,以及与之相适应的最佳体重和体脂比。在比赛前和比赛期间存在的主要问题有:体力和精神压力;赛前抵抗力的降低;由于饮食不当引起的消化功能的紊乱;没有良好的身体条件准备(能量、糖原储备)、脱水和身体过热;碱储备(维生素和微量元素,酶和辅酶),等等。我们可以通过膳食营养和运动营

养两方面来解决这些问题。比赛前运动员处于高度兴奋状态,还有心理因素等的影响,消化功能多会减弱,所以赛前营养的补充的时间和补充物质的多少应该很好地控制。赛前的合理营养和膳食将有助于运动员发挥正常的训练水平甚至可以超水平发挥,且有利于运动员赛后疲劳的消除。如果赛前膳食营养安排不恰当,会导致运动员比赛能力降低,甚至会出现腹痛、呕吐、低血糖等不良反应。赛前营养补充应于比赛开始前2～3小时完成,它能够保证比赛时大部分营养物质已消化,所补充的物质也应是运动员平时习惯的,避免在比赛期突然增加或变换某种食品,出现影响消化系统等引起运动员不适的反应,从而对比赛产生不利影响。比赛当天的食物体积和重量都尽可能要小,但热量要更高,易消化。避免过多摄入难消化、富含纤维、易产生气体的食物,如杂粮、韭菜、干豆类及肥肉等。赛前营养饮食中应充分地补充碳水化合物使体内的糖原储备增加,不宜过多补充蛋白质,因为蛋白质代谢产物会使体液偏酸,致使运动员很快出现疲劳,对比赛不利。可饮用富含维生素和无机盐的饮料,使其达到饱和状态,为比赛作储备。赛前应避免饮用含有酒精的饮料和碳酸饮料。

二、网球运动员赛中的营养补充

网球运动是一项对体能、技战术运用和心智能力等方面要求非常高的一项技能主导类隔网对抗性项目。运动员在赛场上的取胜,取决于很多综合因素,而营养补充也扮演着很重要的角色。网球比赛运动员在换边时和一盘比赛结束时可以坐下休息并补充运动饮料、水、水果和其他营养物质,比赛中合理的营养补充有助于运动状态的保持与机体的快速恢复。

(1) 香蕉　能够提供糖分、镁、维生素B和钾,防止肌肉痉挛并为运动的肌肉补充能量。香蕉中的钾离子可以补充由于大量出汗导致的肌肉灵敏度不足,还能提高人的兴奋度。香蕉中的碳水化合物可以补充能量,又能保持竞技状态,所以在长时间激烈运动时,可以用香蕉来调节体能。香蕉脂肪含量低,碳水化合物丰富,蛋白质在水果中含量较高,营养价值高,热量在水果中也是十分突出的,最重要的是容易消化吸收。这样,既保证了能量摄取,又可以防止胃肠负担过重,血液流向胃肠道而影响运动系统和大脑的血液供应。

(2) 水和运动饮料　赛中及时补充消耗掉的液体、电解质。水的营养功用非常大,水是机体的重要成分,它参与物质代谢的过程,水是良好的溶剂,食物的消化、吸收、生物氧化以及排泄都需要水。水的比热大,在体内能使体温保持稳定。水的蒸发散热(排汗)是调节体温的一种重要方式。水的流动性大,在体内形成体液循环,运输物质。水可以保持腺体正常分泌。正常情况下,体内水分的出入量是平衡的。体内不储存多余的水分,也不能缺水。多了则排出体外,缺少了若不及时补充,就会影响机体机能。摄入水分不足或排出水分过多(出汗、腹泻等)时,可使机体失水,进而影响人体生理机能。在网球运动中,影响体液丢失的因素包括环境的温度、湿度;运动的强度、适应环境的能力、体型的大小、服装和排汗量等。轻微的失水能破坏运动员的能量供应并降低运动水平的发挥。在某些情况下,口渴的感觉可能是失水的一种征兆,不要等到口渴才补水,比赛中及时定量的补水是必须的。

运动饮料在一程度上可以补充运动员因为激烈的比赛所消耗的糖、盐和其他有机化合物,喝完运动饮料后还要喝口水,防止咽干。运动饮料可以是1∶1合成的水果汁(除了维生素C和钾以外,水果汁还含有9%～12%的糖)和矿泉水的混合物,也可以是各种电解质饮料。推荐矿泉水的原因是矿泉水中富含镁,含盐低;水果汁和矿泉水分开喝也行,补充时要坚持少量多次的原则。

三、网球运动员赛后的营养补充

网球运动的特点在于需要耗费很大的能量,打完一场比赛后经常会出现新陈代谢紊乱、脱水严重的现象,肌腱炎发生的概率也大大增加。因此,不光是比赛前要注意补充糖分(可从面食、米饭、麦片中摄取)和水,而且在比赛过程中和结束后也需要补充能量。

赛后运动员的主要需求就是补充消耗掉的液体、电解质和碳水化合物,除此之外的一些功能性食物的补充也应该适当考虑。而对于已经结束当天所有比赛和间隔几个小时还有比赛的运动员来说,他们的补充是有差异的。把握好营养补充的恰当时机,对运动员的快速恢复会起到事半功倍的效果。

（一）糖的补充

如果运动员下一场比赛间隔时间比较短(2小时之内),则应在比赛结束后15分钟内,开始着手进行糖的补给,基本的标准是每千克体重1～1.5克。如果下一场比赛的时间间隔比较长(4小时以上),则在赛后立刻补充50～100克的糖,以后按照每间隔2小时补充相同分量的糖即可。一些研究表明,同时进行糖和蛋白质的补给比单纯的补糖能更快地促进糖原的再合成,因此运动员可以考虑一些高糖的运动饮料和运动饼干。

（二）水的补充

运动员赛后到底要补充多少水分?最简单的衡量标准就是失去多少补多少。即一名运动员赛前的体重,减去赛后的体重。一名经历了激烈比赛的网球运动员,他的相对出汗率为0.8～2.5升/小时。汗液中,含有大量的钾离子和钠离子,钙、镁、铜、锌、铁、锰、硒等元素也有不同程度的丢失。所补充的液体中要适量含有这些元素。但是如果大量流汗后,在几小时之内,连续摄入过多的水,而没有适当补充钠盐则会让身体感到不适,如:肌肉神经细胞的兴奋性增高导致的肌肉痉挛现象,严重的甚至可能会引起低钠血症;大量出汗还伴随了钾离子的丢失。因此汗液和尿液中流失的钾加起来能使钾的丢失总量超过摄入量而引起钾的负平衡。钾的不足能破坏酸碱平衡,还会引起心脏收缩和心律失常。为了更好地恢复,更平衡地对体液进行补充,运动饮料是个很好的选择。

（三）运动饮料的补充

运动饮料是在科学研究的基础上,针对运动时身体的能量消耗、机体内环境改变和细胞功能降低而研制的,能为人体快速补充水分、电解质和能量,平衡体液并补充能量的功能性饮品。运动饮料也有适合运动中和运动后的不同分类。如果比赛间隔期较短(2小时内),可在赛前30分钟左右补充300～500毫升的低温运动饮料(15℃左右),这种补充方法能在比赛开始时将摄入的水基本全部吸收于体内,有利于增加血容量,促进运动中排汗,减缓体温上升幅度,延缓脱水的发生和发展。天气格外炎热时,可以增加运动饮料的补充,但是最多不超过1000毫升。过量的补液反而会造成运动员的胃肠道和肾脏负担,影响运动能力。对于比赛安排在第二天的运动员则要注意少量多次原则,切忌暴饮。

（四）其他功能性食物的补充

1. 抗炎食物

（1）深海鱼类　富含丰富的 ω-3 多不饱和脂肪酸,这些脂肪酸可以抑制四烯酸产生的类二十碳烷酸化合物,有抗炎的功效。常见的深海鱼类有马哈鱼、鳕鱼、比目鱼、金枪鱼等。此种鱼类用清蒸或清炖的方法较好,既不会严重地破坏 ω-3 多不饱和脂肪酸,又能杀死寄生虫。

（2）亚麻油　富含 ω-3 和 ω-6 脂肪酸,与深海鱼类油脂一样,可以减少炎症发生,它可以用来做蔬菜沙拉与水果沙拉。亚麻油高温容易氧化,不适宜烹调时使用。亚麻油还存在于坚果之中,运动员可在赛后补充一些坚果。

（3）蔬果类　具有抗炎功效的蔬果类基本上颜色都比较鲜艳。樱桃萃取物的抗炎效果非常显著,是阿司匹林的 10 倍左右,水果中的蓝莓、黑莓、草莓等也具有类似效果。蔬菜中的菠菜、番茄、青椒对抗炎也有明显效果。

（4）生姜　是一种非常重要的抗炎症食物,同时也有止痛的作用,对于经过了剧烈比赛后的运动员一些小的肌肉损伤问题带来的不适感,有明显效果。

（5）榛子和向日葵油　提供维生素 E,这种抗氧化维生素可以防止因打网球导致的炎症侵袭。

2. 抗氧化食物

运动时机体对能量的需求量大大增加,骨骼肌细胞的耗氧量较平时增加 100 倍以上,同时也伴随有大量的自由基生成。随着比赛时间的增加,比赛强度的加大,机体产生氧化应激反应,机体清除自由基的能力已经不能满足需求。运动性氧化应激是组织损伤、运动型疲劳的主要原因之一,因此补充具有抗氧化功能的食物可以促进运动后疲劳的消除和身体机能恢复。

（1）全谷类　常见的抗氧化食物有糙米、全麦、燕麦和玉米等。正餐中以全谷类食物作为主食可以很好地补充维生素 E,维生素 E 是机体内最重要的生物自由基清除剂之一。

（2）水果类　补充适量的水果可以提供维生素 C,体内的维生素 C 非常容易被氧化,这样就可以保护其他物质不被氧化。富含维生素 C 的水果有柑橘、柠檬、草莓、猕猴桃等。

（3）蔬菜类　蔬菜中含有丰富的维生素,可分为水溶性维生素和脂溶性维生素两种。需要注意的是,水溶性维生素多数不耐高温,也就是说经过高油温烹炒和长时间炖煮的蔬菜,其中的维生素已经被大量氧化和破坏,其营养价值很低。大部分绿色蔬菜都含有水溶性维生素。如果可能的话,生吃蔬菜效果能更好。南瓜、胡萝卜、西葫芦、甘蓝等蔬菜含有类胡萝卜素,是脂溶性维生素。番茄是近年来国际上非常认可的一种抗氧化食品,其中含有大量的番茄红素,番茄红素属于脂溶性维生素,建议膳食中的番茄是经过加工的,以便于身体对番茄红素的吸收和利用。

（4）蒜　能促进人体组织的氧合作用,降低血压,调节心脏功能。

3. 补血类食物

经过了几小时激烈比赛的运动员容易发生运动性贫血,这种急性的身体机能低下的状态会影响运动员的竞技能力,应及时进行营养补充,可多吃些海带、动物肝脏、黑木耳等食物,这些食物富含丰富的铁,可防止运动性贫血的继续发展,对第二天还有比赛任务的运动员有很好的帮助。

4. 避免摄入的饮食

(1) 碳酸饮料 很多的饮料中都含有碳酸气,常见的可乐等碳酸饮料中含有碳酸气的体积都大于 3.5。运动员运动后饮用含有碳酸气的饮料(碳酸气体积≥2.3),会明显降低饮料的摄入量。同时,碳酸饮料的摄入还会导致胃部有饱胀感和不适感。

(2) 含咖啡因和酒精的饮料 如果运动员当天还有比赛,应该注意避免摄入含咖啡因和酒精的饮料,含咖啡因类饮料有利尿的作用,如果运动员当天还有比赛,他们会加速体液的流失,造成脱水。即使是次日进行比赛,也要注意,可能会导致运动员兴奋,影响睡眠;酒精类饮料会刺激运动员的中枢神经,影响休息。

(3) 油炸食物 在当天还有比赛的情况下避免摄入油炸食物,它会加大运动员的耗氧量,增加体内的自由基,这两种反应都会激发炎症的发生,也能促进炎症的发展。

随着网球运动的普及和赛事的增多,赛后及时补充糖和其他营养物质,不但有利于保持良好的竞技状态,也可以有效地防止运动损伤的发生,延长运动寿命。但大多数运动员只是在借鉴其他项目补充营养的方法,只有依据网球运动自身的特点采取科学的方法进行膳食摄入的细致调节,才能提高和保持运动员的身体机能,实现最佳的运动成绩。当然,所有运动员对不同的食物和营养策略有着各自的适应性,不能一概而论,要通过平日认真的试验,比赛中才可采用。任何看似完美的营养计划都必须结合适当的训练和充分休息才能体现出效果。

第十五章

网球运动的竞赛组织

网球运动竞赛是在裁判的主持下,依据网球规则在体能、技能、智能等领域进行的攻防对抗的网球比赛。比赛的最终目的是争取胜利。

第一节 竞赛的组织工作

一、赛前的准备工作

(一)成立组织机构

1. 机构

竞委会:办公室、竞赛处(含仲裁委员会)、宣传处、后勤处、保卫处等。

2. 职责

(1)办公室:制定大会文件;竞赛规程;赛会通知和补充通知;召开有关会议;下达任务;协助竞委会工作;接受运动员的报名和资格审查。

(2)竞赛处:编排比赛日程;编印秩序册;成绩册;成绩公告;印制各种竞赛所用表格;安排各参赛队赛前场地的适应性练习;在联席会上通报比赛中有关的执行规则要求;检查场地和器材;比赛期间及时登记和公布当天的比赛成绩;协助裁判长组织裁判员学习;遇特殊情况要协助裁判长通知各队比赛,更改比赛时间、日期和赛场。

(3)仲裁委员会:一般由3~5人组成,主要负责处理比赛中发生的事端及纠纷;协助竞委会审查报名队伍和队员的资格;负责复审比赛期间规则执行、竞赛规程中发生的纠纷;对受理的申诉、控告等及时处理,不影响比赛的正常进行。

(4)宣传处:协助竞委会筹备和召开新闻发布会的工作;组织整个比赛的宣传报道工作;组织评定体育道德风尚奖的团体和个人。

(5)后勤处:负责大会的接待、交通、食宿、票务、医务等工作。

(6)保卫处:运动员、裁判员、工作人员的住地安全和比赛场地的秩序等。

(二)制定竞赛规程

竞赛规程是竞赛组织者和参加者的指导性文件,是竞赛工作进行及报名的依据,在竞赛前由主办单位根据竞赛的目的任务制定,并提前发给有关单位或参赛个人,以便做好赛前准备工作。竞赛规程是竞赛工作的依据,有关竞赛的各项规定、要求、办法必须明确地写进规程。

竞赛内容包括竞赛名称、目的任务、主办单位、比赛地点、比赛时间、参赛单位、报名人数、年龄规定、比赛项目、参赛资格、竞赛办法、抽签方法、录取名次、奖励办法、裁判员、

报名日期、健康保障、注意事项等有关的特殊规定。在制定规程时必须细心安排各项内容，在确定比赛时间时，要注意合理安排运动员的竞赛负担量。每人每天最多一场单打和一场双打比赛，而且先打单打，后打双打，这是国际惯例，但是遇特殊情况，如下雨等，也可打乱此负担量。另外还要考虑比赛期间的节假日情况，尽量把比赛的高潮安排在节假日，尽量把半决赛和决赛安排在周六或周日。在业余比赛中一般的比赛负荷量都超出国际惯例。

（三）制定工作计划

根据职责范围，分头制定工作计划，按期落实，并定期检查工作进展情况。既要分工明确，又要协调配合。

赛前一些具体工作主要包括办公室制定大会文件，赛会会议，颁奖等安排，以及接待、交通、食宿、票务、医务等行政工作。竞赛处根据规程规定与参赛队和个人的具体情况编排比赛日程，编印秩序册并及时发到各有关单位和个人；印制各种表格；安排好各参赛队和个人赛前对比赛场地的适应性练习；组织调研员和辅助工作人员的培训工作等。仲裁成员学习《仲裁委员会条例》；召集和辅助裁判员、球童进行业务学习以及临场实习，裁判长和副裁判长等检查场地和器材的落实情况，进行裁判员分组并确定负责人，在赛事监督、裁判长、领队、教练联席会议上，通报比赛中有关执行规定和要求等。宣传处召开组委会会议，协助组委会召开新闻发布会的筹备工作，让更多的宣传媒体介入赛会进行宣传报道。保卫处根据赛会的需要组织安排一定的警力，确保赛会安全顺利进行。

（四）召开组委会会议，汇报筹备工作的情况

由主办方和承办方召开联席会议，由主办方领导介绍赛事的发展前景、赛事规模、举办比赛的目的和意义；赛事承办单位汇报赛事的筹备工作情况；裁判长宣布有关赛程的规定与要求；最后是参赛单位提问环节，问题现场解决或将问题记录下来，会后解决，解决不了的给予解释。

二、竞赛期间的工作

竞赛处要及时登记和公布当天的比赛成绩。同时应该常检查和管理场地器材与设备；遇有特殊情况需要更改比赛场地、日期和时间时，要及时通知到各队或个人。办公室应深入各运动队和运动员听取意见，改进工作，保证运动员、裁判员、工作人员的伙食、洗浴及休息；赛场应有医生做好处理伤病事故的准备工作，并做好食品卫生监督工作。裁判长安排好裁判员、司线员、球童的工作，及时组织小结，改进工作，保证比赛的顺利进行。保卫处应随时注意参赛人员住地及比赛场地的治安工作，特别在比赛临近结束时更要加强治安工作。宣传处组织好宣传报道和体育道德风尚奖的评定工作。

三、竞赛的结束工作

编排组及时核对比赛成绩，排出名次，交由裁判长宣布。召开组委会听取工作汇报及意见，决定体育道德风尚奖评选结果。组织闭幕式的发奖仪式，印发成绩册，安排和办理各队、运动员及裁判员离会等有关事宜。

第二节 竞赛制度与编排方法

一、竞赛制度

竞赛制度是参赛的各队和运动员之间如何进行比赛的方法。选择和确定竞赛的方法,应该根据比赛的目的任务、时间长短、参赛队和运动员的多少及场地设备等情况来决定。竞赛制度有循环制、淘汰制、混合制等。

网球比赛一般都是个人项目,国际上除了戴维斯杯、联合会杯等几个团体赛事外。基本上都是以个人形式参加单项比赛,大多采用单淘汰制;在国内除了团体锦标赛和一些业余比赛第一阶段采用分组循环,第二阶段都采用单淘汰制。所以组委会可根据实际情况和目的,安排合适的赛制。

二、编排方法

由于竞赛的目的任务不同、规模不同,网球比赛常用的比赛方法有:单循环赛制、分组循环赛制、单淘汰赛制、混合赛制等。具体编排方法见第十八章"网球竞赛编排方法"。

思考题
1. 网球竞赛工作的流程有哪些?
2. 网球竞赛的主要编排方法有哪几种?

第十六章

网球运动的竞赛规则

第一节 场地与设备

一、场地

网球场地是长方形的,长度为 23.77 米(78 英尺),单打比赛的场地宽度为 8.23 米(27 英尺),双打比赛场地的宽度为 10.97 米(36 英尺)。

场地由一条挂在绳索或钢丝绳上的球网从中间处分隔开,所使用的绳索或钢丝附着或挂在 1.07 米(3.5 英尺)高的两根柱上。球网应充分伸展开,使之能够填满两个网柱之间的空间,其上网孔的大小以确保球不能穿过为宜。球网中心的高度应为 0.914 米(3 英尺),并且用中心带向下绷紧固定,网绳或钢丝绳和球网的上端应当用一条网带包裹住,中心带和网带都应完全为白色。

网绳或钢丝绳的最大直径为 0.8 厘米(0.33 英寸)。

中心带的最大宽度应为 5 厘米(2 英寸)。

球网每一边垂直向下的网带宽度应当在 5 厘米(2 英寸)与 6.35 厘米(2.5 英寸)之间。

双打比赛中,每侧网柱的中心应距双打场地的外沿 0.914 米(3 英尺)。

单打比赛中,如果使用单打球网,每侧网柱的中心应距单打场地的外沿 0.914 米(3 英尺)。

如果使用双打球网,那么球网要用两根高 1.07 米(3.5 英尺)的单打支柱支撑起来,每侧单打支柱的中心距单打场地的外沿 0.914 米(3 英尺)。

网柱的边长不应超过 15 厘米(6 英寸)或直径不应超过 15 厘米(6 英寸)。

单打支柱的边长不应超过 7.6 厘米(3 英寸)或直径不应超过 7.6 厘米(3 英寸)。

网柱和单打支柱的上端不能超过网绳顶端以上 2.5 厘米(1 英寸)。

球场两端的界线称为底线,两侧的界线称为边线。

在两条单打边线之间画两条距球网 6.40 米(21 英尺)并且与球网平行的线,这两条线称为发球线。在球网每一边的发球线和球网之间的区域,被一条发球中线分成相同的两个部分称为发球区,发球中线应当和单打边线平行并且与两条边线的距离相等。

发球中线和中心标志的宽度为 5 厘米(2 英寸)。

除底线的最大宽度可以为 10 厘米(4 英寸)外,场上其他所有线的宽度均应介于 2.5 厘米(1 英寸)和 5 厘米(2 英寸)之间。

所有场地的测量都应以线的外沿为标准,所有场地上的线的颜色均必须相同,并且和场地的颜色有明显的区别。

在场地后面和侧面可以安放广告及其他标志物体,但不能干扰运动员的视野或比赛条件。除此之外,在球场、球网、中心带、网带、网柱或单打支柱上均不允许有广告。

二、永久固定物

场地上的永久固定物,不仅包括后拦网和侧拦网、观众、观众的座位和看台,以及所有场地周围上方的固定物,并且还包括处于各自规定位置的主裁判、司线员、司网裁判和球童。

在一个使用双打球网和单打支柱场地举行单打比赛时,网柱、单打支柱以外的球网部分属于场地上的永久固定物,而不能视其为网柱或球网的一部分。

三、球

球的表面由统一的纺织材料包裹,颜色应当是白色或黄色的。如果有接缝,不应当有缝线。球的重量为 56~59.4 克;球的尺寸为 6.54~6.86 厘米;当球从 254 厘米(100 英寸)的高度落在混凝土地面时,球弹起的高度为 135~147 厘米。

赛事组织者必须在赛事前公布:①比赛中用球的数量(2个、3个、4个或6个);②换球的方案。

如果换球,可采用以下方式中的任何一种。

(1) 在一个规定换球的单数局结束后换球。在这种情况下,由于热身活动用球的原因,比赛中第一次换球必须比整场比赛的其他任何时候的换球提前两局。平局决胜局在换球时也作为一局计算,但如果换球时刚好是平局决胜局开始时,则不应当换球。在这种情况下,换球应当推迟到下一盘第二局的开始前或者按以下方法进行。

(2) 在一盘的开始时换球。

如果在比赛期间球破了,这一分应当重赛。

判例:如果在赛完一分后发现球软了,这一分球是否应重赛?

答案:如果只是球软了而没有破,这一分不应重赛。

注:在按照网球规则进行的比赛中,任何用球都必须是由国际网球联合会(简称国际网联)颁布的已被列入官方名单上的批准用球。

四、球拍

球拍的长度不能超过 73.7 厘米(29 英寸),球拍框的总长度不能超过 31.8 厘米(12.5 英寸),击球面的总长度不能超过 39.4 厘米(15.5 英寸),总宽度不能超过 29.2 厘米(11.5 英寸)。

球拍的击球面应该是平坦的,由连接在球拍框上的弦组成一种样式,球拍在交叉的地方应该是相互交织或相互组合在一起的,拍弦组成的样式应该大体一致,中央的密度不能小于其他区域的密度。球拍的设计和穿弦应使球拍两面在击球时的性质大体保持一致。

拍弦上不应该有附属物或突出物,除非该附属物仅仅并且非常明确是用来限制和防止弦的磨损、撕拉或震动的,而且它的尺寸以及位置也必须是合理的。

判例1:可否允许球拍弦线超过一种样式?

答案:不可以,规则中提到交叉弦线只能是一种样式,而不是几种样式。

判例2:如果弦线是在一个以上的平面上,是否可以认为弦线组成的样式大体上是一致的和平坦的?

答案:不可以。

判例3:减震器是否可以安装在球拍的弦线上,如果可以,应当安装在什么位置?

答案:可以,但这种器材只能安装在交叉弦线组成的样式之外。

判例4:在一分的比赛中,一名运动员的弦线突然断了,他可以用这把球拍继续比下一分吗?

答案:可以,但赛事组织者特别规定禁止的除外。

判例5:在比赛中的任何时候,运动员可否同时使用一把以上的球拍?

答案:不可以。

判例6:可以在球拍内嵌入会影响击球特性的电池吗?

答案:不可以,不能使用电池、太阳能电池或其他类似带有能源动力的设备。

第二节 比赛计分方法

一、一局中的计分

(一)常规局

1. 有占先计分方法

在一个常规局的比赛中,报分时首先报发球运动员的比分,计分如下:

无得分——0;

第一分——15;

第二分——30;

第三分——40;

第四分——局比赛结束。

若两名运动员(队)都获得了三分,则比分为平分。平分后如果一名运动员(队)获得一分,则比分为占先,如果占先的这名运动员(队)又获得了下一分,他即赢得了这一局;如果占先后是另一名运动员(队)获得了一分,则比分仍为平分。一名运动员(队)需要在平分后连续得两分,该运动员(队)才能赢得这一局。

2. 无占先计分方法

当双方运动员在比赛中,双方运动员(队)都赢得了三分,这时的比分叫平分,然后要打一个决胜分。接发球方将选择从场地左半区还是从右半区接发球。在双打比赛中,进行决胜分比赛时接球方的两名运动员不能改变接球站位。赢得决胜分的运动员(队)赢得该局。

在混双比赛中,与发球员同性别的接球员接决胜分的发球。接发球的两名运动员不能改变接发球站位去接决胜分的发球。

(二)平局决胜局

在平局决胜局中,使用0、1、2、3分等来计分。首先赢得7分并净胜对手两分的运动员（队）赢得这一局及这一盘。若打满7分后仍为平分时，该决胜局应继续进行，直到一方运动员（队）净胜对手两分为止。

轮及应该发球的运动员在平局决胜局中首先发第一分球，随后的两分由他的对手发球（在双打比赛中，对方队中轮及应该发球的运动员进行发球）。此后，每一名运动员（队）轮流连续地发两分球直到平局决胜局结束（在双打比赛中，两队应按照与该盘相同的发球顺序轮流连续发球）。

在平局决胜局中首先发球的运动员（队）应当在下一盘的第一局开始时首先接发球。

二、一盘中的计分

一盘中的计分有不同的方法。主要的计分方法是长盘制和平局决胜局制两种。比赛中两种计分方法中的任何一种都可以使用，但必须在赛前事先宣布。如果使用的是平局决胜局制的计分方法，还必须声明决胜盘将采用的是平局决胜局制还是长盘制。

（一）长盘制

先赢得6局并净胜对手两局的运动员（队）才赢得这一盘。如果需要的话，这一盘必须持续到一方运动员（队）净胜两局为止。

（二）平局决胜局

先赢得6局并净胜对手两局的运动员（队）才赢得这一盘。如果局数比分达到6∶6时，则需进行"平局决胜局"。

三、一场比赛的计分方法

一场比赛可以采用三盘两胜制，先赢得两盘的运动员（队）赢得这场比赛；或采用五盘三胜制，先赢得三盘的运动员（队）赢得这场比赛。

第三节 比赛中的规则

一、发球员和接发球员

运动员（队）应当分别相对站于球网两侧。发球员是指在开始比赛时发出第一分的运动员，接发球员是指准备回击发球员所发出球的运动员。

判例1：接发球员可以站在场地界线以外的地方接球吗？

答案：可以。接发球员可以随意站在属于他自己球网一侧的场地内或场地外的任何位置接球。

二、场地和发球的选择

在准备活动开始前，通过掷币的方式决定获得挑选场地和第一局谁作为发球员或接发球员的权利。掷币获胜的运动员（队）可以进行以下选择。

（1）选择在比赛的第一局作为发球员或接发球员，在这种情况下，对手应选择比赛的第一局所处的场地。

（2）选择比赛的第一局所处的场地，在这种情况下，对手应选择在比赛的第一局作为发球员或接发球员。

（3）要求对手对以上两种方法做出任何一种选择。

判例1：如果准备活动被中断，运动员离开场地，双方运动员（队）是否有重新选择的权利？

答案：是的，原掷币结果仍然有效，但是双方运动员（队）都有权利重新选择。

三、交换场地

运动员应在每一盘比赛的第一局、第三局和随后的每一个单数局结束后交换场地。运动员还应在每一盘比赛结束后交换场地，除非在这盘比赛结束后双方所得局数之和为偶数时，运动员则在下一盘第一局结束后交换场地。

在平局决胜局中，运动员应在每6分后交换场地。

四、活球期

除了做出发球失误或重发的呼报之外，球从发球员击出的那一时刻开始直到该分结束都为活球。

五、压线球

如果球接触到线，则这个球被认为是落在由该线作为界线的场地之内。

六、球触永久固定物

如果活球状态下的球落在正确的场地内后弹起触到了永久固定物，则击出该球的运动员赢得该分；如果活球状态下的球在落地前触到了永久固定物，则击出该球的运动员失分。

七、发球次序

在每一个常规局结束后，该局的接发球员在下一局中应该成为发球员，该局的发球员在下一局中应该成为接发球员。

双打比赛中，在每一盘第一局开始前，由先发球的那队选手决定哪一名运动员先在该局发球。同样地，在第二局开始前，他们的对手也应当做出由谁在该局先发球的决定。第一局先发球的运动员的同伴在第三局发球，第二局先发球运动员的同伴在第四局发球。这个轮换次序一直延续，直到该盘结束。

八、双打的接发球次序

在每一盘的第一局，首先接发球的那队要决定哪一名运动员在该局接第一分发球。同样，在第二局开始前，他们的对手也应当决定哪一名运动员在该局接第一分发球。先接第一分发球的运动员的同伴应当接本局第二分发球，这个次序一直延续，直到该局和该盘结束。

接球员接完发球后，该队中的任何一名运动员都可以回击球。

判例：可以允许双打搭档中的一名运动员单独和对手进行比赛吗？

答案：不可以。

九、发球

在开始发球动作前,发球员必须双脚站在底线后(即远离球网的那一侧),中心标志的假定延长线和边线的假定延长线之内的区域里。然后,发球员应当用手将球向任何方向抛出并在球触地前用球拍将球击出。在球拍击到或没有击到球的那一刻,整个发球动作即被认为已经完成。对于只能使用一只手臂的运动员,可以用他的球拍完成抛球。

十、发球的程序

在一个常规发球局中,每一局的发球员都应当从场地的右半区开始,交替站在同侧场地的两个半区后面发球。

在平局决胜局中,第一分发球应当从场地的右半区开始发出,然后交替从场地的两个半区后面发球。

发出的球应当越过球网,在接球员回击发球之前落到对角方向的发球区内。

十一、脚误

在发球的整个动作过程中,发球员不可以有以下动作:
(1) 通过走动或跑步来改变位置,但脚步轻微移动是允许的;
(2) 任何一只脚触及底线或场地内的地面;
(3) 任何一只脚触及边线假定延长线外的地面;
(4) 任何一只脚触及中心标志的假定延长线。

如果发球员违反了这些规定就是一次"脚误"。

判例1:在单打比赛中,发球员可否站在底线后的单打边线与双打边线之间的位置发球?

答案:不可以。

判例2:发球过程中是否允许发球员的一只脚或者双脚离开地面?

答案:可以。

十二、发球失误

下列情况为一次发球失误:
(1) 发球员违反了《网球竞赛规则》(后简称《规则》)第九、十或十一条;
(2) 发球员试图击球时没能击中;
(3) 发出的球在触地前碰到了永久固定物、单打支柱或网柱;
(4) 发出的球触到了发球员或发球员的同伴,或发球员和发球员同伴所穿戴的或携带的任何物品。

判例1:在发球时,发球员将球抛出后决定不击球而接住球,这是一次发球失误吗?

答案:不是。一名运动员将球抛出后决定不击球,而用手或球拍将球接住,或让球落在地上是允许的。

判例2:单打比赛在有网柱和单打支柱的场地上进行,发球时击中了单打支柱后落在了有效的发球区内,这是一次发球失误吗?

答案:是的。

十三、第二次发球

如果第一次发球失误,发球员应当立即从他该次发球失误的同一半区后面的规定位置再发一次,除非发球失误的这次发球是从错误的半区发出去的。

十四、何时发球和接发球

发球员应该在接发球员做好准备以后再发球。不管怎样,接发球员应当按照发球员合理的发球节奏来比赛,并且在发球员准备发球时,在合理的时间内做好接发球的准备。接发球员试图回击发球时则被认为他已做好准备。如果能够证实接发球员未做好准备,那么该次发球也不能被判为失误。

十五、发球中的重发

如果出现以下情况应重新发球。

（1）发出的球触到了球网、中心带或网带后落在有效发球区内；或在球触到了球网、中心带或网带后落地前触到了接发球员或其同伴,或他们所穿戴的或携带的任何物品。

（2）球发出后,接发球员还没有做好准备。

在重发球时,引起重发的那次发球不被计算,发球员应重发该球,但是不能取消重新发球前的发球失误。

十六、重赛

除了在第二次发球时呼报重赛是指重发该次发球外,在其他情况下,当呼报重赛时,这一分必须重赛。

判例:在活球期间,另一个球滚入场地内,裁判员呼报重赛。发球员以前有一次发球失误,此时发球员应获得第一次还是第二次发球权利？

答案:第一次,整个这一分必须重赛。

十七、运动员失分

如果出现下列情况,运动员失分:

（1）发球员连续两次发球失误；

（2）在活球状态下,运动员在球连续两次触地前没有将球击过网；

（3）在活球状态下,运动员回击的球在落地前触到有效击球区外的地面或其他物体；

（4）在活球状态下,运动员回击的球在落地前触到永久固定物；

（5）接球员在球没有落地前回击发球员发出的球；

（6）运动员故意用他的球拍托带或接住处于活球状态中的球,或故意用球拍触球超过一次；

（7）在活球状态下的任何时候,运动员或他的球拍（无论球拍是否在他手中）,或他穿戴的或携带的任何物品触到球网、网柱或单打支柱、网绳或钢丝绳、中心带或网带,或他对手场地的地面；

（8）运动员在球过网前击球；

(9) 在活球状态下,除了运动员手中的球拍外,球触及运动员的身体或他穿戴及携带的任何物品;

(10) 在活球状态下,球触到了运动员的球拍,但球拍不在他的手中;

(11) 在活球状态下,运动员故意并实质性地改变了球拍的形状;

(12) 双打比赛中,在一次回击球时,同队的两名运动员都触到了球。

判例1:发球员在发出第一次球后,球拍从他的手中脱落,在球落地前球拍碰到了球网。这是一次发球失误,还是发球员失分?

答案:发球员失分,因为在活球期间球拍触及了球网。

判例2:发球员在发出第一次发球后,球拍从他的手中脱落,在球落地触及有效发球区以外的地面后球拍碰到球网。这是一次发球失误,还是发球失分?

答案:这是一次发球失误,因为球拍触及球网时,球已经不在活球期内了。

判例3:双打比赛中,接球方运动员的同伴在对方发出的球触及有效击球区场地外的地面前触及球网,应当如何判定?

答案:接球方失分,因为活球期间接球运动员的同伴触及球网。

判例4:运动员在击球前或击球后越过球网的假定延长线,运动员是否失分?

答案:在这两种情况下,如果运动员没有触及对方的场地,都不失分。

判例5:活球期间运动员可否跳越过球网进入对方的场地内?

答案:不可以。这名运动员失分。

判例6:活球期间运动员抛拍击球,球和球拍均落入对方一侧的场地内,对方未能击到球,哪一名运动员失分?

答案:抛拍击球的运动员失分。

判例7:一个发球在触地前刚好击中接球运动员,或双打接球运动员的同伴,哪一名运动员赢得该分?

答案:发球运动员赢得该分。除非这是一次重发球。

判例8:运动员站在场地外回击或接住还未落地的球,并宣称赢得该分,因为球明显地飞出有效场地外?

答案:运动员失分。除非这是一次有效的回球,在这种情况下继续此分的比赛。

十八、有效回击

如果是下列情况,属于一次有效回击。

(1) 球触到了球网、网柱或单打支柱、网绳或钢丝绳、中心带或网带并且越过球网后落到有效场地内;《规则》第2条和第24条(d)款除外。

(2) 在活球状态下球落在有效场地内后由于旋转或被风吹回过网,该轮及击球的运动员越过网击球,将球击到有效场地内,并且运动员没有违反《规则》第24条规定。

(3) 回击的球从网柱外侧,无论该球是高于还是低于球网的上部高度,即使触到网柱,只要落在有效场地内。球未触及永久固定物或在球第二次落地前将球击出。

(4) 球从单打支柱及其附属网柱之间网绳下面穿过而又没有触及球网、网绳或网柱,并且球落在有效场地内。

(5) 运动员的球拍在回击自己球网一侧内的球后随球过网。

(6) 在活球状态下,运动员击出的球碰到了停在正确场地内的另一个球。

判例 1：运动员的回球击中单打支柱并落入有效场地内，这是否为一次有效击球？

答案：为一次有效击球。但如果发出的球触到单打支柱，则为一次发球失误。

判例 2：活球期间，球击中停在有效场地内的另一球，应该如何判定？

答案：继续比赛。然而，如果裁判员此时不能确定回击的球是否为活球状态下的球，则这一分应当重赛。

十九、干扰

如果运动员在某一分球的比赛中受到对手故意举动的干扰。那么这名运动员应当赢得该分。

然而，如果运动员在某一分的比赛中受到他对手非故意举动的干扰，或者某些运动员自身无法控制（除场地上的永久固定物外）的妨碍时，这一分应当重赛。

判例 1：一次无意的连击是否为一次干扰？

答案：不是，参见《规则》第 24 条 (f) 款。

判例 2：一名运动员要求停止比赛，因为该名运动员认为他的对手受到干扰，这是否为一次干扰？

答案：不是，这名运动员失分。

判例 3：比赛中球击中飞过球场上空的鸟，这是否为一次干扰？

答案：是的，这一分应当重赛。

判例 4：在一分中，该分开始前已经在运动员这一侧场地内的一个球或其他物体干扰了运动员，这是否为一次干扰？

答案：不是。

判例 5：在双打比赛中，允许发球员的同伴或接发球员站在何处？

答案：发球员的同伴或接发球员的同伴可以站在球网一侧己方场地内或场地外的任何位置。然而，如果运动员制造干扰妨碍对方，那么将使用干扰规则。

二十、更正错误

作为一项原则，当比赛中发现一例违反网球规则的错误时，先前所有的比分都有效，发现的错误应当按照如下条款更正。

（1）在一个常规局或一个平局决胜局中，如果一名运动员从错误的半区发球，此错误一经发现就应当立即被纠正，发球员要按照场上的比分从正确的半区发球，错误被发现前发球员已发生的发球失误有效。

（2）在一个常规局或一个平局决胜局中，如果出现双方的运动员场地站边错误，则此错误一经发现就应当立即被纠正，发球员要按照场上的比分从正确的一边场地发球。

（3）在常规局中如果出现运动员的发球次序错误，此错误一经发现，原先该轮及发球的运动员应当立即发球。然而，如果错误被发现前该局已经结束，则发球次序就按照已改变的次序进行。在这种情况下，此后的所有换球必须比原先规定的局数推后一局进行。

如果发球次序错误被发现前，对手有一次发球失误，则此次发球失误无效。

在双打比赛中，如果是同队的两名运动员出现发球次序错误，则错误发现以前的一次发球失误有效。

(4)在平局决胜局中,运动员出现发球次序错误,如果此错误是在双数比分结束后被发现的,则错误一经发现就应当立即纠正。如果此错误是在单数比分结束后被发现的,则发球的次序就按照已改变的次序进行。

在双打比赛中,如果是同队的两名运动员出现发球次序错误,则错误被发现前发球员同伴的一次发球失误有效。

(5)在双打比赛的常规局或平局决胜局中,如果接发球次序出现错误,则按照已发生的错误次序继续进行,直到这一局结束。在一盘的下一次接发球局时,这对运动员应当重新回到原先的接发球次序。

(6)赛前规定的是长盘制的比赛,在局数6∶6时错误地进行了平局决胜局的比赛,如果此时仅仅进行了第一分的比赛,则此错误应立即被纠正;如果错误被发现时第二分的比赛已经开始,则这盘比赛将按照平局决胜局继续进行。

(7)赛前规定的是平局决胜制的比赛,在局数6∶6时错误地开始了常规局的比赛,如果此时仅仅进行了第一分的比赛,则此错误应立即纠正;如果错误被发现时第二分的比赛已经开始,则这盘比赛将按照长盘制继续进行,直到双方的局数达到8∶8时(或更高偶数平局时)再进行平局决胜局的比赛。

(8)如果赛前规定决胜盘采用平盘决胜局制,但是在决胜盘错误地开始了平局决胜局制或长盘制的比赛,如果此时仅仅进行了第一分的比赛,则此错误应立即纠正;如果错误被发现时第二分的比赛已经开始,则这一盘比赛继续进行,直到一名运动员(队)赢得3局即赢得这一盘,或是到局数2∶2时,再进行平盘决胜局的比赛。然而,如果此错误在第五局的第二分比赛开始后才被发现,则这一盘将以平局决胜局制继续比赛。

(9)如果没有按照正常的顺序换球,那么就要等到下一次再轮到这名运动员/队发球时更换新球。此后的换球顺序仍然应按照原先的规定,在达到既定的换球局数后再进行。在一局比赛进行中不能换球。

二十一、场上技术官员的作用

裁判长对于所有涉及网球规则的问题有最终的裁决权,并且裁判长的决定是最终裁定。

在设有主裁判的比赛中,主裁判对于整场比赛中的所有事实性问题有最终裁决权。

运动员对场上主裁判作出的有关网球规则问题的裁决有疑问时,有权叫裁判长到场。

在设有司线员和司网裁判的比赛中,他们对自己负责线或球网作出所有的呼报,如果主裁判确定司线或司网裁判作出了一个非常明显的误判,主裁判有权改判。如果在没有司线员或司网裁判的比赛中,主裁判负责所有线和球网的呼报。

在团体比赛中,当裁判长坐在场上时,裁判长可以对任何事实问题作出最终裁决。

主裁判认为必要或适当的任何时候,可以中断或暂停比赛。

在光线暗、天气或场地条件不利的情况下,裁判长也可以中断或暂停比赛。当由于光线暗而暂停比赛时,则应当在该盘结束,或在这一盘中的双数局结束后暂停。在比赛暂停后重新开始比赛时,双方的比分和在场地上的位置保持不变。

裁判长和主裁判可以根据被批准并在执行中的行为规范要求,对于是否继续比赛和指导的问题作出裁决。

判例1:主裁判更正一个错误后判发球员第一次发球,而接球方运动员争辩说发球运动员此前有过一次发球失误,应是第二次发球,裁判长可否被要求到球场上作出裁决?

答案:可以。对于涉及有关网球规则方面的问题,首先由场上的主裁判根据事件具体情况作出判决,然而,当运动员不同意主裁的判决时,应由裁判长作出最终判决。

判例2:一个球被呼报"出界",但运动员声称是好球,可否要求裁判长到场地上对此作出判决?

答案:不可以。对于事实性问题,场上主裁判的裁决就是最终裁决。

判例3:主裁判可否在比赛中一分结束后更改司线员的判决?因为他认为在刚刚结束的回合中,司线员作出的是一明显的误判。

答案:不可以。主裁判只能在一个明显的错误发生后立即更改司线员的判决。

判例4:在司线员呼报"出界"之后,一名运动员申辩他的回球是好球。主裁判此时是否可以改判司线员的判决?

答案:不可以。主裁判绝对不能因为运动员的抗议或申诉而作出任何改判。

判例5:一名司线员呼报"出界",主裁判虽然认为是界内球,但是他未能看得非常清楚。那么他是否可以对司线员的判决作出改判?

答案:不可以。主裁判只有在确信司线员作出了明显的错误呼报时才能改判。

判例6:司线员是否可以在主裁报分以后更改自己的呼报?

答案:可以。如果一名司线员认为他自己犯了错误,只要不是出于袒护的目的或运动员申诉的原因,就应当尽快示意更正。

判例7:在主裁判或司线员呼报"出界"之后更正回球是好球,正确的判罚是怎样的?

答案:主裁判必须作出裁决原先的出界呼报是否干扰了双方运动员。如果是一次干扰。这一分应该重赛。如果不是一次干扰,击出去的运动员赢得这一分。

判例8:当球从网上被风吹回时,运动员正准备过网去打该球,他的对手妨碍了该运动员的回球动作,正确的判罚是怎样的?

答案:裁判员作出判断,如果是对手有意干扰,该分应该判给受到干扰的运动员,如果是无意的干扰则该分要重赛。

二十二、继续比赛

作为一个基本原则,整个比赛的第一分发球开始直到结束应当连续地进行:

(1) 分与分之间,最长间隔时间允许有20秒。运动员在单数局结束后交换场地时,最长间隔时间允许90秒。

然而,在每盘的第一局结束后和平局决胜局进行时,运动员应交换场地而没有休息,比赛应连续进行。

在每一盘结束后,最长盘间间隔时间为120秒。

最长允许时间是指从上一分球结束时开始,直到下一分第一次发球时球被击出时为止。

赛事组织者可以向国际网联申请批准延长单数局结束时运动员交换场地的90秒间隔时间,以及盘与盘之间120秒的间隔时间。

(2) 如果由于运动员不能控制的原因,如服装、鞋子或必要的装备(不包括球拍)损坏或需要对其进行更换时,可以允许给运动员一个合理的额外时间去解决这些问题。

（3）不能因为一名运动员要恢复他的体力而给其额外的时间。但是，当运动员出现需要治疗的伤病时，可以获得一次3分钟的治疗时间来处理此伤病。如果赛前已公布，限定上卫生间或更换衣服的次数是允许的。这个时间可以在五盘赛制的第三盘结束之后，或三盘赛制的第二盘结束之后采用。

（4）准备活动时间最长为5分钟，除非赛事组织者事先另有规定。

二十三、指导

以任何可听到的或可看到的方式对运动员进行交流、建议或各种指示都被认为是指导。

在团体赛中运动员可以接受坐在场上的队长的指导，但是这种指导只能在每盘结束后的间歇和单数局结束后运动员交换场地时进行。在每一盘的第一局结束后和决胜局中交换场地时不能进行指导。

在其他的任何比赛中，运动员都不能接受指导。

判例1：如果指导是以一个不易被发觉的暗示做出，运动员可以接受这样的指导吗？

答案：不可以。

判例2：比赛暂停期间，运动员可以接受指导吗？

答案：可以。

第四节　信任制比赛规则

一、礼仪

网球比赛各参与者需相互尊重与合作，比赛结束后要相互握手致意。

二、计分原则

所有信任制比赛判定分数本着诚信原则。

三、判决权限

判决应由网球落地点所在半区的球员发出。

四、不确定判决

若场上事实性问题有任何犹豫，应作出有利于对方的判决。

五、压线球

如果球接触到线，则这个球被认为是落地在由该线作为界线的场地之内。

六、争议球

如未能迅速及清楚判断为界外，该球属好球，不能以看不清楚为由要求重赛。

七、征求对方意见

若征求对方意见时，对手给予肯定的答复，球员必须接受，如对方都不能确定，该球

需判定为好球。

八、判断错误

若一球员呼报"出界"后发现该球为好球,除非该球已被回至对方场地,否则该分不应该重赛,呼报错误一方失分。

九、搭档对出界有不同意见

若双打搭档对该球界内、界外有不同意见,该球应判为好球。

十、明显界外

当球明显被打出界外时,负责呼报的球员仍需发出清楚的判决信号,包括声音或手势。

十一、质疑

若对判决有怀疑,可提出质疑,若对方再次确认该球为界外,则必须接受。若对方表示不确定,则对方失分,不得再存异议,以免延误赛事。

十二、观众意见

任何球员不得采纳观众的意见,观众不是比赛的参与者,无权干涉判决。

十三、即时判断

球员应于球着地后立即做出判断,判断应该在该球员回球变成死球之前,或在对方再打下一拍之前发出。

十四、干扰球

当发觉有外来球进入场地,比赛中任何球员均可即时叫"干扰",如果该球员明知有外来球而不叫或继续回球,则该球员失去了叫"干扰"的权利。

十五、违反规则失分

在活球的状态下,如果发生以下情况,球员应立即承认并失分:
(1) 两跳球;
(2) 球触及球员身体及其穿戴物或携带的任何物品;
(3) 球员触到球网;
(4) 球员触到对方场区;
(5) 球员在球过网前打到球;
(6) 球员有持球或打球两次。

十六、穿网和过网前触地

当发现对方击出的球穿过球网或过网前触地,发现的球员应立即呼报。

十七、送球给接发球员

每当交球给发球员时,应当让发球员可以从容地把球拿到或接到。

十八、脚误

每位球员应有责任自律,避免发球时踩线,如果发球员有明显的发球踩线,接球员可提醒对方,但不能做出脚误的判决。

十九、赛中交谈

当球打向对手时,球员不可以说话或发出不必要的声音,如果发出的声音影响了对手的回球,发出声音或说话的一方失掉该分。

二十、假动作

球员可以移动位置或做出假动作,但不可以做出让对手分心的动作或声响,例如挥动手臂或球拍、跺脚等。

二十一、声音的干扰

球员不可以发出令对手甚至邻近的球场球员感到烦躁的声音。

二十二、发球擦网

发球擦网由比赛中任何一位球员呼报"擦网",呼报应在发球员第二次击球前作出。

二十三、故意失误

球员不可故意失误,如出现此行为被视为违反体育道德和运动员行为准则。

二十四、接发球准备

接发球者应该配合发球者适当的节奏,若接发球者未准备好,则不应该尝试去接发球,接发球者若尝试去接发球则代表其准备好。

二十五、发球员报分

发球员应该在每一局开始前呼报局分,在每一分开始前呼报分数,需要对手听到并认同。

二十六、争议

如对比赛分数有争议,应该采取其中一个方法解决:
(1) 计算双方认同的局数和分数,然后再重赛有争议的局数或分数。
(2) 商定一个双方同意的局数和分数后再开始。

二十七、捡球

每位球员都有责任捡起本方区域内的网球和其他任何物体。

二十八、拦接球

球员无论在任何位置都不应该以出界为由,将对方回球在未落地前拦住或接住,否则判该球员失分。

二十九、衣物及随身物品

除球拍以外,若衣物及装备在不受球员控制的情况下破损并不能使用,可暂停比赛以作更换。球员衣物及随身物品均不可搭在球网上,球员必须穿着整洁和适当的网球服装。

第五节 网球比赛运动员行为准则

一、比赛中对运动员的要求

（一）服装要求

运动员应在着装上具有专业性,并且服装整洁规范。
(1) 不能穿着体操短裤。
(2) 商业及制造标识应符合规则要求。
(3) 在双打比赛中,双打搭档应穿着底色相同的服装。

（二）规则要求

运动员比赛应当连续。下列情况可能令其超出规定的时间 20 秒、90 秒、120 秒等。
(1) 在主裁判员发出"继续比赛"的指令后,拒绝比赛。
(2) 自然状态下的体力不支（如抽筋、中暑）。
(3) 在因伤治疗的时间结束后,不能比赛,该运动员将被视为拖延比赛而违反准则。
(4) 在其他情况下超出 20 秒或 90 秒,该运动员视为违反时间准则而受到处罚（主裁判员可做出警告、罚分等裁决）。

二、对运动员的判罚

（一）场外指导

运动员在比赛中不可以接受场外指导（除了在团体赛交换场地休息的时间里）。主裁判员应在确定其接受场外指导的时候,给予其违反规则的处罚。

（二）可听到的猥亵语言

运动员在场上不应使用（通常为我们所知的）猥亵语言,而这些污秽语言又被主裁判员、观众、司线员或球童清楚听到。

（三）可见的猥亵行为

运动员不应用手、球拍、球及其他器具做出下流动作及举动。

（四）乱击（球）

运动员不应粗暴或愤怒地乱击、乱踢或乱扔网球。

（1）恶意将球击出场外。
（2）在场内冒失地可能造成危险的举动。
（3）不计后果的举动。

（五）摔球拍或其他器具

（1）运动员不应蓄意或粗暴地毁坏或损坏球拍或其他器具。
（2）在比赛中出于愤怒或尴尬（用拍）砸球网、场地、主裁判员座椅或其他固定物。

（六）出语伤人

运动员不应对其对手、某一裁判员及观众等出语伤人（指不尊重的、侮辱性的、贬低性的及伤及尊严的语言）。

（七）身体伤害

运动员不能对其对手、某一裁判员或其他任何人进行身体伤害（如推搡、踢打）。

（八）与运动员身份不符的行为

任何与运动员身份不符的行为，都不适宜在球场出现。

三、四级罚分制

在职业网球比赛中实行四级处罚制。

第一次违反——警告；

第二次违反——罚分；

第三次违反——罚一局；

第四次违反——取消比赛资格。

四、网球比赛运动员违反行为准则罚款条目

以下为2020中国网球巡回赛中建西南院职业级总决赛暨全国网球单项锦标赛违反行为准则罚款条目表，其中罚款额度仅供参考，可因不同赛事的具体规定而有所不同。

2020中国网球巡回赛中建西南院职业级总决赛暨全国网球单项锦标赛违反行为准则罚款条目

序号	违反行为准则条目	罚款额度/元
1	无故取消报名	100
2	未到赛区参赛	300
3	签到后未参加比赛	500
4	未经主裁判允许擅自离开比赛场地	100
5	消极比赛	100
6	无故终止比赛	100
7	不参加颁奖仪式	200
8	比赛迟到10分钟	100
9	比赛迟到15分钟（取消比赛资格）	200
10	辱骂裁判（语言）	500
11	污辱裁判（手势）	500

续表

序号	违反行为准则条目	罚款额度/元
12	可闻的污言秽语	500
13	乱击球	100
14	打裁判(取消比赛资格)	5000～10000
15	打对手(取消比赛资格)	5000～10000
16	互相殴打(取消比赛资格)	5000～10000
17	无故拖延比赛时间	100
18	乱抛球拍触及他人	500
19	目的性用球打人(取消比赛资格)	1000
20	用球拍砸坏广告牌(除修理费)	1000
21	用脚踢坏广告牌(除修理费)	1000
22	踢坏、扔坏休息椅(除修理费)	1000
23	向对手、观众、裁判吐唾沫	500
24	辱骂观众(语言)	500
25	污辱观众(手势)	500
26	打观众(取消比赛资格)	5000～10000
27	摔球拍(球拍损坏或场地损坏)	500
28	无故弃权	200
29	报名后无故退出比赛	200
30	骂对手(语言)	500
31	污辱对手(手势)	500
32	其他不良体育道德行为	500～1000

思考题

1. 网球比赛主要规则有哪些？
2. 如何运用信任制比赛规则？
3. 运动员的哪些行为需要判罚？
4. 网球比赛中的计分方法有哪些？

第十七章 网球竞赛的裁判工作

第一节 裁判长和赛事监督的职责

一、裁判长

裁判长是一切正式网球比赛所不可或缺的临场官员。裁判长是由主管该赛会的组织机构委派的全权代表,负责指挥这一个大赛。比赛级别不同,对裁判长资格的要求也不同。一般来讲,国际网联将裁判长分为两级:金牌裁判长和银牌裁判长。国际大型比赛要由金牌裁判长担任,而地区性或较低级别的国际比赛则由银牌裁判长担任。我国国内的网球比赛,至少由中国网协批准的国家级裁判员担任裁判长一职。国际比赛中,根据比赛级别的不同,有的只设一名裁判长,有的设一名赛事监督(简称监督)和一名裁判长。

二、裁判长的工作职责

(1) 现场比赛终审裁决人员。对竞赛规程、竞赛准则、行为标准、网球规则及由此产生的一切问题,他都有解释权和处理权。

(2) 赛前,必须安排和组织裁判员学习和临场实习。

(3) 指定裁判组长并保证其能正确地履行职责。

(4) 安排每场比赛的主裁判员和司线员。

(5) 有权撤换主裁判员,也可以撤换或轮换司线和司网裁判员。

(6) 赛前必须检查场地和比赛器材是否符合网球比赛的规定和要求。

(7) 保证赛场后的挡网、广告牌和后面的墙壁不可是白色、黄色或其他浅色,以免干扰运动员视线。

(8) 在运动员休息的显眼处设置公告栏,粘贴比赛通知、比赛日程、比赛安排、排阵表、成绩表等。

(9) 抽签前,核对参赛运动员的名单、种子排位所需的排名表、抽签需要的有关资料等。

(10) 进行预选赛和正选赛(第一阶段和第二阶段)抽签工作。

(11) 因天气原因、光线不足或其他原因等,由监督或裁判长决定何时暂停比赛或更换比赛场地。

(12) 在比赛中,负责调查违反行为规则的事实,并给予处罚。对违反行为规则严重的运动员,监督或裁判长可取消其比赛资格或罚款;对执法中有不良行为(如故意偏袒一方)的裁判员,监督或裁判长可撤换该裁判员。

(13) 在比赛期间,如运动员对裁判员涉及有关规则问题的判定有异议,可提请裁判长解决,裁判长的判定就是最后判定。监督或裁判长应始终在场,但监督或裁判长不可上场担任主裁判员。

(14) 赛后,裁判长最主要的两项工作:一是向赛会主办单位写出书面总结;二是给所有参加裁判工作的人员写出书面鉴定,并将此鉴定与总结一同上交主办单位。

三、赛事监督

赛事监督受国际网联或国家网球管理中心委派负责对赛区工作进行协调、指导和监督工作。

四、赛事监督的工作职责和流程

(1) 严格执行赛委会的有关规定,负责裁判员在赛区的管理,听取赛区组委会关于赛区工作、安保工作、运动队组织安排工作等汇报。

(2) 依据赛委会要求和有关规定,提出建议和要求;对网球场地进行检查,对存在的问题在赛前提出改进要求;依据赛事的商务规定对场内广告进行赛前检查,对存在的问题在赛前提出改进要求。

(3) 主持或安排赛前联席会议;亲临现场,检查、协调比赛组织工作的落实,监督运动员及各有关人员执行比赛程序及时间安排,及时协调解决出现的问题,随时与赛委会相关工作负责人保持联络。

(4) 对比赛进行监督,对赛区工作、裁判工作、运动员(队)表现、比赛公正性做出评定,赛后填写有关报表和报告。

第二节 裁判组长的工作职责

裁判组长是在裁判长的领导下,配合裁判长合理布置和管理自己本组的裁判员。裁判组长的工作职责包括以下内容。

(1) 组织本组裁判员进行赛前学习和训练,并通读网球规则、竞赛规程、行为准则等。

(2) 准备一份比赛中所有裁判员的名单,并注明通信地址、各自的裁判级别(国际网联批准的或国家网协批准的)。应将此名单复印后交监督或裁判长各一份。

(3) 每天安排本组裁判员的上场工作量,所做安排需经监督或裁判长同意后方可生效。

(4) 赛前召开碰头会,宣布比赛安排及注意事项。

(5) 评估所有裁判员的工作表现。

(6) 比赛时应一直在场,除监督或裁判长另有安排外,裁判组长不能担任主裁判员或司线员。

(7) 协助监督和裁判长履行职责。

第三节　主裁判员的职责和工作程序

一、主裁判员的职责

（1）主裁判员应熟悉网球规则、竞赛规程、行为准则中的所有内容。应按国际网联规定的裁判员职责和程序进行工作。

（2）在赛前召集双方运动员，准确读出运动员的姓名。

（3）主裁判员应在运动员进场之前提前到场。

（4）确保有足够的比赛用球及用过的旧球。

（5）裁决比赛中的一切事实问题。

（6）管理好场上的运动员、辅助裁判员、球童，有权撤换或轮换任何一位辅助裁判员。

（7）主裁判员对比赛中出现的规则问题可优先做出裁决，但运动员有权向监督或裁判长提出申述。

（8）司线员明显误判时，主裁判员可改判司线员的误判。

（9）负责检查沙土球场上的球印，除沙土球场外，其他场地不可检查球印。

（10）尽力维持观众秩序。当观众有碍比赛进行时，主裁判员应婉言相劝，并请求合作。

（11）因雨或其他原因迫使比赛暂停时，主裁判员应中断比赛并报告裁判长。暂停比赛直至确定更改的时间，主裁判员与其他所有临场裁判人员应随时做好恢复比赛的准备。

（12）比赛后，主裁判员应向监督或裁判长全面汇报有关比赛中所执行的行为准则情况。

二、主裁判员的临场工作程序

（一）赛前

1. 主裁判员应该准备以下基本用具

计分表、带橡皮的铅笔、手携式秒表、挑边器（硬币）、量网（卷）尺。

2. 在运动员之前到达场地，检查以下事项

单打支柱、球网高度、主裁判员座椅位置、司线员的座椅位置、网球，以及饮水、毛巾、运动员的座椅等提供给运动员的物品。

3. 当运动员到场时，主裁判员应召开赛前会议

（1）在网前等候运动员，等他们准备好后，召集开会。

（2）告知运动员比赛盘数、赛制及换球制度。

（3）询问运动员有何问题。

（4）在两边运动员面前掷币挑边。挑边获胜的运动员可以选择发球或是接发球，选择场地或是要求对手选择场地。

（5）检查运动员着装是否符合赛场要求。

（6）填写计分表，标明挑边胜者及其选择。

(二)准备活动期间

(1)完成赛前会议,主裁判员应回到座椅并在运动员第一次击球时开表计时。

(2)完成计分表的填写工作。

(3)在准备活动还剩2分钟时,宣报"两分钟"。

(4)在准备活动还剩1分钟时,宣报"一分钟"并介绍比赛。

例:这是第( )轮比赛,在我座椅左侧的是××,右侧的是××。本场比赛采用三盘两胜(五盘三胜)及平局决胜制。××获挑边权并选择( )。

(5)当5分钟准备活动结束,宣报"时间到,准备比赛",并将球交予发球方。

(6)当看到双方运动员已准备好,宣报:

"××发球,比赛开始",并在计分表上记录开始时间。

(三)赛中

(1)主裁判员目视发球方准备,并在其击球(第一次发球和第二次发球)前检查接球方准备状况,之后将目光移回发球方并注意发球。

(2)要目视失分球员,不要只顾低头看计分表。

(3)呼报分数。

①发球方的分数总是呼报在先,除了在平局决胜制的小分中。

②报分。

例:15∶0,0∶50,15平,15∶30,30平,40∶30,40∶40(平分),××占先,××胜等。

③当一分结束时,报分应响亮清晰,报分要迅速并在记分之前呼报。

④在一局/盘结束后,除了"××胜",主裁判员还应该宣报局比分,例:"第一盘第六局完,王力胜,局数4∶2,王力领先",或"第二盘完,王力胜",无须呼报盘比分。

⑤当一盘达到平局决胜的时候,呼报

例:第12局完,王力胜,局数6∶6,决胜局,李平发球。

⑥在决胜局中,先呼报分数(高分在前),再报出领先运动员的姓名。

例:1∶0,王力领先。2∶1,刘红领先。

在平局决胜制报分中,用"zero"代替"love"。

决胜局结果呼报:第×盘完,××胜,局数7∶6。

⑦当比赛得出结果后,宣报获胜方。

例:全场比赛结束,王力胜,盘数3∶2,局数6∶4,1∶6,7∶6,4∶6,6∶2(每盘呼报中,比赛获胜者的分数呼报在前)。

(4)计分表。

①填写计分表信息;

②记录挑边情况;

③记录时间/中断期;

④记录发球位置(区);

⑤记录换球情况;

⑥记分。

在记分表内用以下字母记分:

A——发球直接得分。

B——发球失误。

C——违反行为准则。

D——违反时间准则。

另外,"·"应标在发球者记分格底线正中,表示第一次发球失误。

(5) 违反准则。

行为准则或时间准则的违反应分别记在其相应表格中并标明。

(6) 三分钟治疗。

如某一运动员在比赛中受伤,他通常会被允许接受3分钟的治疗。除非大赛有其他规定。

(7) 当下雨和场地状况不适合比赛时,或当赛场光线不够的情况下,主裁判员有权推迟比赛(一般在一盘结束或双数局结束的时候)。

(8) 主裁判员负责换球并决定用球是否适合比赛。

(四) 赛后

(1) 在运动员相互握手并回到座椅后,主裁判员以尽可能快的速度离开座椅,没有必要等待运动员与自己握手。

(2) 赛后不要与运动员交谈。

(3) 完成计分表的填写并交给裁判长。

第四节　网球比赛中的辅助裁判

一、司线员

(一) 司线员职责

(1) 选择最佳视角的位置,观察自己负责的路线,如果视线被接球方所挡,应适当向内外移动,进行调整。

(2) 完成所负责线上的所有呼报,而对自己职责之外,其他司线员的裁定不作任何评论。

(3) 如因运动员阻碍视线而没有看到落点,应立即做出未看见落点手势。

(4) 对错误的判决,一旦察觉,应立即呼报"更正"。

(5) 如主裁判员对你做出改判,应保持安静,当运动员问及呼报和改判时,不予回答,并将问题转向主裁判员。

(6) 当负责端线、边线、发球中线时,注意呼报脚误。

(7) 当主裁判员未看见或未听见运动员违反规则的言行,司线员要及时向主裁判员报告。

(8) 不要为运动员拾球或递毛巾。

(9) 不要与观众交谈。

(10) 不要为运动员鼓掌加油。

(11) 未经主裁判员允许,不得离场。

(二) 司线员的姿势、呼报和手势

1. 姿势

活球期间应一直保持警觉,死球时可放松。边线上为站姿,端线及发球线上为坐姿。

2. 呼报

呼报总是手势在前。一共有 6 种呼报：出界、发球失误、脚误、擦网、穿网、更正。

3. 手势

（1）"出界"或"失误"　手臂侧向或完全伸展，指出球"出界"或"失误"方向，手势应在呼报之后做出，并保持足够长的时间使主裁判员看到。

（2）"脚误""更正"与"擦网"　手臂充分上举，同时呼报"脚误""更正"与"擦网"。

（3）"好球"　双手并拢（手背向上），并让主裁判员看到；对在线内大约一米范围的好球，应做出"好球"姿势。

（4）"未看见（落点）"　面向主裁判员，双手于眼前并拢，遮挡住双眼，裁判员点头示意后，姿势还原。

（三）司线员的工作流程

一看；二判；三呼报；四手势。

二、司网裁判工作程序

（1）坐在网柱后，尽可能坐在主裁判员对面，如安排单打支柱，则座椅放在网柱之间。

（2）只在运动员发球时将手放于钢丝上，并注意球的声音，发球结束将手拿开。注意脚不应伸进场区内。

（3）发球擦网呼报"擦网"，然后将一手上举。

（4）击出的球穿网而过呼报"穿网"。

（5）帮助主裁判员换球，并将新球交给球员，收回旧球。

（6）每盘结束时，丈量网高。

三、球童（捡球员）

大型网球赛事转播比赛，都会发现现场除裁判员和运动员外，还有跑动的青春少年，在分与分之间捡球、传球、递球。运动员对打时，他们站立或单腿蹲跪。他们就是网球比赛中的球童。

球童的工作职责和要求如下。

（1）服从于主裁判员，为主裁判员传送东西，以免主裁判员上下裁判椅；帮主裁判员传递信息给场上其他裁判员。

（2）球童要面向主裁判员和运动员站立，以便与主裁判员交流和被主裁判员调遣，并随时为运动员服务。

（3）球童的传、抛、接球要做到快、准、稳。

（4）姿态规范，动作敏捷，注意力高度集中。

（5）端线球童：负责清理底线附近的球；为发球运动员提供球和毛巾。

（6）网前球童：负责清理网前及附近的球；负责向两边底线传球；当运动员交换场地休息时，帮运动员拿毛巾、递水，在运动员休息时为其撑伞。

（7）球童同司线员一样，在规定时间或局数内交替上场。

第五节 网球裁判员的行为准则

作为网球裁判员必须具备以下条件和行为准则。

(1) 裁判员应具备良好的身体状况。

(2) 视力、听力正常。

(3) 裁判员应该准时出席指定的比赛。

(4) 裁判员应在其担任的赛事工作中学习、理解并合理运用网球规则,了解赛事规程及行为准则。

(5) 裁判员的着装及仪态应该与比赛的庄重性、整体性相符合。

(6) 裁判工作的当天不能饮用含酒精的饮料。

(7) 裁判员不能担任与其有关系的运动员的比赛执法工作,以免由于利益冲突而造成运动员对其裁决公正性的怀疑。

(8) 裁判员应就运动员的要求对规则进行解释,合理控制运动员的行为表现。

(9) 裁判员不要与运动员熟识并建立亲密关系,但这并不意味着裁判员与运动员不能下榻同一宾馆,或不能出现在运动员也出现的公共场合。

(10) 裁判员不能以任何方式就赛事打赌。

(11) 除了比赛中对喧哗观众进行控制,裁判员不得在赛前、赛中、赛后和观众攀谈。

(12) 裁判员不得参加媒体的记者采访及会议(其中有关裁判工作的谈话内容会被报纸刊登或电台播放)。

(13) 裁判员在任何时刻都应该对运动员保持公正态度,不要采取任何有损裁判公正性或引起质疑的行动。

(14) 裁判员在任何时刻都要有专业的、高尚的举止,应具备责任感。

思考题

1. 主裁判员的主要职责或工作流程有哪些?
2. 作为一个网球裁判员应该具备哪些素质?

第十八章

网球竞赛的编排方法

随着网球运动的不断普及,我国的网球运动参与人口正在不断增加。如何组织好喜欢网球运动的人参加不同类型的比赛,是关系到网球运动能否更快发展的问题。通常在举行一次网球比赛前,主办者要考虑用什么样的方法让运动员或运动队之间进行比赛,以达到决出冠、亚军和排出其他名次的目的。目前在我国,每年要举行几十个不同级别和类型的国际、国内网球比赛,参加这些比赛的选手,大部分是职业运动员。网球比赛属于个人项目,所以国际上除了戴维斯杯、联合会杯等几个团体赛事外,基本上都是以个人形式参加的单项赛。国内举办的比赛也是以个人参加的巡回赛居多,这些比赛通常采用单淘汰制。根据实际情况,业余网球竞赛也都采用单淘汰制,有些比赛,组委会也会根据实际情况安排其他的比赛方式。

第一节 单淘汰制编排方法

单淘汰制是现在国际上职业网球比赛最主要的方法。

一、单淘汰制的抽签方法

单淘汰制是将参赛选手(队)编成一定的比赛程序,由相邻的选手(队)进行比赛,负队淘汰,胜者晋级下一轮的比赛方式。这种比赛方式在网球竞赛中被普遍采用。它的特点是用时短,竞争残酷激烈,每场比赛都是生死战,运动员压力大,比赛刺激、扣人心弦,能吸引观众,比赛容易安排,名次排定简单,但合理性差。

(1) 参加人数是 2 的乘方时,采用累进的淘汰制进行比赛,如果参赛人数多于 128 名,则增加预选赛。当参加人数不是 2 的乘方时,第一轮将有轮空,其目的是使第二轮形成满位,即 2 的乘方数。

(2) 当参加比赛的运动员人数是 2,4,8,16,32,64,128 时,可分别按其相应的人数进行捉对比赛,若人数不是 2 的乘方时,则第一轮比赛中有选手轮空,计算方法是:选择最接近参赛人数且大于参赛人数的 2 的乘方数作为号码位置数,然后用号码位置数减去参加比赛的人数后,所得的数即为轮空数。如果有 27 名运动员参赛,则选 32 个号码位置数,用 32 减 27 为 5,所以有 5 个号码位是轮空的,与这 5 个号码相遇的选手将轮空,直接进入第二轮。

二、单淘汰制种子选手的确定与排列

为了确保水平较高的选手不会过早相遇,要根据运动员的排名把他们其中相应的人设为种子选手(简称种子),合理地排入不同的区内,这样可使比赛减少投机性。具体种

子数确定如下：8位以下选手设2名种子；16位以下选手设4名种子；32位以下选手设8名种子；64位以下选手设16名种子；128位以下选手设32名种子。

(1) 根据中国网协的规定，确定种子选手应根据前一年同一比赛的名次。种子不超过16名，每4～8名选手中设一个种子。

(2) 除1、2号种子外，其余种子按抽签确定区域。例如，1号种子在上半区，2号种子在下半区，3、4号种子抽签，如4号种子抽到上半区，3号种子抽到下半区，然后再抽签决定5、6号种子的区域，依此类推。

三、单淘汰制种子位置的确定

(1) 如果32名运动员参赛，设4名种子时，1号种子在1号位，2号种子在32号位，3、4号种子抽签决定在9号或24号位上。

(2) 如果64名运动员参赛，设8名种子时，1号种子在1号位，2号种子在64号位，3、4号种子抽签决定在17号或48号位上，5、6、7、8号种子抽签决定在9号、25号、40号或56号位上。

(3) 非种子选手的号位抽签决定。

四、单淘汰制的轮空

轮空是弥补由于参加比赛人（队）数不足，而造成竞赛秩序表不完整的一种方法，在网球单淘汰赛中，轮空首先要考虑种子。也就是说要按种子顺序由1号种子到最后一个种子依次享受轮空。国际网球比赛因为是职业赛，每周都有比赛，上一周比赛没结束，下一周比赛可能已经开始了，所以轮空还要考虑上一周比赛没结束的运动员，把轮空位置留给他们。

国际上不同级别比赛的正签数量是不一样的，四大满贯公开赛是128个正签，设32名种子，没有轮空，其他比赛一般都有轮空。级别低一点的是32个正签，一般没有轮空。例如，在迪拜站、罗马站、辛辛那提站、罗杰斯杯和泛太平洋锦标赛的赛制都是56签，其赛制如下：设16名种子。第一轮比赛，1～8号种子轮空，其余人正常进行比赛。这样第一轮要淘汰24个人。第二轮比赛、第三轮比赛、1/4决赛、半决赛、决赛，所有选手均不轮空，比赛正常进行。这样一来，一共要打6轮比赛，分4个区：1/4区、2/4区、3/4区和4/4区，每个区放4名种子。

五、单淘汰制的抽签

(1) 抽签的准备工作。

首先根据竞赛规程中规定的时间进行抽签。大型网球比赛的抽签一般在比赛开始前一天进行，一般比赛在比赛前24小时内抽签，级别低一点的比赛可提前1小时抽签，业余比赛人员变化大，应尽量在开始比赛前抽签。

(2) 尽早确定种子数量、种子名单、种子位置。

(3) 轮空位置的设置。

(4) 非种子选手的进位。

抽签决定种子选手和轮空位置后，其余选手通过抽签依次由上至下或由下至上进入未被种子或轮空占据的位置，完成抽签工作。

第二节　循　环　赛　制

一、单循环制

若报名人数较少，场地较多，各队均要求多打几场比赛，可以采用单循环制。

（1）轮次和比赛场数的计算　比赛队（人）数为双数时，轮、次位参赛队（人）数减1。如果参赛队（人）数为单数时，轮、次数等于队（人）数。

$$比赛场数 = n(n-1)/2 \;[n\text{代表参赛队（人）数}]$$

（2）计算轮数与比赛场数的意义　根据轮数和场数筹划比赛日程、每天赛程以及裁判工作人员的安排。

（3）比赛顺序的确定　一般采用逆时针轮转法。先将1号位固定不动，其余号位逆时针循环。例如，6个队（人）参赛时，比赛轮次如下。

第1轮	第2轮	第3轮	第4轮	第5轮
1-6	1-5	1-4	1-3	1-2
2-5	6-4	5-3	4-2	3-6
3-4	2-3	6-2	5-6	4-5

由此可看出，6个队（人）单循环赛，共进行5轮，每轮3场比赛，总共15场比赛。

（4）团体赛一般采用的方法　团体赛可由两场单打、一场双打组成，出场顺序为单、单、双，采用3场2胜制，也可由四场单打、一场双打组成，出场顺序为单、单、双、单、单，采用5场3胜制。

（5）决定名次的方法　单循环赛按胜场数多少决定名次，如果两队（人）积分相等，则以两队（人）间的比赛胜负关系决定名次；如果3个队（人）以上积分相等，则按净胜盘数决定名次，若净胜盘数也相等则按净胜局数决定名次，若净胜局数也相等则按净胜分数决定名次，若净胜分数继续相等则采取抽签决定名次。

二、分组循环制

第一阶段分成若干小组进行单循环赛，第二阶段各组同名次的队（人）进行单循环赛，排出全部名次。

第三节　混　合　赛　制

混合赛制（简称混合赛）是组织体育竞赛经常采用的竞赛方法。

混合赛就是将循环赛与淘汰赛等方法在比赛中先后使用，最后决出比赛名次，完成比赛工作。混合赛综合了循环赛和淘汰赛的优点，弥补了两者的不足，既有利于参赛者相互交流，最大限度地减少比赛胜负的偶然性。同时，随着比赛进程的推进，比赛逐渐进入高潮，精彩激烈。混合赛可以分几个阶段进行，一般分两个阶段进行。第一阶段常采用分组循环赛，第二阶段则采用淘汰赛。

第四节 制定竞赛规程和赛程表

一、竞赛规程的制定

(一) 竞赛规程的制定

竞赛规程是由竞赛组委会或筹备组,根据竞赛计划而制定并具体实施的网球赛会政策与规定,具体来说,就像是策划书。竞赛规程是比赛的指导性文件。竞赛规程包括:参赛单位、参赛人数、年龄规定、计分方法、竞赛名称、目的、任务、时间、地点、举办单位或承办单位、竞赛的项目、组别、参加方法、竞赛办法、竞赛规则、录取名次与奖励、报名和报到、食宿安排、消防与安全知识及逃生路线示意图、裁判员与仲裁委员会及有关的特殊规定内容、注意事项或未尽事宜以及本规程解释权的归属单位等。在确定比赛场次办法时,要考虑节假日情况,尽量把决赛安排在周六或周日进行。

在竞赛活动中,竞赛规程和竞赛规则共同协调和制约着运动竞赛的全过程。规程着重于竞赛的组织管理,规则主要是对技术规范以及确定成绩和有关场地器材条件的规定。一般情况下,大型的综合性竞赛,至少要提前半年下达竞赛规程,使参加者能根据规程安排来调整训练计划,为参赛做好充分准备。基层的小型竞赛,也应在数月前印发,使参赛单位能根据竞赛规程的宗旨、内容和要求,组建队伍,确定竞赛和训练目标,积极准备,迎接比赛。在制定竞赛规程时,应遵照下述依据和原则。

1. 制定竞赛规程的依据

(1) 以运动竞赛计划为依据:竞赛规程应依据单位、系统或省、市及全国性、国际性体育组织的竞赛计划来制定。竞赛规程是多年度或年度(学校则以学年或学期)竞赛计划中,安排的某一次竞赛活动实施的具体规则。其内容可根据情况发展的需要,进行适当修正。

(2) 以竞赛目的和任务为依据:竞赛规程应体现出运动竞赛的方针、政策和体育发展的远期目标与近期策略,有效地调整与推动体育的改革和投资方向。此外,对该比赛项目的训练指导思想、人才梯队建设和良好的赛风起着引导、促进及培养的作用。同时还根据国际、国内乃至本单位的有关规定,以及对运动竞赛的需求,全面考虑竞赛的目的任务来制定规程。

(3) 以客观实际条件为依据:以当时的经费条件、场地设施和人员情况为依据,来制定竞赛规程。

2. 制定竞赛规程应遵循的原则

为了科学、合理地制定竞赛规程,保证竞赛的质量,应遵循以下主要原则。

(1) 可行性原则:竞赛规程所提出的比赛组织方案和内容,必须从当时的实际出发,做到切实可行。在竞赛管理工作中,应充分利用人才、物力、财力和时间,本着艰苦奋斗、勤俭节约的原则,实施对竞赛过程最优化的设计和组合,以达到机构精简、工作效率高、竞赛效果好的目的。对群众体育竞赛项目的确定,要考虑到有群众特点的传统项目和近代体育项目,注意普及和提高、娱乐性和竞技性相结合。对群众性的体育竞赛活动,其时间、场地安排不能像正规的竞赛一样,应根据竞赛的规模、水平、参加对象及现有的场地情况灵活安排,必要时可根据场地条件来设置竞赛项目,确定竞赛时间。

(2) 公平性原则：竞赛规程是参加者共同遵守和执行的规范与准则，其内容应使全体参加者在客观条件相同的前提下展开竞赛。无论是主办单位和承办单位以及当地所属的主队，或外来的客队，均应享受同等的待遇。在限定的时间、空间和同等条件下进行竞赛，使比赛结果具有真实性。这样才能有利于充分发挥参赛者的技术、战术特长，提高竞赛的质量和综合效益。

(3) 稳定性原则：竞赛规程一经公布，就应相对稳定，不能随便更改。若规程中确有不合理的内容需要修正或补充，须经制定部门尽可能在比赛前进行修改。修改的内容影响到参赛单位和承办单位的准备工作时，应征得多数参加单位的同意，方可变动。一般在比赛开始后，规程不能再改动，以保证规程的严肃性和权威性。规程的最终解释权应属主办单位。

除此之外，还应注意保持规程的连续性，综合性运动会竞赛规程总则与单项规程之间，不同单项竞赛规程内容之间，以及年度之间应连续一致，不能前后矛盾。文字表达要简明准确，内容要详尽完整，切忌表达含糊，自相矛盾。

(二) 制定竞赛规程的内容和方法

竞赛规程的内容根据竞赛的性质、目的、项目特点来设定。竞赛规程一般由下列内容组成，在具体制定时可根据不同情况进行取舍与改进。

1. 竞赛名称

根据总任务确定比赛名称。名称要显示是什么性质的竞赛、哪一年（或第几届）的比赛。赛事的名称一般用全称，例如，中华人民共和国第三届大学生网球锦标赛。在赛会期间的文件、会标、宣传材料等方面，名称要统一。

2. 目的、任务

根据举行本次竞赛活动总的要求，简要说明此次竞赛的目的任务。如为了进一步贯彻落实全民健身计划，增强学生整体素质；普及体育运动，增强人民体质；提高某项运动水平；选拔组织某项运动代表队，准备参加高一级的比赛；总结交流教学训练工作经验，增进团结和友谊等。

3. 竞赛时间、地点和举办单位（或承办单位）

竞赛时间应写清预赛、决赛开始和结束的年、月、日；举行竞赛的地点和举办竞赛的单位（包括主办和协办以及承办单位）。

4. 竞赛项目和组别

应写明赛事设置的竞赛项目及组别，单项比赛的规程应写明各组别的各个竞赛小项目。

5. 参加单位和各单位的参赛名单

按有关规定的顺序写明参加比赛的各个单位，各单位参加比赛的男、女运动员人数，以及领队、教练及工作人员人数。每名运动员可参加的项目数，每项限报人数，以及参赛的其他有关规定。

6. 运动员资格

运动员资格是指参赛运动员的条件标准，包括运动员年龄、健康状况、代表资格、运动等级、运动成绩、达标规定等。

7. 竞赛办法

确定竞赛所采取的竞赛方法，如淘汰法、循环法、混合法及其他特殊的方法。同时,确定竞赛是否分阶段进行、各阶段采用的竞赛方法是否相同、各阶段竞赛的成绩如何计算和衔接、具体的编排原则和方法、确定名次及计分办法、对运动员(队)违反规定的处罚方法(如弃权等)。规定竞赛使用的器材(如竞赛用球的品牌等),运动员竞赛服装、号码等。

8. 竞赛规则

提出竞赛采用的规则和特殊的补充及竞赛规则以外的规定或说明。

9. 录取名次与奖励

规定竞赛录取的名次,奖励优胜者的名次及办法。例如,对优胜者(队)分别给予奖杯、奖旗、奖状、奖章及奖金等。又如设置体育道德风尚奖或破纪录奖的奖励办法等。

10. 报名办法

规定各单位运动员(队)报名的人数、时间和报名的截止日期,书面报名的格式和投寄的地点,并应注明以寄出或寄到的邮戳日期为准,以及违反报名规定的处理办法。

11. 抽签日期和地点

凡属需要抽签进行定位和分组的竞赛项目,应在规程中规定抽签的日期、地点和办法。

12. 其他事项

有关未尽事宜的补充,如经费、交通、住宿条件等。注明规程解释权的归属单位,一般应归属主办单位的有关部门。

二、赛程表的制定

在抽签完成后,要具体安排出整个比赛每一天的比赛场次、时间和场地等。在制定赛程表时要考虑运动员单打兼双打的情况。按照国际惯例,在前几轮比赛采用紧跟前场的方法安排比赛秩序,即一个场地上几场比赛,只限定第一场的开始时间,而不写明以下各场的开赛时间,这种安排能保证场地和时间的充分利用。在半决赛和决赛时,可采用规定开始时间的办法。这有利于运动员充分休息,又能为观众提供准确的比赛时间。

在制定赛程表时要充分考虑场地容量,即一块场地在一天里最多能安排多少场比赛,一般情况下三盘两胜制比赛的平均比赛时间为一个半小时左右。业余比赛一盘要半小时左右。

第五节 业余网球比赛的组织

一、选择比赛办法

针对不同的参赛对象,制定不同的比赛任务和目的,从而确定选择何种比赛办法。如一般高校内部各个系、院之间的联赛,是为了普及提高大学生的网球水平,并从中选拔校队球员,来参加各个院校之间的比赛。再如各级网球协会为了扩大影响,常常举办各种奖金等级赛制的单、双打公开赛,来吸引更多的普通网球爱好者参加。具体的比赛方法有如下几种。

1. 适合各种赛事的单淘汰制

(1)单淘汰制是根据报名人数,来确定比赛轮次。如不超过16人,多于8人,比赛

就有 4 个轮次（$2^4=16$），第四轮就是冠亚军决赛。如不超过 32 人，就有 5 轮次（$2^5=32$），第五轮决出冠军。如不超过 64 人，就有 6 个轮次（$2^6=64$），依此类推。

（2）每一轮比赛都是双方球员的生死决战，只有胜者才能进入下一轮比赛。

（3）比赛前要通过抽签形式来决定自己的对阵位置。如有的固定赛事，制定了长期积分制，还要确定种子选手，合理地安排种子选手的位置。

（4）对于大多数业余赛事，没有健全的积分种子制度。抽签的一个基本原则就是，根据以前比赛的结果，避免高手过早相遇，将他们合理的分开，使水平越高的球员越晚相遇越好，以保证比赛的公平性和真实性。

（5）全部比赛的总场次是参赛人数减一。一般业余赛事，比赛时间都很紧张，所以要事先根据参赛人数，确定比赛场次、安排好比赛的时间和顺序。

（6）如参赛人数不够 2^n 时，编排时仍要按照 2^n 人数进行。抽签时，预先安排好轮空号，抽中与轮空号对应的号位，可直接进入下一轮比赛。

（7）通常的业余赛事，比赛人数应该尽量安排有 2^n 人。

（8）双打比赛，以两人为一组，比赛安排和抽签方式与以上七条内容相同。

2. 适合满足一般网球爱好者想多打几场比赛，但场次和时间又不能太多的混合赛制

（1）根据参赛人数，分成若干个小组，进行小组循环赛，取各个小组的第一名出线参加后面的单淘汰赛，最后决出冠军。这种比赛方法叫混合赛制。

（2）混合赛制的小组个数，以 4~6 个为好，不要太多，避免比赛总场次太多。一般业余赛事分小组时，每组是 4 人。

（3）以每个小组 4 人进行内部循环赛为例，即小组中的每人相碰比赛一次。比赛获胜最多的一名球员出线进入单淘汰赛。如有几名球员获胜次数相同，则应根据他们之间的胜负关系，赢的球员出线。如有三人连环套在一起，则按每人的相互净胜局数来判定，如再相同，就由抽签决定。

（4）在分配小组人数时，应根据总参赛人数，分配比赛小组个数，小组的个数要保证是 2^n 个，或接近 2^n 个。

3. 适合学校内部的团体联赛制

在学校里，以系或学院为单位，每个单位出 2 男 2 女，或 3 男 2 女，进行各系院之间的团体对抗赛。可根据具体情况设置两场单打，一场双打；或两场男单，一场女单，一场男子双打，一场女子双打；再或其他。但要保证总场次是单数，或三场两胜，或五场三胜，使比赛能明确地决出双方之间的胜负。

经过每个队之间的相互循环碰撞，决出赢得场次最多的队为联赛优胜队。

一般业余赛事多采用一盘或八局或四局取胜制，因天气原因裁判长可以临时更改赛制。

二、制定竞赛规则

任何一种比赛，都要经过赛前的周密安排，以确保比赛的顺利进行，使比赛取得圆满成功。

1. 首先确定比赛的名称

一般包含了比赛性质、比赛对象、比赛赛制、比赛举办单位等内容。

2．确定比赛的目的和任务

比赛的目的是普及推广网球运动,满足广大爱好者的参赛要求;提高网球场馆公司的影响、收入;或者是为了激发学生的网球热情,扩展高校学生素质教育的内容等。

3．明确比赛地点和时间

比赛地点应该包括场地具体地址、场地种类和编号。比赛时间越详细越好,并结合具体比赛轮次,给场地编号,以便参赛者更好地了解比赛进程,做好准备。

4．参赛单位

这里的参赛单位是指自由报名参赛的个人,按选拔结果推荐参赛的单位;还应指出是个人赛还是团体赛。

5．参加人数

参加人数包括单项参赛人数安排和团体参赛人数安排。单项参赛人数最好能接近 2^n,团体参赛的各单位人数以 2 人或 2 男 2 女为最佳方式。

6．年龄限制

根据不同性质的比赛,如少年比赛、青年比赛、中年比赛、老年比赛等,来确定具体的参赛年龄限制。一般来说应允许少儿参加成人比赛,中老年人可以参加青年组比赛。

7．性别归类

一般比赛分为男子比赛和女子比赛,还有一种是男女混合双打比赛。

另外,有些业余赛事允许女性球员参加男子比赛,但男性球员不能参加女子比赛。

8．比赛办法

(1) 比赛的形式主要有单项比赛和团体比赛。单项比赛有男女单打、男女双打、混合双打等。团体比赛有循环联赛和相互淘汰赛。

(2) 比赛的赛制有淘汰赛制,单循环赛制,混合赛制三种。

(3) 每场比赛取胜的规定,主要有三盘两胜制、五盘三胜制和八局先胜制。一般业余赛事都采用八局先胜制。

9．竞赛规则

竞赛规则以国际网联的通用规则为准。

10．奖励办法

奖励办法包括录取名次、个人积分、奖杯、证书、奖金等形式。

三、其他注意事项

(1) 在确定比赛场地和时间安排时,要保证充分使用场地,不可因安排不当而造成场地和参赛人员的闲置。

(2) 比赛时间的安排应保证球员有一定的休息间隔,使球员能承受一定时间内的比赛场次和比赛强度。

(3) 一般团体赛的安排是先进行单打,后进行双打,因此应使身兼单打和双打两项比赛球员的比赛场次隔开,不要让其连续作战。

(4) 在选择比赛办法时,一定要考虑比赛总场次和比赛所需的总时间,尽量安排紧凑,避免当日的比赛时间过长和整个比赛天数太多。一般的业余赛事最好选择星期六、星期天进行比赛。

（5）作为组织者要检查以下几点：规程的严谨性和完善性，报名队员的资格审核，种子设置和非种子抽签，场地编排和裁判安排，后勤保障和服务安排，比赛进行中的裁判工作，赛事中的仲裁和结果确认、成绩公布，赛事宣传和推广。

思考题

1. 如何编排35人参加的单打比赛？
2. 如何编排7个队参加的团体网球赛？

附　录

附录 A　《网球裁判规则》常用术语

网球场：Tennis court
球网：Net
网柱：Net post
单打支柱：Singles pillar
底线：Baseline
边线：Sideline
单打边线：Singles sideline
双打边线：Doubles sideline
发球线：Service line
发球区：Service court
中点：Centre mark
发球中线：Centre service line
中心拉带：Strap
左发球区：The left service court
右发球区：The right service court
看台：Stand
中场：Midcourt
硬地球场：Hard court
草地球场：Grass court
土地球场：Clay court
红土球场：Red clay court
练习场：Practice court
比赛场：Match court
单打球场：Singles court
双打球场：Doubles court
固定物：Permanent fixtures
塑胶球场：Synthetic court
沥青球场：Asphalt court
水泥球场：Concrete court
毯式球场：Carpet court
挡网：Back and side stops
记分牌：Scoreboard

发球器：Ball machines
网球墙：Tennis wall
网球：Ball
穿弦机：Tennis stringer
推水器：Court squeegee
避震器：Vibration dampening device
球夹：Ball clip
手柄：Grip
网球拍：Racket
拍颈：Throat
拍面：Racket face
大拍面：Oversize
中拍面：Midsize
拍柄：Handle
拍柄粗细：Grip size
甜点：Sweet spot
网球鞋：Tennis shoes
网球帽：Cap
网球裙：Skirt
拍弦：String
拍框：Frame
拍弦的磅数：Tension
力量级别：Power level
旋转速度：Swing speed
硬度：Stiffness
控制：Control
平衡点：Balance
拍弦类型：String pattern
横弦：Crosses
竖弦：Mains
拍头尺寸：Head size
球拍长度：Length
拍框厚度：Construction
材料成分：Composition
碳纤维：Graphite
玻璃纤维：Fiberglass
钛金属：Titanium
球网高：Height of the net
裁判椅：Umpire's chair
司线椅：Line umpire's chair

附录 B 网球裁判员常用术语

网球规则:The rules of tennis
官方指定用球:Official ball
记分表:Scorecard
记时表:Stopwatch
每局比赛开始:Time
压线球:Ball touches the line
观众:Spectators
毛巾:Towel
准时:On Time
呼报:Call
行为准则:Code of conduct
裁判准则:Code for officials
违反时间准则:Time Violation
医疗暂停:Medical time-out
好球手势:Safe signal
量网尺:Tape-measure
脚误:Foot fault
犯规:Fault shot
发球直接得分:Ace
发球失误:Fault
双误:Double fault
重发:Let
擦网:Net
重赛:Replay
发球无效:The let in service
活球期:Ball in play
失分:to lose point
得分:to win point
出界:Out
没看见:Unsighted
手势:Hand signal
更正:Correction
更改:Overrule
摔球拍:Racket abuse
警告:Warning
罚分:Point penalty
罚局:Game penalty

取消比赛资格:Default
两跳:Not up
意外干扰:Invasion
休息时间:Rest period
身体触网:Body touch
更换新球:Ball change
挑边:Toss
单局数:An add number of game
双局数:An even number of game
准备练习:Warm-up
分:Point
局:Game
盘:Set
局点:Game point
盘点:Set point
赛点:Match point
破发点:Break point
0分:Love
15分:Fifteen
30分:Thirty
40分:Forty
15平:Fifteen all
平分:Deuce
占先:Advantage
发球占先:Advantage in
接发球占先:Advantage out
单打:Singles
双打:Doubles
混双:Mixed doubles
选择发球:choice of service
选择场地:choice of ends
交换发球:Change service
交换场地:Change side
三盘两胜:The best of 3 sets
五盘三胜:The best of 5 sets
预赛:Qualifying matches
第一轮:The first round
四分之一决赛:Quarterfinals
半决赛:Semifinals
决赛:Final

平局决胜制:Tiebreak
长盘制:Advantage set
比赛监督:Supervisor
裁判长:Referee
主裁判:Chair umpire
司网裁判:Net umpire
司线员:Line umpire
球童:Ball boy(Ball kids)
比赛开始前弃权:Withdraw
比赛中弃权:Retired(RET)
准备比赛:Ready
比赛开始:Play

附录C 网球运动组织竞赛常用术语

单打比赛:The singles game(men's,women's)
双打比赛:The doubles game
国际网球联合会:International Tennis Federation(ITF)
国际男子职业网球联合会:Association of Tennis Professional(ATP)
国际女子职业网球联合会:Women's Tennis Association(WTA)
温布尔顿网球锦标赛:Wimbledon Championships
美国网球公开赛:U. S. Open
法国网球公开赛:French Open
澳大利亚网球公开赛:Australian Open
戴维斯杯:Davis Cup
联合会杯:Federation Cup
霍普曼杯:Hopmen Cup
大满贯:Grand Slam
锦标赛:Championship
外卡:Wild card(WC)
种子选手:Seeded players
正选选手:Main draw players
轮空:Bye
名次:Ranking
报名表:Entry list
姓名:Name of player
性别:Sex
国籍:Nationality
挑战赛:Challenger
希望赛:Futures

卫星赛:Satellite
邀请赛:Invitational match
元老赛:Veterans' match
青少年赛:Junior match
表演赛:Exhibition
公开赛:Open
友谊赛:Friendly match
资格赛:Qualifying competition
正选赛:Main draw match
外围赛:Qualifier match
国际排名:International ranking
国内排名:National ranking
巡回赛:Tournament
赛制:Tournament systems
循环赛制:Singles round robin
淘汰制:Elimination system
小组赛:Round robin

附录 D 网球技战术常用术语

握拍法:Grip
东方式握拍:Eastern grip
西方式握拍:Western grip
大陆式握拍:Continented grip
正手击球:Forehand
反手击球:Backhand
正手挥拍:Forehand swings
单手反手击球:One-hander backhand
反手挥拍:Backhand swings
双手反手击球:Two-hander backhand
环状引拍:Circular backswing
直线引拍:Flat backswing
平击球:Flat
抽球:Drive
上旋球:Top spin
下旋球:Back spin
发球:Service or serve
抛球:Ball toss
炮弹式发球:Cannon ball
第一发球:First serve

第二发球：Second serve
截击：Volley
正手截击：Forehand volley
反手截击：Backhand volley
高压球：Overhead(smash)
挑高球：Lob
接发球：Received
正手削球：Slice forehand
反手削球：Slice backhand
正手上旋球：Forehand top spin
正手平击球：Forehand flat
正手下旋球：Forehand back spin
反手上旋球：Backhand top spin
反手平击球：Backhand flat
反手下旋球：Backhand back spin
放小球：Drop shot
直线球：Down the line shot
斜线球：Crosscourt shot
击球点：Contact point
长球：Long ball
深球：Deep ball
击落地球：Ground stroke
击反弹球：Half volley
进攻：Attack
落点：Placement
攻击球：Forcing shot
开放式站位：Open stance
关闭式站位：Closed stance
随挥：Finish
步法：Foot work
转体：Nip rotation
拍面角度：Vertical face
上网型球员：Net player
底线型球员：Base-line player

参考文献

[1] 陶志翔.网球运动教程[M].北京:北京体育大学出版社,2007.
[2] 周海雄,祈兵,等.网球技战术训练手册[M].北京:人民体育出版社,1999.
[3] 田麦久,等.运动训练学[M].北京:人民体育出版社,1999.
[4] 邓树勋,等.运动生理学[M].北京:人民体育出版社,2005.
[5] 伦斯特伦.网球运动医学与科学手册[M].北京:人民体育出版社,2006.
[6] 罗伯特·温伯格.网球心理训练[M].张忠秋,译.北京:中国轻工业出版社,2005.